02/2016

Im Paradies der Gärten

Robert I. C. Fisher

Im Paradies der Gärten
Auf Capri, um Neapel und an der Amalfiküste

Aus dem Englischen übertragen von
Maria Gurlitt-Sartori

Deutsche Verlags-Anstalt

To my mother, whose abiding love, grace, faith and understanding have always been most trustworthy compass points, and to the ›father‹ of this book, Baron Massimo Ricciardi.

SEITE 1: Blick von Lord Astors Villa Tritone, Sorrent
SEITEN 2: Juno, Büste von Sir Lawrence Alma-Tadema auf der Balustrade der Villa Tritone
RECHTS: Das Sirenenfenster der Villa Tritone

Inhalt

Einleitung 6

1 Napoli Nobilissima
Neapel und sein Umland

Sanssouci des Südens 16
Villa d'Avalos, Posillipo

Der Charme der Abgeschiedenheit 24
Die Klöster Santa Chiara und I Girolamini, Neapel

Der segensreiche Vulkan 28
Giardino della Regina, Reggia di Portici

Mit den Augen der Engländer 34
Villa Lanzara, Nocera

Zur Blütezeit des Rittertums 38
Castello Lancellotti, Lauro

Der globale Garten 44
Orto Botanico, Neapel

Auf der goldenen Meile 50
Villa De Gregorio di Sant'Elia, Portici

2 Geschätzte Inselwelt
Capri und Ischia

Graham Greenes Insel 58
Villa Il Rosaio, Anacapri

Die Saat der Vorstellungskraft 64
La Mortella, Ischia

Es war ein schöner Tag 72
Villa San Michele, Anacapri

Der Inselweg 86
La Certosella, Capri

3 Das Land der Sirenen
Sorrent und die Sorrentiner Halbinsel

Was macht Lord Astors Garten? 94
Villa Tritone, Sorrent

Der Gesang der Sirenen 110
Li Galli, Positano vorgelagert

Das schöne Sorrent 118
Villa Silvana, Sorrent

Ein königliches Domizil 122
Parco dei Principi, Sant'Agnello

4 La Divina Costiera
Die Amalfiküste

La Dolce Vista 132
Il San Pietro, Positano

Blütenfieber 142
Palazzo Murat, Positano

Die Blume und die Herrlichkeit 152
Villa Rufolo, Ravello

Greta Garbos Shangri-La 174
Villa Cimbrone, Ravello

Amalfi con Amore 196
Santa Caterina, Amalfi

Adressen 199
Nachwort, Dank 200
Register 203
Impressum 206

Einleitung
Der schönste Platz der Welt?

Das Paradies ist uns nicht ganz verloren gegangen. Ein recht üppiger Teil ist mit Kampanien im südlichen Italien erhalten geblieben. Die sonnenverwöhnte Region um Neapel, Capri, Sorrent und die Amalfiküste lässt sich mit keinem anderen Ort auf Erden vergleichen. Wie das Lotosland, das die Gefährten des Odysseus verzauberte, übt Kampanien auf Reisende eine Anziehungskraft aus, die der des Mondes auf die Gezeiten ähnelt. Im Lauf der Jahrhunderte haben Künstler, Herrscher und Dichter die Landschaft gepriesen, und die Großartigkeit der Natur, von der sie Zeugnis geben, ist noch immer bewundernswert: der leise tickende Vesuv, die Magie der Blauen Grotte und die Schönheit des Golfs von Neapel. Ein Großteil der kampanischen Landschaft ist nach wie vor von homerischer Wildheit, doch im Lauf der vergangenen zwei Jahrhunderte sind mit idyllischen Gärten, palastartigen Villen und malerischen Dörfern Orte der Anmut entstanden, die das Urtümliche in den Hintergrund treten lassen.

So haben die vielen Gärten Kampanien in eine Art Eden verwandelt, und auch hier lauert Verführung; sie geht von den höchst kunstvoll gestalteten prächtigen Anlagen aus, die fast zu schön erscheinen, um noch von dieser Welt zu sein. Wie oft bin ich auf meinen Gartenreisen, die diesem Buch zugrunde liegen, mit anderen Gartenliebhabern ins Gespräch gekommen, die sich wie im Himmel fühlten.

Es mag dieser Teil der damals bekannten Welt gewesen sein, in dem Homer die Geschichte der Überlistung der Sirenen durch Odysseus und seine Gefährten angesiedelt hat. Im Namen der antiken römischen Stadt Surrentum, »Land der Sirenen«, hallt diese Geschichte nach. Heute summen Besucher den eingängigen Refrain von »Torna a Surriento (Sorrento)«, und weder Lied noch Stadt will ihnen mehr aus dem Kopf gehen.

Die paradiesische Schönheit, die Kampaniens Natur bestimmt, wird durch Wissen, Können und Geschick der Menschen beträchtlich erweitert. Dieses Paradies hat schon viele Besucher gesehen, Vergil, Richard Wagner, Vita Sackville-West, Emma Hamilton, Lord William Waldorf Astor oder Greta Garbo, und viele haben es besungen; den Geist dieser Gärten machen also nicht allein ihr Stil und ihre Schönheit aus, sondern auch ihre individuelle, bisweilen weit zurückreichende Geschichte, die Ideen und Neuerungen, soziale und ökonomische Entwicklungen, die Biographien der Besitzer und Besucher, kulturelle Interaktionen, ja oft das Weltgeschehen einschließt.

Mit anderen Worten: diese Gärten sind nicht einfach Gärten. In Anlehnung an Gertrude Steins Rose gilt vielmehr: jeder Garten ist ein Garten, ist ein Garten ... Im Hintergrund aller Schönheit und Augenfreude aber wirken Vorgänge, die im Herzen jedes historischen Anwesens ruhen, und diese habe ich zu beleuchten versucht.

Willkommen in Campania felix

Mit golden leuchtenden Zitronenbäumen und duftenden Bougainvilleen, sanften Meeresbrisen, smaragdgrünen Grotten, faszinierenden Panoramen und einer stattlichen Reihe bewundernswerter Villen ist Kampanien seit langem bekannt für seine allgegenwärtige Pracht. Die Provinz war einst Lustgarten der römischen Kaiser, die sie Campania felix, glückliches Kampanien, nannten. Sie lässt sich, seit die Sirenen Odysseus in ihre Höhle bei Sorrent zu locken suchten, auch nicht annähernd in Worte fassen. Für Schiffsreisende, gleich welcher Nationalität, ist es auch heute noch schier nicht möglich, vorbeizufahren an jenem vom tiefblauen Wasser des Mittelmeers umspülten Landstrich vom Golf von Neapel nach Süden zur Halbinsel Sorrent, zur Amalfiküste und zum Golf von Salerno.

Das Tor zu diesem Landstrich ist Neapel, Prototyp einer italienischen Metropole mit unüberbietbaren Vorzügen – man denke nur an die idyllische Lage am Golf von Neapel, die ruhmreiche Vergangenheit, die monumentalen Architekturschätze und die überschäumende Lebensfreude ihrer Bewohner. Unweit der Stadt, im Golf, liegen die Inseln Capri und Ischia als Reste vom Ausbruch eines vorzeitlichen Vulkans.

Die vornehm verblasste Belle-Époque-Vergangenheit Kampaniens wird am anschaulichsten in Sorrent, dessen palastartige Hotels in den späten neunziger Jahren des 19. Jahrhunderts scheinbar über Nacht aus dem Boden schossen, um den Zustrom adeliger Reisender zu bewältigen, die der Flecken magnetisch anzog. Weiter südlich erstreckt sich über 48 Kilometer die Amalfiküste, die zu den himmlischsten aller Küsten, aller Landschaften und Siedlungen auf dem Festland und anderswo gehören dürfte. Hier stößt der Besucher auf Positano, das am meisten fotografierte Fischerdorf der Welt, auf Amalfi, das Juwel in der Krone mittelalterlicher Domänen, und, auf halbem Weg zum Himmel, die Stadt Ravello an den Flanken des Monte Cerreto, deren Villa Rufolo einst Richard Wagner und Greta Garbo bezauberte.

In Reiseführern wird eine ganze Reihe von Attraktionen und Sehenswürdigkeiten aufgelistet; doch trotz zahlreicher Hotelpaläste, historischer Kirchen und liebenswerter Dörfer ist Kampanien in erster Linie Erholungsgebiet. Nicht von ungefähr waren es die Neapolitaner, die die Parole vom *dolce far niente*, vom süßen Nichtstun ausgaben. Wie in den Tagen der alten Römer wollen sich die Reisenden hier in erster Linie in dieser Kunst üben, und das in höchster Vollkommenheit. Berühmte Persönlichkeiten, Kaiser und Könige eingeschlossen, kamen und kommen noch immer, um die einfachen Freuden des Lebens zu genießen: Sonnenbaden, Segeln, Angeln, Schlemmen und Entspannen. Doch nahmen auch Richard Wagners »Parsifal«, Henrik Ibsens »Puppenheim« und Werke von Virginia Woolf, Graham Greene und Tennessee Williams hier ihren Anfang, und vor der Kulisse Kampaniens bahnten sich immer wieder Romanzen an: ein Arkadien für Liebespaare, für Lord und Lady Hamilton wie für Elizabeth Taylor und Richard Burton.

So verwundert es kaum, dass in einer derart fruchtbaren Region von jeher auch das Gärtnern zu den Freizeitaktivitäten gehörte. Die vorteilhafte Verbindung von Sonnenscheindauer und Bodenbeschaffenheit, mit der das südliche Italien gesegnet ist, macht Kampanien zu einem Traumland für Gärtner. Im Lauf der Jahrtausende zog die Landesnatur einen nicht abreißenden Strom von Eroberern an, die Griechen der Antike, die Römer, die Mauren, die Franzosen; am wenigsten konnten die Engländer den Verführungskünsten Kampaniens widerstehen. Im Lauf des 19. und 20. Jahrhunderts richtete sich eine kleine Gruppe englischer Aristokraten in Kampanien herrschaftlich ein und schuf mit ihren Villen und Gärten privilegierte Miniaturwelten der Eleganz, Erquickung und Schönheit.

Ein Garten mit Panoramablick

Das überbordende Wachstum, wie man es heute überall sieht, stellte sich jedoch nicht von einem Tag auf den anderen ein. Bei weitem nicht. Mit unzähligen Felsen und gebirgiger Landschaft war Kampanien alles andere als ein natürliches Eden. Von Anfang an bedeutete die Urbarmachung des Landes harten Kampf. Wie der französische Reiseschriftsteller Astolphe de Custine (1790–1857) in seinen »Mémoires et voyages« (1830) bemerkte, ist »in dieser unfassbaren Landschaft [...] einzig das Meer horizontal, während die *terra firma* (Festland) nahezu senkrecht aufsteigt.« Wo anders als in der Vertikalen hätten Pflanzen, wo anders menschliche Siedlungen Platz finden können als im Bereich der hoch aufragenden Klippen, wie die Häuschen, die sich heute dichtgedrängt an den Hang über Positano klammern und die Hafenansicht zu einem so malerischen Bild machen. Glücklicherweise unterstützte die Natur den frühen Gärtner mit den Bergen aber auch, mit dem Vesuv im Norden und den Monti Lattari im Süden, die genügend Schutz vor rauem Wind und sengender Sonne bieten, sodass der Gedanke an Gärten nicht gänzlich abwegig erschien. Wer pflanzen wollte, musste sich eben mit den als *chiazze* bezeichneten schmalen Streifen Land zufriedengeben, die sich den Hügeln oft nur mühsam abringen ließen.

Dafür bedurfte es nicht nur beträchtlicher Hartnäckigkeit, sondern auch schier grenzenloser Kreativität. Um einfachste Pflanzungen in Gartenparadiese zu verwandeln, war nicht nur Genialität gefragt, sondern auch bautechnisches Wissen. Nur so konnte sich mit der Zeit die Terrassenlandschaft entwickeln, die in Form absteigender, treppenartig in den Hang eingeschnittener Parterres das von Natur aus abschüssige Gelände nutzbar machte, das sich ursprünglich jeglicher Bebauung zu widersetzen schien. Diese Art Garten wurde als *giardino pensile* oder hängender Garten bezeichnet; so gesehen, erinnern die Gärten Kampaniens in der Tat an die Gärten Babylons. Wo sich ein schöner Ausblick bot, wurde die Gestaltung des terrassierten Geländes oft um kunstvolle *terrazzamenti*, Aussichtsplattformen, Pavillons und Pergolen ergänzt, um das Meerespanorama in den Garten einzubeziehen.

Die terrassierten Gärten bieten einen *volo d'uccello* (Blick aus der Vogelperspektive) mit vielerlei Eindrücken. In Ravello etwa überkommt den Besucher beim Spaziergang durch die zum Meer ausgerichteten treppenförmigen Beete der Villa Rufolo, 426 Meter über dem Golf von Salerno, ein Gefühl der Schwerelosigkeit. Von dem sogenannten Belvedere der Unendlichkeit der benachbarten Villa Cimbrone aus verschmilzt das Blau des Himmels kaum merklich mit dem Blau des Meeres und nährt die Illusion einer Welt ohne Horizont. Im Garten der Villa San Michele auf den Hügeln von Anacapri, der wie kein anderer in luftiger Höhe zu schweben scheint, fühlen Sie sich dem Himmel näher denn je.

Obwohl diese Gärten atemberaubende Ausblicke bieten – letztlich kann sie nur der Blick aus einer Raumfähre überbieten –, ging es einst nicht vorrangig um dieses Schauspiel. Im Mittelalter trieben die Angriffe sarazenischer Piraten die Bevölkerung Kampaniens in die Berge, wo sie Adlerhorsten gleichende Städte und Dörfer bauten – Ravello und Anacapri sind zwei von ihnen –, die Schutz vor Eindringlingen boten. Mit dem Einsetzen friedlicher Zeiten zogen die *costieri* (Küstenbewohner) hangabwärts in Richtung Ufer, etwa in Positano, wo die Straßen und Passagen die Form von *scalinatelli* (Treppen) haben und weiß getünchte Häuser, aus Not wie Bauklötzchen übereinander gestapelt, Miniatur-Kasbahs oder kykladischen Dörfern gleichen. Die archetypische *casa mediterranea* der Gegend entwickelte sich, als die Campania Teil der antiken Magna Graecia

(Großgriechenlands, der griechisch besiedelten Gebiete Unteritaliens) war. Im 18. und 19. Jahrhundert wurden die Häuser oft um Terrassen und ausladende Balkone erweitert, die gezielt den Blick aufs Meer bieten. Der Wert eines Hauses an der Amalfiküste richtet sich auch heute nach der Anzahl der auf das Meer hinausgehenden Fenster.

Auf den Pfaden der Geschichte

Zu den Ersten, die den natürlichen Reichtum Kampaniens erkannten und nutzten, gehörten die Griechen, die im 4. Jahrhundert v. Chr. Neapolis (Neapel), »die neue Stadt«, gründeten. Die eigentliche Blütezeit, auch für den Gartenbau, setzte jedoch erst im 1. Jahrhundert n. Chr. ein, als wohlhabende Römer erkannten, dass Seeluft die beste Medizin gegen die Bruthitze in ihrer Stadt ist. Bald schon war die Küste am Golf von Neapel mit luxuriösen Herrschaftssitzen und Parkanlagen übersät. Unweit, auf Capri, erbaute Tiberius die Villa Jovis, einen riesigen Palast, dessen terrassierte Gärten mit den Hängenden Gärten in Babylon verglichen wurden. In Baia, westlich von Neapel, sollte auf Anweisung Neros das kaiserliche Anwesen durch prächtige Gärten verschönert und um einige Weinberge ergänzt werden. Zur gleichen Zeit verwandelte die wachsende Flut Erholungssuchender Pompeji und Herculaneum in eine Art Côte d'Azur, ein Traumland luxuriöser Villen und verschwenderisch üppiger Atrium-Gärten. Dies alles geschah, bevor die Bewohner sich Gedanken dazu machen konnten, dass sie sich im Schatten des vulkanischen Giganten Vesuv niedergelassen hatten, dessen Mineralien zwar der Fruchtbarkeit ihrer Gärten zugutekamen, dessen Eruptionen aber gefährlich waren.

Zwischen dem Zerfall des Weströmischen Reichs im 4. Jahrhundert und dem beginnenden Mittelalter trat das Interesse am Gartenbau in ganz Europa in den Hintergrund. In den Vordergrund drängten sich andere Probleme, am brennendsten die Pest, gefolgt von lokalen Kriegen. Vielleicht erwuchs aus der Bedrängnis die Sehnsucht nach Geborgenheit, die den *hortus conclusus*, den mauerumschlossenen Garten, im Mittelalter so populär machte, insbesondere, aber nicht ausschließlich, in den Kreuzgängen der Klöster. Beispiele dafür sind die Gärten der mittelalterlichen *chiostri del paradiso*, Klöster des Paradieses, in Amalfi und Sorrent.

In der Architektur dieser Klöster zeigt sich arabischer (maurischer) und normannischer Einfluss. Die Mauren waren im 9. Jahrhundert auf ihrem Weg nach Osten nach Sizilien gelangt; ab dem 11. Jahrhundert geriet die Insel unter die Herrschaft der Normannen, die ihren Einflussbereich dann weit über die südliche Hälfte Italiens ausdehnten, indem sie den Langonarden die Gewalt über Neapel entrissen. Den Normannen folgten die Staufer, und nach dem Niedergang von deren Dynastie wurden Neapel und das Königtum Siziliens von Papst Clemens IV. auf Karl I. von Anjou übertragen, der die Residenz von Palermo nach Neapel verlegte und zu einem angevinischen Juwel machte. Der künstlerische Einfluss aus dem Norden schlug sich in Kampanien nieder, etwa in Neapels großartigen angevinisch-gotischen Kirchen, während sich von Sizilien her die arabisch-normannische Architektur maurischen Stils ausbreitete. Dieses Zusammenspiel von Einflüssen bedeutete ein einträchtiges Nebeneinander von Kreuz und Halbmond und brachte auch neue gartengestalterische Ideen mit sich. Auf einmal zeigten sich in den Anlagen verschlungene maurische Motive, ornamental mit Blüten nach dem Vorbild mittelöstlicher Tapisserien versehen, aber auch Wasserläufe sowie exotische Blütenpflanzen und Früchte, die aus Sizilien und dem Mittleren Osten eingeführt wurden, darunter Iris und Jasmin, Zitronen und Mandarin-Orangen, Clementinen und Aprikosen.

Im 14. Jahrhundert erlebten die Künste eine weitere Blütezeit; Giovanni Boccaccio, Giotto di Bondone und Francesco Petrarca beispielsweise konnte Neapel in seinen Mauern begrüßen. Die Neapolitaner waren zu beträchtlichem Reichtum gekommen, den es zur Schau zu stellen galt; sie ließen ihre Gärten mit großartigen Terrassen und duftenden Blütenpflanzen versehen, die sich ungehindert ausbreiten durften. An die Stelle der schlichten Gärten des Mittelalters traten verschwenderisch-romantische *paradisi*, am eindrücklichsten noch zu sehen in der Anlage der Villa Rufolo in Ravello, einer luxuriösen arabisch-normannischen Komposition. Dieser sarazenische Stil brachte etwas Flamboyantes ins Spiel, vergessen war die streng minimalistische Gestaltung, das neue Zauberwort hieß: überbordende Fülle. Im 15. Jahrhundert dann stabilisierte sich die politische Situation, zunehmend größere Handelswege zwischen Italien und dem Mittleren Osten entstanden, was wiederum den Reichtum der Bevölkerung mehrte.

Die Renaissance hielt in Neapel Einzug – 1490 beauftragte Alfons II. den Florentiner Architekten Giuliano da Maiano mit dem Bau der Villa Poggioreale vor den Toren Neapels und ergänzte das Castel Nuovo in der Stadt um einen terrassierten Garten – und ebnete bald den Weg für den Stil des 16. Jahrhunderts. Den Hang zu bildmächtigen und exotischen Umgangsformen und Haltungen beförderte Torquato Tasso, Sohn der Stadt Sorrent, in seinem 1575 erschienenen Epos »La Gerusalemme liberata« (Das befreite

Die obere Terrasse der Villa Rufolo, die im 19. Jahrhundert von Sir Francis Neville Reid von Grund auf restauriert wurde.

Jerusalem), einer Huldigung an den Ersten Kreuzzug. Tassos Auffassung von Garten stand ganz im Zeichen diesseitiger Freuden, durchpulst von romantischen Vorstellungen und Gelegenheiten der Verführung. Der bekannteste Abschnitt des Epos – er schildert die Verführung des Kreuzritters Rinaldo durch die »treulose« Zauberin Armida – spielt in einem solchen Garten. Obwohl er sie nicht namentlich erwähnt, dürfte Tasso mit den Gärten der Villa Rufolo in Ravello vertraut gewesen sein, die damals bereits als Idealkulisse für Liebesromanzen galten. Dank Tasso konnten Gärten fortan auch im Drama eine Schlüsselrolle erhalten, wie sie sie in idyllischen Schäferspielen bereits hatten.

1738 machte der Bourbonenkönig Karl III. Neapel (1735–1759 als Karl VII. von Neapel und Sizilien) zur Hauptstadt des Königreichs beider Sizilien (Regno delle Due Sicilie). Auf Anordnung Karls und später seines Sohns Ferdinands IV. sollte die Bourbonenlilie als Zeichen königlicher Würde das gesamte Königreich schmücken, selbst die königlichen Liegenschaften und Gärten. Die Reggia di Caserta am Nordrand der Ebene Kampaniens – der Palast maß sich an, mit Versailles in Frankreich zu konkurrieren – wurde zum leuchtenden Vorbild bahnbrechender Neuerungen in der Gartengestaltung: Blütenparterres, endlose Alleen, symmetrische Pflanzstrukturen und Brunnen mit üppigem Skulpturenschmuck. Die Gärten der königlichen Paläste in Capodimonte und Portici wurden auf ganz ähnliche Weise umgestaltet. Mit dieser omnipräsenten Symbolik des Souveräns schufen die Bourbonen neue Maßstäbe in der Gartengestaltung. Diese Maßstäbe wurden nach dem Einfall der Franzosen 1806 erneut aufgegriffen, als Napoleons Bruder Joseph Bonaparte Neapels riesigen botanischen Garten, den Orto Botanico, gründete (1807), um die in der Region heimischen Pflanzenarten systematisch zu klassifizieren.

Und wieder einmal erhob Göttin Flora ihr hübsches Haupt, nun in Form eines reizvollen Englischen Gartens, der sich diskret im Park von Caserta verbirgt – eine Idee Sir William Hamiltons, des englischen Botschafters am neapolitanischen Hof, später verheiratet mit der selbstbewussten Emma. In der gleichen Zeit wurden die Parkanlagen des riesigen königlichen Palasts auf dem Neapel überblickenden Hügel Capodimonte wie auch Ferdinands I. Villa La Floridiana auf dem Hügel Vomero – beide Entwürfe stammen von Federico Degenhardt – in Englische Gärten verwandelt. Es sollte der Auftakt zu einer Invasion, zur Abwechslung einmal einer freundlichen, unzähliger pflanzenliebender Engländer werden.

Die berühmten Majolika-Bänke der Großen Terrasse von Il San Pietro; im Hintergrund Positano

Milordi Inglesi: Die Engländer kommen

Zusammen mit Sir William kamen vornehme Engländer in beträchtlicher Zahl nach Italien, anfangs vor allem aus Sympathie für Italiens Widerstand gegen Napoleons Herrschaftsansprüche. Dieser Konflikt wurde bald schon zugunsten Italiens gelöst, dennoch beschlossen viele der britischen Besucher, dem Charme Süditaliens erlegen, noch eine Weile zu bleiben; daraus wurden dann Jahre und irgendwann ein Leben. Und so kam es, dass die sonnenhungrigen Auswanderer im Lauf des 19. und 20. Jahrhunderts grandiose Villen erbauten, die gleichermaßen grandiose Gärten nach sich zogen.

Kaum jemand hätte mehr für Kampaniens Schönheit tun können als die Engländer, die voller Dankbarkeit waren für das Geschenk des blauen Himmels, der sanften Brisen und des immerwährenden Sonnenscheins. Schon immer waren die Engländer bekanntlich ohne viel Federlesens in fremde Länder aufgebrochen, mit dem heimlich gehegten Traum von einem ganz privaten Garten Eden, einem Ort, an dem stets die Sonne scheint, eine ruhige See sie tagein tagaus umfängt, an dem fremdartige Blumen in Felsschluchten gedeihen, reife Früchte nur darauf warten, gepflückt zu werden, und der reichlich fließende Wein lediglich ein paar Pennies kostete und wo man obendrein auf steife Spitzen und geschnürte Korsetts verzichten konnte.

Diesem Traum jagten die Möchtegern-Adams und -Evas seit Beginn des 19. Jahrhunderts hinterher, angefeuert von den Reiseschilderungen ihrer sonnenhungrigen Landsleute. Fasziniert von den Geschichten Sir William Hamiltons, den Aquarellen J. M. William Turners und Giovanni Ruskinos (John Ruskins) oder von aktuellen Reisetagebüchern zeitgeistprägender Persönlichkeiten wie George Howard, Besitzer des nach ihm benannten Schlosses in Yorkshire, und seiner Gattin Georgiana, Herzogin von Devonshire, machten sich die englischen Bildungsreisenden auf den Weg.

An die Spitze dieses Zugs setzte sich *il turismo d'elite*. J. M. William Turner traf 1819 ein, John Ruskin 1841. Lady Blessington, die nach ihrem Besuch Neapels im Jahr 1823 mit »The Idler in Italy« (Wanderungen in Italien, Leipzig 1841) eines der ersten Porträts der Gegend veröffentlichte, schrieb, dass Reisende in Amalfi »wie Engel anmuteten, so selten und vereinzelt in ihrer Erscheinung«, was wohl als Anspielung auf die noch immer wenig ausgeprägte Reiselust ihrer Landsleute zu verstehen war. Am 12. Januar 1853 aber war die Eröffnung der Vietri-Amalfi-Straße ein symbolischer Trommelschlag, denn die heute als Amalfi-Drive bekannte, 40 Kilometer lange Küstenstraße sollte einen ganz neuen Gewerbezweig ins Leben rufen: den Tourismus. Vergessen war das Bild stereotyp aneinandergereihter Fischerdörfer, unterbrochen nur von einigen verfallenen Festungen, denn von nun an gehörte Kampanien zum absoluten Muss für Vergnügungsreisende und Erholungssuchende.

Waren die Auswanderer aus freien Stücken in ihrem heimischen England bereits bestens vertraut mit den Freuden des Gärtnerns, so suchten sie diese Leidenschaft, von ihrer neuen Umgebung noch beflügelt, à l'Italienne zu perfektionieren, und zwar *con gusto*. Binnen kurzem hatten sich viele ihrer Landsleute hier niedergelassen, mit festem Wohnsitz und Gärten, die von sachkundigem Personal betreut wurden. Angesichts dieser Idyllen erstrahlte Kampanien bald schon im Glanz der Schönen und Reichen, wie die in diesem Buch beschriebenen Gärten eindrücklich bezeugen: Sir William Hamiltons Englischer Garten in Caserta, Francis Neville Reids Villa Rufolo in Ravello, Lord William Waldorf Astors Villa Tritone in Sorrent, Lord Grimthorpes Villa Cimbrone in Ravello und Sir William Waltons La Mortella auf Ischia. Die steinern-formal wirkenden Parterres der Herrschaftssitze im heimischen England waren passé und machten einer neuen malerischen Vorstellung von Gartengestaltung Platz.

Paradies des Malerischen

Romantiker des 19. Jahrhunderts auf der Suche nach dem szenisch wirksamsten Landschaftsmotiv brauchten ihren Blick nur auf Kampanien zu richten, denn dessen natürliche Topographie wirkte wie das Werk eines Bühnenkünstlers. »Gotische« Elemente – neben sturmgepeitschten Klippen und jähen Abgründen, dunklen Tälern und verwunschenen Grotten fehlte nur der Hinweis: »Eremiten und Pilger willkommen« – entsprachen dem romantischen Ideal. Was das Flair des Malerischen zusätzlich unterstrich, waren die Spuren längst erloschener Kulturen byzantinischer, arabischer, normannischer, sarazenischer oder gotischer Prägung, zu denen gemäß Lady Blessington auch die »verfallenen Schlösser, Wachtürme, Kirchen und Abteien gehörten, alle so bewundernswert schön gelegen, als wären sie eigens zur Verschönerung der bezaubernden Landschaft errichtet worden.«

Die Landschaftsmaler liebten selbst das kleinste Detail. Schließlich waren diese Szenerien als Gattung vorgegeben mit den Campania-Gemälden eines Salvator Rosa aus dem 17. Jahrhundert, der mit seinen Bildern eines unter Banditen leidenden Landstrichs mit ominösen Höhlen und steilen Klippen die Fantasie ganz Europas beschäftigt hatte. Zwar fiel die Entdeckung dieser hinreißenden Schauplätze – Amalfiküste, Capri und Sorrent – mit der Hoch-Zeit der Bildungsreise oder Grand Tour zusammen, doch die Künstler, mit Staffelei und Farbkasten bewaffnet, kamen erst im späten 19. Jahrhundert in nennenswerter Zahl. Zu den europäischen Malern, die dort zu jener Zeit herausragende Landschaftsbilder schufen, gehören Leo von Klenze, Thomas Ender, Oswald Achenbach und mehrere Vertreter der Scuola di Posillipo einschließlich Teodoro Duclère und Theodor Witting. Deren *veduti* hatten auf die Reichen, Stilbewussten und Gebildeten von damals die gleiche Anziehungskraft wie Ansichtskarten auf die Touristen des 20. Jahrhunderts.

Von Poesie und Malerei in das Reich der Fantasie entrückt, wurden Kampanien und seine im Dornröschenschlaf liegenden Städte Ravello und Sorrent, durch das Eintreffen der Engländer zu neuem Leben erweckt, als römisches Eden verklärt. Unter Ausblendung der Gegenwart zugunsten der glanzvollen höfischen Vergangenheit schwelgten die Neomediävisten in der Es-war-einmal-Atmosphäre der Amalfiküste, deren »antik-pittoresker« Reiz vorwiegend in *tempus-fugit*-Vorstellungen von Altertum und Zerfall lag. Die Mittelalter-Atmosphäre schlug sich nieder im *picturesque movement*, einer romantischen Bewegung, die sich im heimischen England zusehends zur bestimmenden Strömung der Architektur und Landschaftsgestaltung entwickelte und so auch in den Gärten und Villen Kampaniens Ausdruck fand.

Auch heute noch lockt der Gesang der Sirenen die vielen von Termindruck Getriebenen – und das vollkommen überzeugend! Für jeden neuen Beobachter der Szene wird Kampanien lebendig wie ein Altmeister-Gemälde: das blaue Meer, die Fischerboote, ein himmlisches Firmament, bezaubernde Sandstrände, immerwährender Sonnenschein und reizvolle Gärten.

Dieses Buch führt durch Täler, über Klippen und Brücken, immer auf der Suche nach den schönsten Gärten Kampaniens. Und doch trifft es in den meisten Fällen nicht etwa auf Leute mit dem sprichwörtlichen grünen Daumen, sondern auf Künstler: außerordentlich talentierte Gärtner, die das Füllhorn dieses Landstrichs bis aufs Äußerste auszuschöpfen verstehen. Nur mit Worten lässt sich die Schönheit dieser großartigen Refugien nicht ausdrücken. Selbst der begnadetste unter den Schriftstellern muss angesichts der Herrlichkeit dieser Gärten verstummen: ihrer prächtigen Kulissen, der kunstvollen Architektur und des erlesenen Ambientes – Eindrücke, die der Linse der Kamera hingegen kaum entgehen dürften. Da ja ein einzelnes Bild Bände sprechen kann, werden Sie, so hoffe ich, in den Fotos finden, was meine Worte nicht annähernd auszudrücken vermögen. Im Übrigen halte ich es mit den Italienern, die den Neuankömmling mit einem wunderbaren Willkommensgruß empfangen: »Le faccio vedere« – »Ich zeige es Ihnen«.

Eine seltene Hochstammrose im Hof des Palazzo Murat in Positano zieht die Aufmerksamkeit auf sich.

1

Napoli Nobilissima
Neapel und sein Umland

Sanssouci des Südens
Villa d'Avalos, Posillipo

Es fällt schwer, dem Reiz eines Ortes zu widerstehen, der als »Ort, an dem alle Mühsal endet« bekannt ist. Der heutige Posillipo, dieser zerklüftete Hügel westlich von Neapel, verdankt seinen Namen den Griechen der Antike, die sich als erste am »Pausilypon« (allem Schmerz Einhalt gebietend) genannten Ort ansiedelten – der Name spielt auf den ungeheuer fruchtbaren Boden an, auf die bezaubernde Küste und das paradiesische Klima. Im Zeitalter der römischen Kaiser wurde Pausilypon zum bevorzugten Rückzugsort der Mächtigen und Privilegierten, die, solange sie hier weilten, alle Verpflichtungen, die ihr Amt ihnen aufbürdete, abwerfen und dem luxuriösen Müßiggang nachgehen konnten. Dieses Sanssouci der Antike ließ die Cäsaren ihre Sorgen vergessen, und Vergil erkor diese Gegend zu seinem Lieblingsaufenthalt. In Rom mochte er ›die Waffen und die Mannen‹ besingen, hier pries er die Schönheit der großartigen Szenerie, die in seinen »Georgica«, dem Lehrgedicht vom Landleben, Ausdruck findet. Während sich die gehobene Mittelschicht in Pompeji und Herculaneum auf der anderen Seite des Golfs von Neapel niederließ, war das Juwel Pausilypon den Herrschern und Dichtern vorbehalten.

Heute sind es privilegierte Neapolitaner, die sich in diese Tradition stellen. Posillipo unterscheidet sich inzwischen auf weite Strecken zwar kaum noch von Neapels drangvoll engem Stadtzentrum, doch der Küstenstreifen der Vorstadt ist noch immer von romantischen Villen geprägt; nahezu alle Bauten wurden im späten 19. Jahrhundert errichtet, klassizistisch, neogotisch oder neo-ägyptisch. Auch wenn heute sehr viele Villen um Wohnhäuser erweitert sind, haben doch einige Anlagen als ganze überlebt; die Gärten allerdings, die einst sprichwörtlich für die Schönheit dieser Gegend standen, muss man inzwischen suchen. Ein unter den wenigen, die heute noch Gartenfreuden par excellence verheißen, herausragendes Beispiel ist die Villa d'Avalos, der Wohnsitz der Fürstin Maria d'Avalos.

Überschattet von gewaltigen Aleppo-Pinien, entfaltet sich der Garten der Villa auf großartigen Terrassen am steil abfallenden Hang, die über Steintreppen zugänglich sind. Immer wieder bieten sich überwältigende Ausblicke auf den Golf von Neapel mit dem Vesuv, dem berühmtesten unter den Vulkanen, der sich unmittelbar über dem Meer zu erheben scheint. »Wenn er zum Greifen nah

Ein herrlicher Blick auf den Golf von Neapel von der unteren Terrasse der Villa d'Avalos

ist, kommt Regen, wenn er weit weg erscheint, planen wir ein Picknick«, erzählt Maria d'Avalos.

Während sie einen Gast durch den Garten führt und beiläufig auf einen am Weg abgestellten motorisierten Gokart hinweist – »er hat mehr Kilometer auf dem Buckel als mein Auto« –, bemerkt sie nicht ohne Stolz, dass ihr Garten als einziger noch über das ursprüngliche Wegenetz verfügt, im Gegensatz zu den meisten anderen keine »mit dem Fiat befahrbare« Trassen hat. Einer der gepflasterten Wege, gesäumt von Kapernsträuchern und Kiefern (Pinus canariensis), führt in Windungen zur Hauptterrasse des Gartens, deren steinerner Charakter von den leuchtend rosafarbenen und orangeroten Blüten eines Hibiskus um einen Papyrusteich gemildert wird. Steinbänke und ein schmiedeeiserner Tisch mit Stühlen machen diesen Gartenraum zum Wohnzimmer, nur ein paar Schritte entfernt von dem großen klassizistischen Haus. Die Terrasse ist das Werk von Herta von Siemens, der Tochter des Gründers der Firma Siemens, dem das Anwesen im ausgehenden 19. Jahrhundert gehörte. Auf sie geht auch die grandiose Kolonnade zurück, die das 1871 erbaute Haupt-

LINKS: Ein von Bougainvillea und Pelargonien gesäumter Weg führt zum Haupthaus, auf der rechten Seite überschattet von einer Araukarie (*Araucaria bidwillii*) mit stachelspitzen Blättern. OBEN: Die hintere Terrasse hat einen sehr schönen Fußboden aus Vietri-Fliesen; ein römisch anmutendes Kapitell dient als Pflanzgefäß für einen *Hibiscus*.

haus schmückt und ihm den letzten Schliff verlieh im Zuge einer Restaurierung, mit der Étienne-Jules Marey begonnen hatte; Marey beschäftigte sich mit Forschungen zur Lokomotion (Studium von Bewegungsabläufen), der Fotograf Eadweard Muybridge etwa nutzte des Öfteren Mareys Labor auf dem Gelände. Im Jahr 1936 hat Carlo d'Avalos die Villa erworben, und hier hat der Fürst immer wieder Größen der Musikszene zu Gast gehabt; sein Sohn Francesco d'Avalos zählt heute zu Italiens bedeutendsten Komponisten. Seit 1972 ist das Haus im Besitz von Maria und ihrem inzwischen verstorbenen Mann Domenico Viggiani, der hier einen Großteil seines Buchs »I tempi di Posillipo – Dalle Ville Romane ai Casini di Delizia« (1989) verfasste. Die inzwischen im achten Lebensjahrzehnt stehende Fürstin freut sich tagtäglich, dass sie noch draußen

im Garten wirken kann. Heute überlässt sie die Schwerarbeit weitgehend einem jungen Mann, genießt es aber noch immer, »jeden Morgen aufzuwachen, hinauszugehen und sich durch den Tag zu kämpfen«.

Im Gegensatz zu Posillipos sprichwörtlicher Fruchtbarkeit – die Villen waren dank zugehöriger Gehöfte einst nahezu autark – ist der Boden im Bereich der Tuffsteinklippen oberhalb der Bucht so mager, dass Maria d'Avalos viele ihrer Blütenpflanzen nur im Topf halten kann. »Nichts wächst hier problemlos,« bemerkt sie, »doch machen Sukkulenten und Kakteen nicht ganz so viel Mühe.« Hinzu kommt, dass die Sommersonne schon eine Herausforderung für sich ist: Von Juni bis September fällt kaum ein Tropfen Regen, sodass sie ihre Pflanzen immer wieder gießen muss. »Zum Glück können wir selbst an höllisch heißen Tagen auf eine Brise vom Golf her zählen. Ich schneide die Bäume auch kaum zurück, weil der Wind sonst dem Garten schwer zusetzen kann.«

Maria d'Avalos ist der festen Überzeugung, dass man der Natur ihren Lauf lassen sollte. Sie würde nicht einmal eingreifen, wenn eine wuchsfreudige Aleppo-Kiefer (*Pinus halepensis*) den einen oder anderen Ausblick verstellte. »Man darf in italienischen Gärten

OBEN: Ein einzelner Oleander fügt den vielfältigen Blautönen des Ausblicks etwas Rot hinzu. RECHTS: Reizvolle Pfade verbinden die Ebenen des Gartens, hier im Schatten von Myrtenheiden und Schirmkiefern. Die Balustrade zeigt die Schmuckmotive Pinienzapfen, Vase, bepflanzt mit rosavioletten Dickblattgewächsen (*Crassula*), und Steintrog mit Mittagsblumen (*Mesembryanthemum*), Sukkulenten aus Südafrika.

keine Perfektion erwarten. Man muss die Natur nehmen, wie sie ist. Denn darin besteht schließlich der große Reiz unserer Gärten im Vergleich zu französischen oder deutschen.« Besonders reizvoll ist der zentrale Gartenweg, der sich von einem höher gelegenen Aussichtspunkt zu einer über eine Treppe zugänglichen Pergola etwas weiter unten schlängelt und, vorbei an einer Gruppe Kiefern, zu einem weiteren Belvedere führt. Allein schlendernd, fühlt man sich hier in ein Landschaftsgemälde der Scuola di Posillipo versetzt; dieser Schule der Landschaftsmalerei im 19. Jahrhundert gehörten Künstler wie Anton Sminck Pitloo, Gonsalvo Carelli und Giacinto Giagante an, die die vielen malerischen Buchten und Hügel der Gegend unsterblich gemacht haben. Das Gefühl verstärkt sich, sobald man sich nach Westen wendet und der Blick auf eine Brüstung mit mächtigen Terrakottavasen fällt, die die Sicht über die wind-

Links gegenüber: Die als »Wohnzimmer im Freien« genutzte Terrasse mit einem Tisch, dessen Majolika-Fliesen das Familienwappen der d'Avalos tragen, einer der großen Dynastien der neapolitanischen Geschichte. Der Blick auf den Golf ist von Glyzinen (*Wisteria*) gerahmt, in der Ferne von Palmen (*Washingtonia robusta*) und Chinesischen Götterbäumen (*Ailanthus altissima*). Links: Büste hinter einer Glyzine (*Wisteria*), die im Frühling ihren violettblauen Blütenflor entfaltet.

gepeitschte Bucht rahmt. Der Blick ostwärts über den Garten trifft auf ein neogotisches Kastell, ein wehrhaftes Bauwerk, im ausgehenden 19. Jahrhundert von der Familie d'Abro errichtet. Ihr Anwesen schloss an das Gelände der Villa d'Avalos an.

Die unterste Terrasse der Villa d'Avalos liegt tief unten, knapp über der Bucht. Mit Stühlen, Bänken und Tischen ausgestattet, dient sie als Treffpunkt für Gäste, die von hier aus eine prächtige Aussicht genießen. Dieser besondere Flecken hat Urlauber seit Jahrhunderten bezaubert, wenn nicht gar seit mehr als einem Jahrtausend, denn die Terrasse ist von römischen Mauerresten umgeben, die nach Aussagen der Archäologen in die Zeit des Augustus zurückreichen. Damals bestand Posillipo zu großen Teilen aus der Villa des Publius Vedius Pollio, eines freigelassenen Sklaven, der, berühmt-berüchtigt für seinen immensen Reichtum wie auch für seine Exzesse, in der Figur des Emporkömmlings Trimalchio in Gaius Petronius' (gest. 66 n. Chr.) »Satyricon« Unsterblichkeit erlangt hat.

Vedius Pollio hat auch auf andere Weise traurige Berühmtheit erlangt, insbesondere als ihm nachgesagt wurde, er füttere seine schottischen Aale mit dem Fleisch seiner Sklaven. Ob Wahrheit oder Legende – von der Bucht-Terrasse der Villa d'Avalos aus sieht man steinerne Umrisse antiker *aquaria* mit Becken für die Fischzucht sich dicht unter den Wellen abzeichnen. Die Bucht hat sich im Lauf der letzten Jahrhunderte gehoben, sodass heute ein ganzes Stockwerk römischer Räume unter Wasser steht (unterhalb der untersten Terrasse: ein Raum, noch immer sichtbar, mit herrlichen Fresken im pompejanischen Stil des 2. Jahrhunderts). Überliefert ist, dass Vedius Pollio im Jahr 15 v. Chr. ein Testament vorbereitete, in dem er die Villa Posillipo seinem Freund Augustus überschrieb. Eine spätere Legende erzählt, Kaiser Tiberius, nun Erbe der Villa, habe seinen Liebhaber Alcente mit Gold- und Silberschätzen dort versteckt. Angelockt von derartigen Erzählungen, tauchten in den folgenden Jahrhunderten immer wieder Schatzsucher auf, die in der Hoffnung, das Versteck zu finden, den Boden um die Villa aufgruben, letztlich aber nur das Gelände zerstörten. Maria d'Avalos erinnert sich an eine spiritistische Sitzung, die sich, noch zu Lebzeiten ihres Vaters, sozusagen für alle Fälle damit befasste, letztlich aber ohne Erfolg.

Für Freunde der Hausherrin ist das Gelände der Villa d'Avalos mit seinen altrömischen Wurzeln ein geschichtsträchtiger Ort. Sie selbst sieht einfach nur »mio giardino«, zumal sie von jeher für die Freuden des Gärtnerns empfänglich war. »Gärtnern bedeutet Hoffnung haben, an das Wachstum der Dinge glauben und unverzagt in die Zukunft blicken«, meint sie mit einem leichten Kopfnicken in Richtung Vesuv, der bedrohlich über der Bucht aufragt.

Der Charme der Abgeschiedenheit
Die Klöster Santa Chiara und I Girolamini, Neapel

Wenn Goethe in seiner »Italienischen Reise« ausführt, Neapel sei von Natur aus so großzügig mit Geschenken bedacht, dass es kaum der Kunst bedürfe, meint er die einzigartige Lage der Stadt am Golf von Neapel mit dem Vesuv im Hintergrund und nicht zuletzt dem angenehmen Klima. In den Mauern der Stadt hingegen war die Natur in Form von Gärten und Parks von jeher spärlich vertreten, und seit Jahrhunderten zählte Neapel seine Bäume wie ein Geizhals sein Gold. Als die Stadt im 17. Jahrhundert zur am dichtesten besiedelten Großstadt anwuchs – allein Paris war größer –, konnte man nur noch in die Höhe ausweichen, denn die mächtigen *bastoni* (Stadtmauern), die in der Zeit der spanischen Vizekönige (15. bis 17. Jahrhundert) erbaut wurden, standen jeder Ausdehnung in der Fläche im Weg. Da Bauherren kaum noch ein freies Fleckchen für neue Häuser fanden, glich die Stadt mit ihren doppelt so hohen Wohnblöcken wie den dreistöckigen in Paris bald einem Ameisenhaufen.

Als dann im 18. Jahrhundert die Bourbonenkönige die Macht übernahmen, wurde Mutter Natur vollends aus dem Weg geräumt, denn mit der neuen königlichen Schattensteuer – jeder Baum wurde inzwischen besteuert, um die Löcher in der Stadtkasse zu füllen – konnte sich selbst der neapolitanische Adel kaum noch den Luxus von Gärten und Parkanlagen leisten. Neapel wurde, um den Historiker Marcello Fagiolo zu zitieren, »ein Garten aus Stein«.

Diese intensive Urbanisierung weckte in vielen Bürgern der Stadt eine ausgeprägte Sehnsucht nach der Natur, die bald zu einer regelrechten Flucht *extra moenia* (heraus aus den Mauern) führte. In kürzester Zeit fanden sich in Neapels Umgebung, in Sorrent, auf Capri und an der Amalfiküste, einige der schönsten Gärten.

Letztlich sorgte sozusagen der Himmel selbst dafür, dass in Neapels Stadtzentrum ein paar grüne Inseln entstanden. Dank des Konzils von Trient, dessen strenge gegenreformatorische Beschlüsse im 16. Jahrhundert so wesentlich zur Erneuerung der katholischen Kirche beitrugen, erlangten Orte der Einkehr und Stille ganz neue Wertschätzung. Mehr denn je sollten Mönche und Nonnen ihr Leben hinter verschlossenen Türen und hohen Mauern verbringen; und als kleines *paradiso terrestre* gehörte zu jedem Nonnen- und Mönchskloster mindestens ein Kreuzgang.

So entstanden hinter den Klostermauern in den Rechteckhöfen der Kreuzgänge Gartenanlagen, die den »himmlischen Garten« widerspiegeln sollten. Im Andenken an das verlorene Paradies dienten diese Innenhofgärten den Mönchen und Nonnen als Orte der Askese und Meditation. Sie waren um einen Brunnen als Mittelpunkt und Symbol der *fons salutaris* (Heilquelle) konzipiert; reichere Klöster leisteten sich bisweilen großzügige Brunnenanlagen.

Viele dieser Klostergärten liegen im Herzen des Zentrums, in unmittelbarer Nähe von Spaccanapoli (gespaltenes Neapel), einem 5 Kilometer langen Straßenzug (Fußgängerzone), der die Altstadt durchschneidet. Es ist, als bildeten hier, wie nirgend sonst in der Stadt, verblasster Glanz und morbide Romantik, Zerfall und Elend, Prachtentfaltung und Verwahrlosung ein buntes Gemisch. Madonnenschreine heiligen jede Straßenecke, Putten kauern scharenweise dicht gedrängt auf marmornen *guglie* (Turmspitzen), und jedes Jahr am 19. September wird im Dom das Fest des Blutwunders des San Gennaro gefeiert, das den Vesuv für ein weiteres Jahr zum Stillhalten bewegen soll. Spacca gehört zu den ärmeren Vierteln der Stadt, dennoch macht fast jeder in seinen brechend vollen Straßen einen glücklichen Eindruck. Über den schmalen Gassen flattert bunte Wäsche im Sonnenlicht, als handelte es sich um die Wimpel jener bescheidenen Dynastien, die sich darunter tummeln. Aschenputtel hätte sich hier so richtig zuhause gefühlt.

Zuhause fühlten sich hier auch die vielen Kirchen, Mönchs- und Nonnenklöster, die im 14., 15. und 16. Jahrhundert von mehr als neunzig Orden wie den Jesuiten, Kapuzinern, Franziskanern, Dominikanern, Augustinern oder Karmeliten in der Stadt gebaut wurden. Zu den berühmtesten Anlagen gehört Santa Chiara mit einer streng wirkenden Kirche im provenzalisch-gotischen Stil, die König Robert von Anjou, auch »Robert der Weise« genannt, zwischen 1310 und 1328 errichten ließ. Dessen zweite Frau Sancha von Mallorca beauftragte den Bau des Konvents der armen Klarissinnen, das an das Kloster der Franziskaner angrenzt.

Im 18. Jahrhundert fanden säkulare Elemente Eingang in das Ordenssystem, in dem strikte *clausura* herrschte. Die Gotik wurde als zu streng erachtet, woraufhin die Äbtissin Ippolita Carmignani 1739 das Chiostro Grande (Große Kloster) des Santa-Chiara-Komplexes von Grund auf dem neuen Barock-Stil anpassen ließ. Verantwortlich für den Umbau war Domenico Antonio Vaccaro, Architekt

Der berühmte Majolika-Dekor an Säulen und Bänken im Klostergarten von Santa Chiara

und Gärtner, der auch dem Palazzo Tarsia, Neapels extravagantestem privaten Anwesen, mit einem Parterre-Garten französischen Stils den letzten Schliff gegeben hatte.

Auf Santa Chiara traf das Bild der armen Klarissinnen kaum zu, denn viele Nonnen entstammten den reichsten Familien der Stadt. Mag sein, dass die Schwestern sich nach all dem Luxus sehnten, den sie hinter sich gelassen hatten, jedenfalls hat Vaccaro die zweiundachtzig oktogonalen Säulen des Kreuzgangs – sie bilden sich kreuzende, mit Wein überrankte Pergolen, die zu zwei Brunnen im Zentrum führen – mit hunderten von Capodimonte-Fliesen, sogenannten *riggiole* verkleidet. Diese von Donato und Giuseppe Massa geschaffenen Majoliken sind in warmen Rosa-, Grün- und Gelbtönen bemalt, so dass sich kaum erkennen lässt, wo die echten Ranken an die gemalten Girlanden von Weintrauben, Zitronen, Orangen und Feigen anschließen.

Noch entzückender fast sind die Bänke, die die Säulen verbinden und auf ihren Rücklehnen Szenen aus dem neapolitanischen Leben zeigen: Tarantella-Tänzer, Kricket-Spieler, Fischer am Meer, Schauspieler der Commedia dell'Arte, allesamt in den üppigsten Farben. Das Sonnenlicht und Rosen, Koniferen, Zitronen- und Orangenbäume in den vier Hauptparterres unterstreichen die Wirkung der farbenprächtigen Majoliken. Im Zuge der umfassenden Restaurierung von 2004 hat man einen Großteil der Weinreben abgenommen, worunter der Zauber des Gartens bis heute leidet. Es wird wohl noch weitere fünf Jahre dauern, bis die Laube wieder in ihrem alten Glanz erstrahlt.

Nur ein paar Gehminuten sind es von Santa Chiara bis zur Chiesa dei Girolamini, dem von 1592 bis 1619 für die Glaubenskongregation der Oratorianer (Patri del Oratorio di San Filippo) nach einem Entwurf des Florentiner Architekten Giovanni Antonio Dosio errichteten Bau; die klassizistischen Ergänzungen stammen von Ferdinando Fuga. Die Anlage ist einer der größten Kirchenkomplexe Neapels; zu ihr gehört auch die Casa dei Padri dell'Oratorio, die über zwei Kreuzgänge zugänglich ist. Der kleinere, entworfen um 1600 von dem Architekten-Team Antonio Dosio, Dionisio di Bartolomeo und Dionisio Lazzari, enthält keinerlei Pflanzen, er dient den Mönchen ausschließlich als Ort der Meditation. Im größeren, einem *aranceto* (Limonenhain), reihen sich Limonenbäume, hinzu kommen Wollmispeln (*Eriobotrya japonica*) in Töpfen, und im Mittelpunkt steht ein eingefasster Brunnen. Viele Kreuzgänge in Neapel hatten zugleich auch praktischen Nutzen; sie waren sozusagen Weinberge, *oliveti* (Olivenhaine) oder *pomari* (Apfelgärten), und hier ernteten die *fraticelli* ihre Limonen. Aber überwiegend wurden die neapolitanischen Kreuzgänge als Gärten zur Erbauung der Seele gehegt.

Links: Ein *Nephrolepis*-Farn schmückt einen Brunnenaufbau – Symbol der Fontäne des Lebens – im Zentrum des kleineren Klosters I Girolamini. Oben: Teils Obstgarten, teils Meditationshain, sitzt das Chiostro Grande, das Große Kloster, im Herzen des Komplexes der Kirche I Girolamini. Ein japanischer Wollmispelbaum (*Eriobotrya japonica*) zur Linken spendet Schatten, in der Mitte wachsen Zitronen-, Satsuma- und Orangenbäume.

Der segensreiche Vulkan
Giardino della Regina
Reggia di Portici

Der Vesuv, der berühmteste Vulkan der Welt, bestätigt immer wieder: der Schein trügt. Der temperamentvolle Rüpel ist schon unzählige Male ausgebrochen; Goethe spricht von der »vulkanische[n] Hölle« »in diesen Paradiesen der Welt« (»Italienische Reise«, 16. Februar 1787). An jenem verhängnisvollen 24. August des Jahres 79 mag er aus lauter Verdruss beschlossen haben, sich endlich Luft zu machen, was in der furchtbaren Feuersbrunst gipfelte, die die nahen Städte Pompeji und Herculaneum in Schutt und Asche legte. Bis auf den heutigen Tag zollen ihm die Neapolitaner eine Mischung aus widerwilligem Respekt und Billigung der Macht der Natur, indem sie ihn liebevoll Il Cratere nennen.

Mit unverhohlenem Stolz aber verweisen sie auf die weiten fruchtbaren Ebenen, die sich am Fuß des Berges ausbreiten, »mit Furchen durchzogen von einem riesigen Pflug«, wie sie der Dichter Giambattista Basile beschreibt. Ungeachtet der dichterischen Beschreibungen, liegen die Vorteile für die Einheimischen auf der Hand, denn in ökologischer Hinsicht gehört Kampanien zu den fruchtbarsten Gegenden unseres Planeten. Die Hänge des Vesuvs liefern den Nährboden für eine Vielzahl exzellenter Weine, insbesondere den berühmten Lacrima Christi, dessen Bekanntheitsgrad nur von den unübertroffen saftigen Tomaten, dem Kronjuwel unter Süditaliens Gemüsen, übertroffen wird. Und ein Besuch des Orto Botanico der Reggia di Portici, des königlichen Palasts, führt uns vor Augen, dass die großartigsten Erzeugnisse des Vesuvs nicht die Flammen sind, sondern die Pflanzen.

Die Vulkanasche des Vesuvausbruchs von 1631 hatte den Boden, auf dem der Giardino della Regina, der Garten der Königin, entstand, sehr fruchtbar gemacht; dieser Garten ist nach wie vor das Paradestück des Orto-Botanico-Parks im Osten des Palastes. Ursprünglich war er Teil eines ehemaligen *bosco royale*, königlichen Walds, der sich von der Bucht von Neapel bis zu den Ausläufern des Vesuvs erstreckte. Park und Palast wurden ab 1738 für den Bourbonenkönig Karl VII. und seine Gemahlin Erzherzogin Maria Amalia Christina von Sachsen erbaut. Antonio Canevari hat das Reggia-di-

Blick auf den Giardino della Regina, den Garten der Königin, von einer Brüstung an der Ostseite des von den Bourbonen errichteten Königspalastes in Portici.

LINKS: Einst von einer antiken Flora-Statue gekrönt, die im nahen Herculaneum ausgegraben wurde, markiert dieser Siegesbrunnen des Bildhauers Francesco Geri den Mittelpunkt des Giardino della Regina. Von hier aus winden sich vier Fußwege durch das Parterre, vorbei an seltenen tropischen Bäumen wie diesen Palmen (*Phoenix canariensis*) im Hintergrund. OBEN: Zu den herausragenden Pflanzen des Gartens gehören heute wie im 18. Jahrhundert die exotischen Kakteen und Sukkulenten, hier *Opuntia*, ein Gewächs, das mit dem Feigenkaktus oder der Indianerfeige verwandt ist.

d'Elbeuf, der den Anstoß zu den Ausgrabungen von Herculaneum gab. Von da an war König Karls Interesse erwacht, etwas von den römischen Schätzen zu erwerben, die man in der Gegend unter der Erde vermutete. 1738 gab er Order, mit eigenen Ausgrabungen zu beginnen, ein Jahr, nachdem ein heftiger Vulkanausbruch die Gegend verwüstet hatte. Als seine Minister ihn bedrängten, doch lieber an einem weniger gefährlichen Ort zu graben, schlug Karl ihre Warnungen in den Wind; er verwies darauf, dass »Gott, die Jungfrau Maria und San Gennaro uns allemal beschützen werden«. Schlimmstenfalls, sinnierte Karl, würde der königliche Hof begraben und mit seinen Überresten den Archäologen in zweitausend Jahren wiederum wertvolles »Futter« geben. Glücklicherweise ist Karls herrliche Reggia di Portici bis auf den heutigen Tag erhalten geblieben. Der mit Parterres nach den Vorbildern von André Le Nôtre in Versailles ausgestattete Giardino della Regina war von dem Florentiner Francesco Geri um einen Siegesbrunnen herum entworfen worden, der mit Faunen und Nixen bestückt und mit einer in Herculaneum ausgegrabenen Flora-Statue (später durch eine Kopie ersetzt) gekrönt wurde. Der Bildhauer Giuseppe Canart, mit der Restaurierung von Funden wie dieser Flora aus Herculaneum betraut, handelte sich die scharfe Kritik von Kunsthistorikern ein, weil er oftmals zu viel des Guten tat.

Der Giardino della Regina blieb in seiner ursprünglichen Gliederung erhalten, allerdings tauschte man die Bepflanzung aus, als das gesamte Anwesen Teil der 1872 gegründeten Königlichen Landwirtschaftlichen Hochschule (heute landwirtschaftliche Fakultät der Universität Neapel) wurde; diese Pflanzungen leben im Orto Botanico di Portici fort. Mehr als fünfhundert Arten waren es, mit über hundertachtzig Kakteen, die nach neuesten wissenschaftlichen Erkenntnissen in entsprechenden Gewächshäusern gezogen wurden. Zu nennen sind an der tyrrhenischen Küste heimische Gewächse, etwa *Primula palinuri* 'Petagna', aber auch exotische Pflanzen wie *Welwitschia mirabilis*, die selten außerhalb der Kalahari-Wüste zu finden sind. Der spektakuläre, im 19. Jahrhundert angelegte mauerumschlossene Garten mit Steinbüsten und zwei beeindruckenden Portalen wird von hohen Bäumen, etwa einem bemerkenswerten *Ginkgo biloba*, beschattet.

Portici-Anwesen als neapolitanische Interpretation von Versailles entworfen und bewusst so ausgerichtet, dass der König wie von einem Logenplatz direkten Blick auf den wieder einmal ausbrechenden Vesuv hatte. Die Gärten, die heute der Hauptanziehungspunkt sind, wurden erst nachträglich angegliedert, vornehmlich um der Königin eine Bühne zu schaffen, auf der sie ihre Gäste zum Promenieren oder Tee einladen konnte, während der König seinem neuen Interesse an der Archäologie nachging.

Einen Vorgeschmack hatte das königliche Paar erhalten beim Besuch von Portici und der an der Küste gelegene Villa des Herzogs

Karls Sohn Ferdinand IV. führte die Erweiterung und Verschönerung der königlichen Gärten fort, namentlich mit einem imposanten *castello* im oberen Garten (als Exerziergelände), einem Tierpark und einem Tennisplatz nach der damals neuesten Mode aus Paris. Er und seine Gemahlin gaben auch weiterhin Bankette; bei einem von ihnen wurde Admiral Horatio Nelson schließlich Emma Hamilton vorgestellt, die mit Sir William Hamilton unter den Gästen war.

Als englischer Botschafter am Königshof von Neapel hatte sich Sir William mit seinen profunden Kenntnissen über den Vesuv einen Namen gemacht; er konnte auf nicht weniger als 58 Forschungsarbeiten über den Krater verweisen. Mit Vorankündigungen der Vulkanaktivitäten diente er dem Monarchen sozusagen als Wetterprophet, und weil niemand das kosmische Feuerwerk verpassen wollte, wurden seine Vorhersagen aufmerksam verfolgt. Heute verrät nur hin und wieder ein Wölkchen aus einer verborgenen Öffnung, dass es im Inneren des Vesuvs brodelt. Einige skeptische Neapolitaner fragen sich dennoch, ob diese *d'Étente* (Entspannungspolitik) zwischen dem Giganten und der Zivilisation Bestand haben wird. Unterdessen gefällt sich der Vesuv, als gelte es eine Wiedergutmachung für die Schrecknisse der Vergangenheit, in seinem segensreichen Einfluss auf die Felder und Städte seiner Umgebung, der nirgends fassbarer wird als in den erlesenen Gärten der Reggia di Portici.

OBEN LINKS: Eine Baumschule mit tropischen Bäumen und Pflanzen findet sich an der Rückseite des Palastes; eingerichtet wurde sie vermutlich nach der Gründung der Landwirtschaftlichen Hochschule im Jahr 1872. OBEN RECHTS: Das großartige Schmuckportal öffnet sich zwischen dem Gartenparterre und dem großen *bosco royale*, königlichen Park, der unter Ferdinand IV. erweitert wurde. RECHTS GEGENÜBER: Für königliche Pflanzensammlungen galt: je exotischer, desto besser; hier im Vordergrund eine *Grevillea juniperina* aus Australien, überschattet von einer hohen Palme (*Phoenix canariensis*).

Mit den Augen der Engländer
Villa Lanzara, Nocera

Der Charakter eines Gartens ist so unverwechselbar wie der eines Menschen, und wie dieser wird er von seiner Umgebung geprägt. Ein schönes Beispiel dafür sind die natürlichen Gärten des ausgehenden 18. Jahrhunderts. Extravagante, pompöse Gestaltung hatte repräsentative Gärten jahrhundertelang zum Ausdruck königlicher Macht, herzoglicher Hofhaltung und herrscherlicher Marotten gemacht. Die Natur selbst wurde im Frankreich Ludwigs XIV. in den Hintergrund gedrängt, im Vordergrund standen schnurgerade Alleen, formale Terrassen und gestutzte Parterres wie jene von André Le Nôtre in Versailles. Diese streng formalen Traditionen begannen schon zu bröckeln, als Frankreichs junge Königin Marie Antoinette in einer Ecke des Schlossparks eine *ferme ornée en miniature* (Bauernhof) einrichten, Schafe herbeischaffen und einen Garten nach der neuen englischen Mode anlegen ließ. Damit waren Versailles geradlinige vegetabile Geometrien sozusagen vom Sockel gestoßen, an ihre Stelle traten verborgene Winkel, gewundene Bachläufe, mäandernde Wege und ein anmutiger Liebestempel.

Wie glücklich war Marie Antoinette doch über ihre kleine Spielwiese, *le hameau*, denn hier durfte sie sich an Tautropfen statt Diamanten erfreuen und mit anderen jungen Damen, fernab vom strengen höfischen Reglement, ausgelassen scherzend durch die verborgenen Parkanlagen und Gärten schlendern. Hier bot sich der noch immer kindlichen »Toinette« die Freiheit, Rousseaus »Zurück zur Natur« zu folgen und ihren Emotionen und Gefühlen freien Lauf zu lassen.

Kurz danach hat Marie Antoinettes Schwester Maria Carolina am 32 Kilometer nördlich von Neapel gelegenen königlichen Palast Reggia di Caserta von John Anthony Graefer einen Garten im englischen Stil anlegen lassen. Es sollte nicht lange dauern, bis sich die neue englische Gartenkunst in den italienischen Anlagen durchsetzte, und als Graefer 1815 noch viel zu jung starb, traten die drei Söhne in seine Fußstapfen und verhalfen dem *giardino all'inglese* zu weiterer Verbreitung. Historiker gehen davon aus, dass die Gestaltung des bezaubernden Gartens der Villa Lanzara John, Carl oder George Graefer zu verdanken ist.

Das Gelände, auf dem die Villa steht, war einst Teil der weitläufigen Reggia Borbonica, des Anwesens der Bourbonen, das gerühmt wurde für seine ausgedehnten Jagdgründe und landwirtschaftlich genutzten Flächen – sie erstreckten sich mehr als 80 Kilometer nach Norden, bis zum großen Palast von Caserta. Goethe lernte diese Gegend auf seinen zahlreichen Ausflügen zum Vesuv kennen und äußerte sich in seiner »Italienischen Reise« begeistert über deren Fruchtbarkeit und landschaftliche Schönheit. Die Villa in Nocera Superiore, in der herrlich gelegenen *località* Croce dei Malloni im oberen Teil der Stadt, wurde im ausgehenden 18. Jahrhundert von der Familie Calenda, Angehörigen des königlichen Hofs, erbaut. Um 1820 wurde sie an Andrea Lanzara, einen Vorfahren der derzeitigen Besitzerin, Gräfin Cettina Lanzara, veräußert.

Auch heute noch besticht der Garten mit seiner außergewöhnlichen Stilmischung, die sich zwar der italienischen Formensprache bedient, unverkennbar aber mit britischem Akzent. So verbindet er mit der exotischen Vielfalt der Bananenstauden und seltenen Palmen, den Skulpturen und den auffallend vielen südlichen Blütenpflanzen einschließlich der mehr als fünfundzwanzig Kamelien-Arten das Mediterrane mit dem Englischen, das sich in der sorglosen Ungezwungenheit seiner gewundenen Wege, den typischen *mixed borders*, den hohen Eiben und dem efeuumrankten Kaffeehaus im Regency-Stil zeigt.

Hinter dem filigranen weißen Schmiedeeisentor ist die Hauptattraktion des Gartens eine 34 Meter hohe *Washingtonia robusta*. Einen ausdrucksvollen Kontrast zu diesem südamerikanischen Prachtexemplar bildet dessen Einfassung aus *Trachelospermum jasminoides* und wie ein samtweiches Band wirkendes moosartiges Gras. Typisch englisch ist an diesem Garten aber auch der bemerkenswert hohe Stellenwert der Rasenflächen, zumal diese zu den modernsten Elementen der britischen Gärten gehörten. Obwohl sein immenser Wasserbedarf und die täglichen Pflegemaßnahmen extrem hohe Kosten verursachten, war Rasen aus purem gärtnerischem Snobismus einfach nicht wegzudenken.

Daneben bilden Blumenrabatten mit Fuchsien und Veilchen ein florales Mosaik, das sich mit den prachtvollen Mosaiken byzantinischer Kirchen in Ravenna messen kann. Folgt man dem einladend gewundenen Hauptweg, so fällt auf, dass das Weiß der begleitenden Maiglöckchen-Rabatte vom dunklen Grün alter Eiben

Zwischen Steineichen, *Pittosporum*-Büschen und Blüten des weißen *Acanthus* überrascht eine Statue der Hebe, der griechischen Göttin der Jugend, den Spaziergänger auf dem gewundenen Weg in der typisch englischen Art des 18. Jahrhunderts.

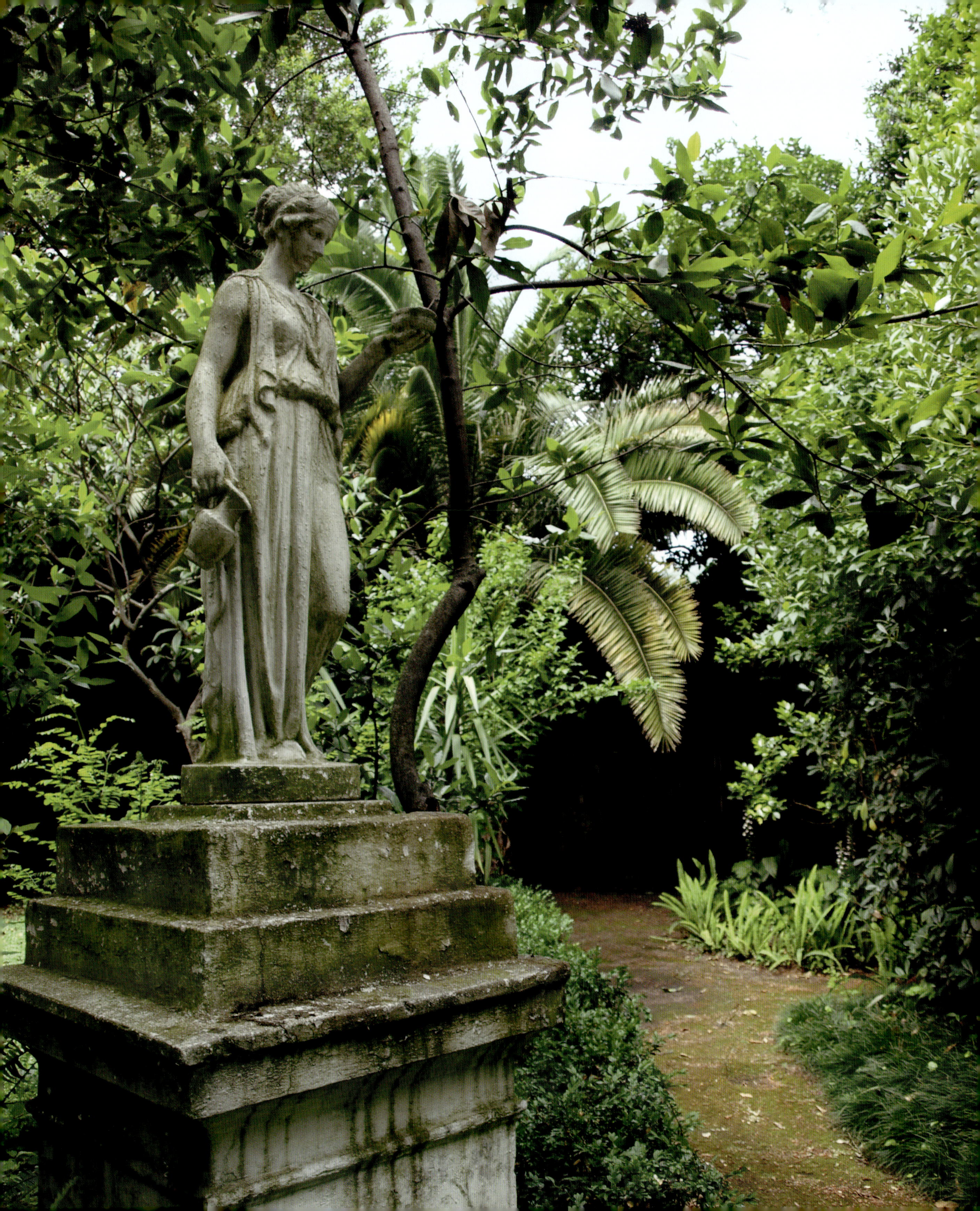

und Steineichen am Wegrand gedämpft wird. Hier und dort bleibt der Blick an den schönen Kamelien des Gartens wie *Camellia japonica* 'Adolphe Audusson' und *C. j.* 'Alba Simplex' hängen. Überall ragen Kiefern (*Pinus pinea*) auf, als wollten sie dem farbenfrohen Frühlingsflor der Salvien (*Salvia splendens*) mäßigend gegenübertreten. Diese mächtigen, alten Kiefern scheinen bei aller freudlosen Strenge dank der bunten Blüten ein Lächeln an den Tag zu legen, wie Greise angesichts strahlender Kinderaugen.

Andere Bereiche des Gartens sind über sanft gewundene Seitenwege zu erreichen. Zwischen saftigem Grün im Schatten von Steineichen und Teppichen aus Frühlingsblüten gelangt man zu den verborgenen Überraschungen des Gartens: einer Grotte der badenden Venus, einer Orangerie und, Inbegriff eines Gartens *all'inglese*, einem Kaffeehaus-Pavillon.

Im Pavillon finden sich Reste sehenswerter Giustiniani-Majolika-Fliesen, das Äußere ist über und über von sattgrünem englischem Efeu umrankt, der sich bestens gepflegt präsentiert, wie von Bildhauerhand in Form gehalten. Man kann sich unschwer vorstellen, dass die Damen jener Zeit hier, vor der Mittagssonne Schutz suchend, Kaffee aus feinstem Sèvres-Porzellan, frische Erdbeeren und Rahm zu sich nahmen und dazu in aller Dezenz die neuesten Gedichte Lord Byrons genossen. Man braucht sich nur die amerikanische *Aloe margina*, die Himalaja-Kiefer und *Phoenix reclinata* wegzudenken und sich dafür junge Damen in Empirekleid und Federhut vor Augen zu führen, und schon kommt sich der romantische Gartenliebhaber an diesem Fleck ganz wie in England vor – die Nähe des Vesuvs einmal ausgeblendet.

Oben links: Der Garten präsentiert sich überwiegend als Symphonie aus Grüntönen, die Blüten des Blumenrohrs (*Canna indica*) sorgen für Farbtupfer. Oben Mitte: Ein Arrangement aus Topfpflanzen erweckt den Anschein eines Beets mit *Coleus*-Varietäten. Oben rechts: Als üppig grünes Wunderland bietet der Garten nur hin und wieder einen Blick auf die Außenwelt, hier auf den »mittelalterlichen«, aus dem 18. Jahrhundert stammenden Turm der Villa Lanzara.

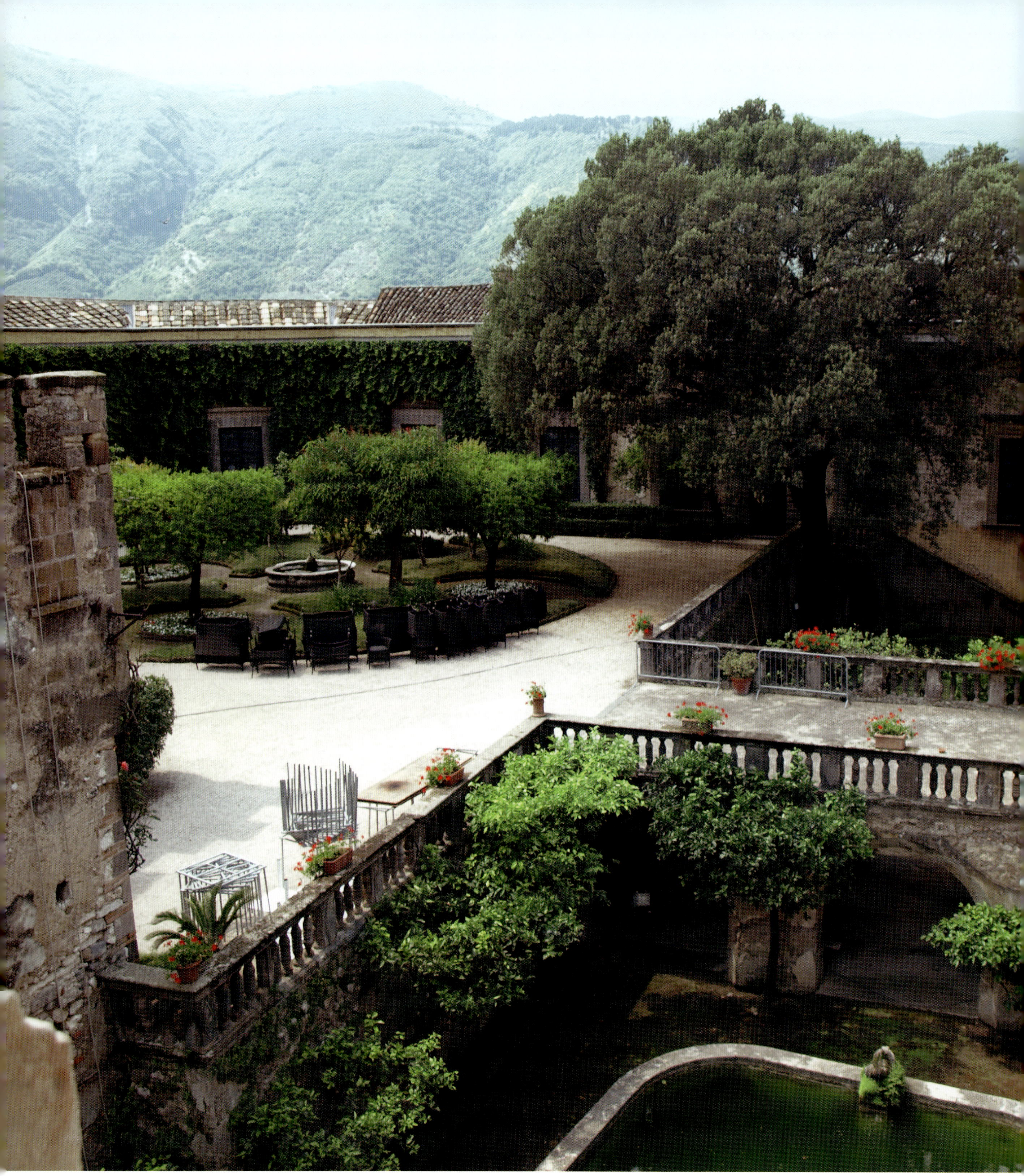

Zur Blütezeit des Rittertums
Castello Lancellotti, Lauro

Folgt man dem breiten Kiesweg zum zinnenbewehrten Tor des Castello Lancellotti, nimmt man bald einen schweren Duft wahr. Doch sind nirgends Rosenbüsche zu sehen, keine mit Jasmin umrankten Steinmauern – was man wahrnimmt, ist der einzigartige historische Geruch des schönsten, wenn nicht gar ältesten Schlosses in Kampanien. Auf seinem steil aufragenden Fels mit Blick über den gesamten Vallo di Lauro sieht das *castello* heute beinahe noch genauso aus wie vor tausend Jahren. Anhand von Archivmaterial können Wissenschaftler die Folge seiner Besitzer nachzeichnen: zunächst die langobardische Ära im 10. und 11. Jahrhundert, das normannische Königreich im 12. Jahrhundert, die angevinische Zeit des 13. und 14. Jahrhunderts und das aragonische Vizekönigtum im 14. und 15. Jahrhundert; im 16. Jahrhundert war es im Besitz des Hauses Pignatelli, und seit 1615 ist es Eigentum der Lancellottis. Durch Einheirat in die Familien Aldobrandini und Lante della Rovere gehörten die Lancellottis zu den vornehmsten Familien Roms, zumal sie, als ob es dafür eines Nachweises bedurft hätte, Besitzer der damals wertvollsten archäologischen Sammlung waren.

Mit seinen vielen Welfen-Türmen, uneinnehmbaren Verliesen und düsteren Zinnen erinnert das Schloss an frühe Buchmalerei – doch der Schein kann bekanntlich trügen. Der gesamte Komplex ist eine romantische Rekonstruktion des lombardisch-normannischen Schlosses, das am 30. April 1799 bis auf die Grundmauern niederbrannte, als es Napoleons plündernde Truppen auf ihrem Weg, der kurzlebigen Parthenopäischen Republik ein Ende zu setzen, einnahmen (ein Versuch, den abgesetzten Ferdinand IV. wieder auf seinen neapolitanischen Thron zu setzen).

1872 beschloss Fürst Pietro Massimo Lancellotti im Sog der Mittelalter-Faszination des 19. Jahrhunderts, seinen angestammten Familiensitz zu rekonstruieren. Und das Element, das den vergangenen Jahrhunderten zu neuem Leben verhalf, waren die blühenden Gärten, die erneut das Herzstück des Schlosses bilden sollten.

Denn zwischen den düsteren Mauern schimmern zwei Gärten, die den ursprünglichen *giardini* der Renaissance nachempfunden sind. Hinter dem Fallgatter des äußeren Hofs, einer weitläufigen

Von der Renaissance-Loggetta fällt der Blick auf den Innenhof des Schlosses mit seinen oberen und unteren Gärten.

steinernen *piazzale*, die einst Paradeplatz mit Stallungen war, folgt der zweigeteilte innere Hof. Im Schatten des hohen, im romanischen Stil erbauten Kampanile der Schlosskapelle entfaltet sich der obere Garten um einen Brunnen aus dem 16. Jahrhundert. Dieser Brunnen wird gespeist von benachbarten Regenwasser-Sammelbecken, die mit dekorativen Majolikafliesen gesäumt und von ineinander verflochtenen Mandarinenbäumen (*Citrus reticulata*) eingefasst sind – eine Anspielung auf die Frucht, die den *stemma* (Stammbaum) der Familie Pignatelli ziert. Ein Grasweg mit seitlichen Lorbeerhecken (*Laurus nobilis*) und Kirschlorbeer (*Prunus laurocerasus*) führt in sanften Windungen um den Brunnen, ganz im Sinne des *peneroso* oder Philosophenwegs des 19. Jahrhunderts, der dem kontemplativen Spaziergänger eher entsprach als streng symmetrische Wege. Zur Schönheit des Ortes tragen aber auch ein jahrhundertealter Korallenbaum (*Erythrina crista-galli*) und Myrtenhaine (*Myrtus communis*), *Lagerstroemia indica* und *Camellia japonica* bei.

Nahezu verborgen dem Blick vom oberen Garten aus, erstreckt sich der untere Garten über eine Terrasse unterhalb einer Treppenflucht; nur über diese steinernen Stufen ist er zugänglich. Schier überladen mit unzähligen Figuren aus Buchs (*Buxus sempervirens*), darf sich dieser *giardino all'italiana* als der am besten erhaltene Formschnittgarten Kampaniens rühmen. Zwar werden Form-

schnittskulpturen vielfach als englische Kunstform gesehen, doch stellt man sie heute in den Zusammenhang der italienischen Renaissance und ihrer Wiederbelebung der klassischen Antike. Leon Battista Alberti (1405–1472), der aus der Toskana stammende Gelehrte und Archäologe, erweckte die alten griechischen Mythen zu neuem Leben, befreite nach einem Hinweis bei Plinius die Kunst des römischen *topiarius* vom Staub der Jahrhunderte und gab beschnittenen Eibenhecken und Buchsbäumen jene Rolle zurück, die sie in den Gärten der antiken Kaiser einst gespielt hatten. Im 16. Jahrhundert hatte sich die *arte topiaria* zum modernsten Gestaltungsmittel in Italien entwickelt; Kampaniens berühmtestes Beispiel liegt in Poggioreale: eine ausgedehnte Villa, die einst zu den größten königlichen Anwesen Neapels zählte. Aber weder Poggioreale noch die formalen Gärten anderer neapolitanischer Herrschaftssitze wie Castel Capuano und Castel Nuovo sind erhalten.

Optisch würde man die vollendet glatten Formschnittfiguren des unteren Gartens eher für bauliche als vegetabile Elemente halten, die sich auf engstem Raum zusammendrängen. Die Wege sind extrem schmal – ein Kunstgriff, der den unvoreingenommenen Besucher des 16. Jahrhunderts leiten sollte, bis er vom Wasser versteckter Fontänen überraschend nassgespritzt wurde. Gespeist wurden diese von der marmorverkleideten *pescheria* (Fischbecken) in einer Ecke des Gartens, die einst zu einem imposanten ›antiken‹ Nymphaeum (oder *ninfeo*) gehörte, das erhitzten Gästen Kühlung gewährte.

Die *giochi d'acqua* (Wasserspiele) rufen uns in Erinnerung, dass der Ritter, der in Leder, steifem Leinen und klirrendem Stahl aufzutreten pflegte, in der Mitte des 16. Jahrhunderts die Bühne dem *galantuomo*, jenem in kostbaren Brokat, Goldtressen und venezianische Seide gekleideten Edelmann überlassen hatte. Die Schlösser waren kaum noch Bollwerke feudalistischer Macht, eher Huldigungen an die vergangenen Zeiten des Rittertums. Türme mit winzigen Schießscharten für die Armbrust wichen eleganten Renaissance-Bogengängen, von welchen die Principessa, krank vor Liebeskummer, die ritterlichen Turniere verfolgte. Die Türmchen und Zinnen waren nun Requisiten, die festlichen Banketten mit schmetternden Trompetenstößen die entsprechende Kulisse boten. Zweifellos bei einem solchen Festbankett wurde der aus Sorrent stammende Dichter Torquato Tasso von seinem Freund und Gastgeber Ascanio Pignatelli als bester Poet der Stadt Lauro (Ort im Bereich Irpinien) gefeiert. Seine Geschichte von Tancredi und Clorinda vor einer Gartenkulisse war im 16. Jahrhundert ein »Bestseller«.

Auch heute noch erklingen im Sommer die Gamben bei den Renaissance-Festspielen, die der derzeitige Besitzer Pietro Lancellotti

OBEN LINKS UND FOLGENDE DOPPELSEITE: Einst Mittelpunkt eines kompletten Renaissance-Nymphäums, ist der Fischteich, die *pescheria*, noch heute die wichtigste Wasserquelle für den ganzen Garten. OBEN MITTE: Der Formschnittgarten des Schlosses ist eines der letzten überlieferten Beispiele des *giardino all'italiana* aus dem 16. Jahrhundert, dessen Buchsskulpturen als Anlehnung an die Gärten der klassischen Antike gedacht waren. Der Garten sollte vom Arkadengang aus bestens einzusehen sein, denn er verbarg versteckte Wasserdüsen – eine überraschende Kühlung der nichtsahnenden Gäste. OBEN RECHTS: Knorrige Mandarin-Orangenbäume bieten im oberen Garten Schatten; deren Frucht zierte das Familienwappen (*stemma*) der Pignatelli, einst Stifter der prächtigen Schlosskapelle.

ins Leben gerufen hat. Die Abende mit Clowns, Standarten tragenden Herolden und Höflingen, die in den von Fackeln erleuchteten Schlossgärten Szenen aus Tassos Kreuzzugsepos »Das befreite Jerusalem« nachstellen, sind regelmäßig ausverkauft. Die Faszination des Mittelalters mit seinen prunkvollen höfischen Festen ist heute so groß wie für die nostalgischen Adligen des 16. Jahrhunderts.

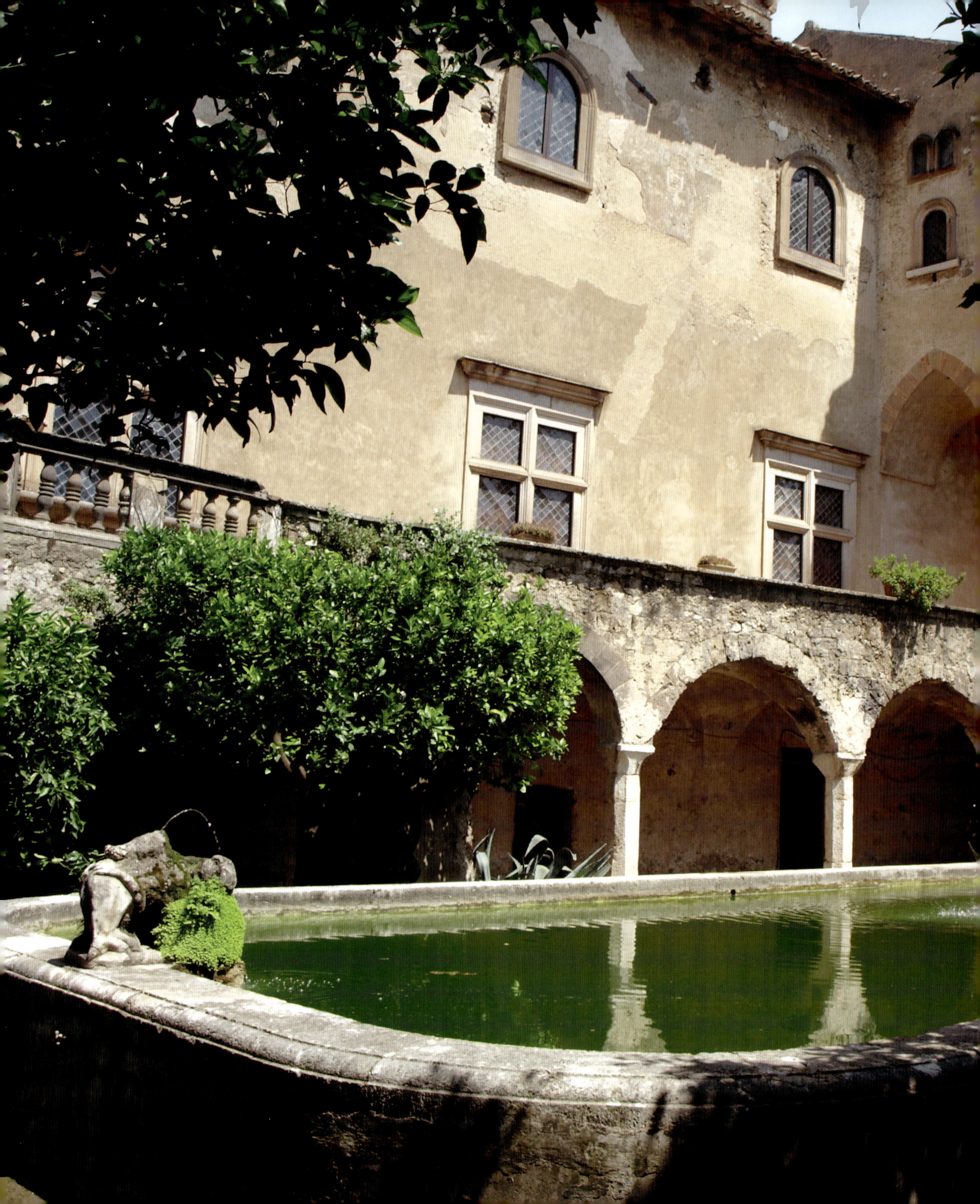

CASTELLO LANCELLOTTI 43

Der globale Garten
Orto Botanico, Neapel

Um die Mitte des 18. Jahrhunderts war Neapel ein bedeutender Anziehungspunkt für Bildungsreisende. Der Aufenthalt in Neapel war absolutes Muss jeder Grand Tour, denn hier war das Tor zur Welt der antiken Schätze von Pompeji vor der Kulisse des Ehrfurcht heischenden Vesuvs und einem Meerespanorama, das gleichermaßen gerühmt wurde wie das himmlische Klima und die historische Architektur. Mit der ersten Reisewelle kamen vorwiegend Könige, Königinnen und Herzöge sowie die Crème von Europas *grantouristi*. Zur gleichen Zeit machte sich aber noch ein ganz anderer Kreis auf die Reise, den es, angeregt von den Entdeckungsfahrten des 15. und 16. Jahrhunderts, in die fernsten Winkel des Globus zog. Diesen Reisenden ging es nicht um »Souvenirs« in Form von antikem Marmor oder Resten vergoldeter Mosaiken. Was sie suchten und per Schiff nach Hause brachten, waren Drachenbäume, Paradiesvogelblumen und exotische Kakteen – je fremdartiger die Spezies, desto begehrenswerter. Die botanischen Sammlungen, die daraus entstanden, waren die natürlichen Erweiterungen der Kuriositätenkabinette, Kunst- und Wunderkammern, die in vielen Schlössern der Renaissance und des Barocks entstanden.

Gewiss, es gab auch steinreiche *gran'signori*, die über die Mittel zur Finanzierung solcher Expeditionen verfügten, in der Regel aber waren es Macht und Einfluss der Königshäuser, die ermöglichten, exotische Pflanzenraritäten einzuführen. 1796 beauftragte Ferdinand IV. den Botaniker Giovanni Pianelli und den Architekten Francesco Maresca, einen königlichen botanischen Garten in Neapel zu schaffen. Das Schicksal wollte es indes anders, denn das neapolitanische Königreich ging an die Franzosen verloren, nachdem ein Volksaufstand zu dem »Utopia« geführt hatte, das später als die Parthenopäische Republik bekannt wurde. Ferdinand IV. kehrte zwar nach wenigen Monaten zurück, wurde aber schließlich von Joseph Bonaparte, Napoleons Bruder, wieder vertrieben, der den Thron bestieg. Damit aber war die Idee eines botanischen Gartens erst einmal begraben. Wie so oft in turbulenten Zeiten, wollte es die königliche Erbfolge anders; Joseph wurde als König von Neapel

Blick in den Farngarten, eine schattige Oase mit sattgrünem Laub. Farngärten waren in viktorianischen Anlagen zu einer Modeerscheinung geworden, insbesondere in heißen mediterranen Zonen.

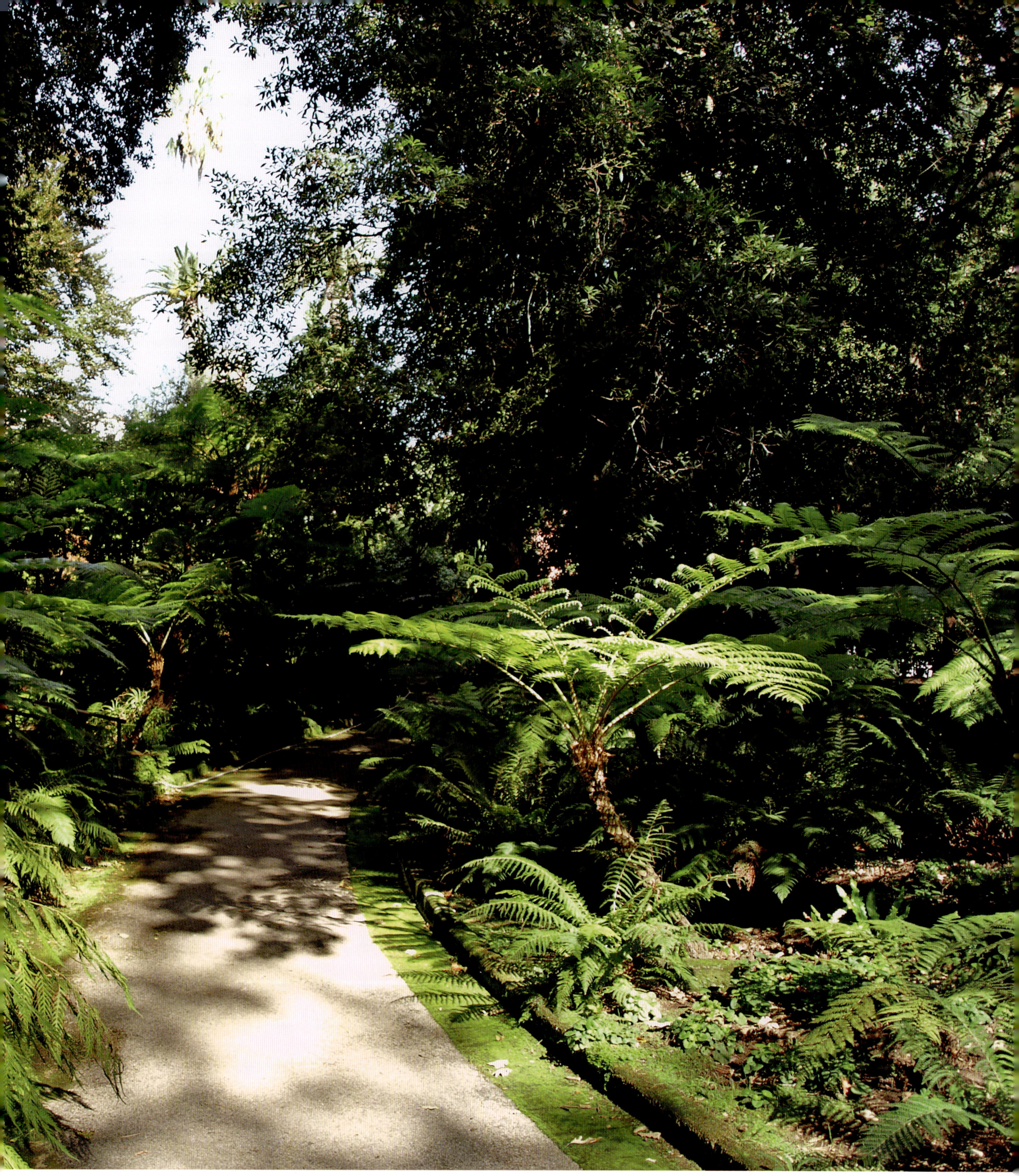

abgelöst von General Joachim Murat, Napoleons Schwager aus der Linie der Bonapartes (Joseph erhielt stattdessen den Thron von Spanien). Während der kurzen Regierungszeit von Murat (1808 bis 1815) wurden entscheidende demokratische Reformen im Sinne von *liberté, fraternité et égalité* eingeleitet, von Schulen für alle Bevölkerungsschichten bis zur Einrichtung höherer Bildungsmöglichkeiten. Ein Ergebnis seiner Reformen war es, die Idee eines königlichen Gartens wieder aufleben zu lassen, der Auftrag dazu stammt vom 19. Februar 1810.

Zwischen 1808 und 1812 wurden in La Sanità 12 Hektar Land dafür bereitgestellt; das am Fuß des Capodimonte-Hügels gelegene Stadtviertel zählt noch heute zu den ärmeren Gebieten Neapels. Die östliche Begrenzung des neuen Orto Botanico (Botanischer Garten) bildete die Albergo dei Poveri, das erste Armenhaus der Stadt, im ehemaligen Palazzo Fuga, der auch heute noch zu den größten Komplexen Europas gehört. Zur südlichen Begrenzung entlang der Via Forio gehörten eine massive Mauer, ein Tor und eine imposante doppelläufige Treppe, die um 1815 nach der Wiedererlangung der Macht durch die Bourbonen von Vincenzo Paolotti nach Entwürfen von Giuliano de Fazio erbaut wurde. Einen Grundstock an Arten sicherte der Erwerb von Sammlungen exotischer Pflanzen, die der Marchese von Gravina auf seinem Anwesen in Bellavista und Fürst Bisignano in Barra zusammengetragen hatten. So wurde der neue Garten der bewundernswert fähigen Hand Michele Tenores (1780–1861) anvertraut, der den Posten des *capo giardiniere* in den darauf folgenden fünfzig Jahren bekleidete. Seinen Ruf als Botaniker erwarb er sich mit dem monumentalen fünfbändigen Werk »Flora Neapolitana«, das 1816 erschien und vierhundert neue Spezies sowie dreitausendvierhundert im Königreich Neapel heimische Gefäßpflanzen (*Tracheophyta*) aufführt.

Als sich Pflanzensammeln unter Aristokraten zu einer wahren Manie entwickelt hatte, sollte der neue Orto Botanico fremdländische Spezies ausstellen, als eine Art Passepartout für die ganze Welt der Gartenkunst. Die gängigen einheimischen Gehölze Kampaniens wie *Quercus ilex* und *Arbutus unedo* verbeugten sich vor Kamelienbüschen aus Japan, rosavioletten Frangipani (*Plumeria*) aus dem Dschungel von Costa Rica und Douglas-Tannen aus Nordamerika.

Geht man die zentrale Viale Domenico Cirillo hinauf, bietet sich dem Auge ein weites Rund mit Kakteen und Sukkulenten wie Aloen und Opuntien, die alle die Fähigkeit haben, reichlich Wasser zu speichern, was in einer Gegend wie Kampanien, in der Wasser lange Zeit höher geschätzt war als Gold, ausgesprochen wichtig ist. Um diesen einem Amphitheater ähnlichen Wüstengarten für interessierte Besucher ebenso anziehend zu gestalten wie für Wissenschaftler, ist er einerseits botanisch informativ – Namensschilder

OBEN: Das erste Gewächshaus des Orto Botanico, das Merola-Gewächshaus, »La Serra Monumentale«, wurde 1820 im klassizistischen Stil erbaut, mit dorischen Säulen und reliefgeschmückten Metopen. RECHTS: Die zentrale *allée* des Gartens weitet sich zu einem amphitheaterähnlichen Wüstengarten mit einer spektakulären Sammlung von Kakteen und Sukkulenten, überwiegend aus Nordamerika. In einer Region, in der Wasser wertvoller als Gold war, galten diese Pflanzen als besonders begehrenswert. Hier sind sie bühnenwirksam um Sandaufschüttungen und Findlinge gesetzt.

weisen die Pflanzenfamilien wie *Cactaceae, Euphorbiaceae, Aloaceae* und *Agavaceae* aus und die Gartengliederung lässt die Verwandtschaftsverhältnisse der Pflanzen erkennen – und zeigt andererseits eine optisch dekorative Gestaltung mit Felsblöcken und Sandflächen. Nicht weit davon entfernt findet sich als wirkungsvoller Kontrast ein Teich mit unterschiedlichsten Wasserpflanzen, von der Wasserminze (*Mentha aquatica*) über Seerosen bis zum schwimmenden Farn *Azolla filiculoides*.

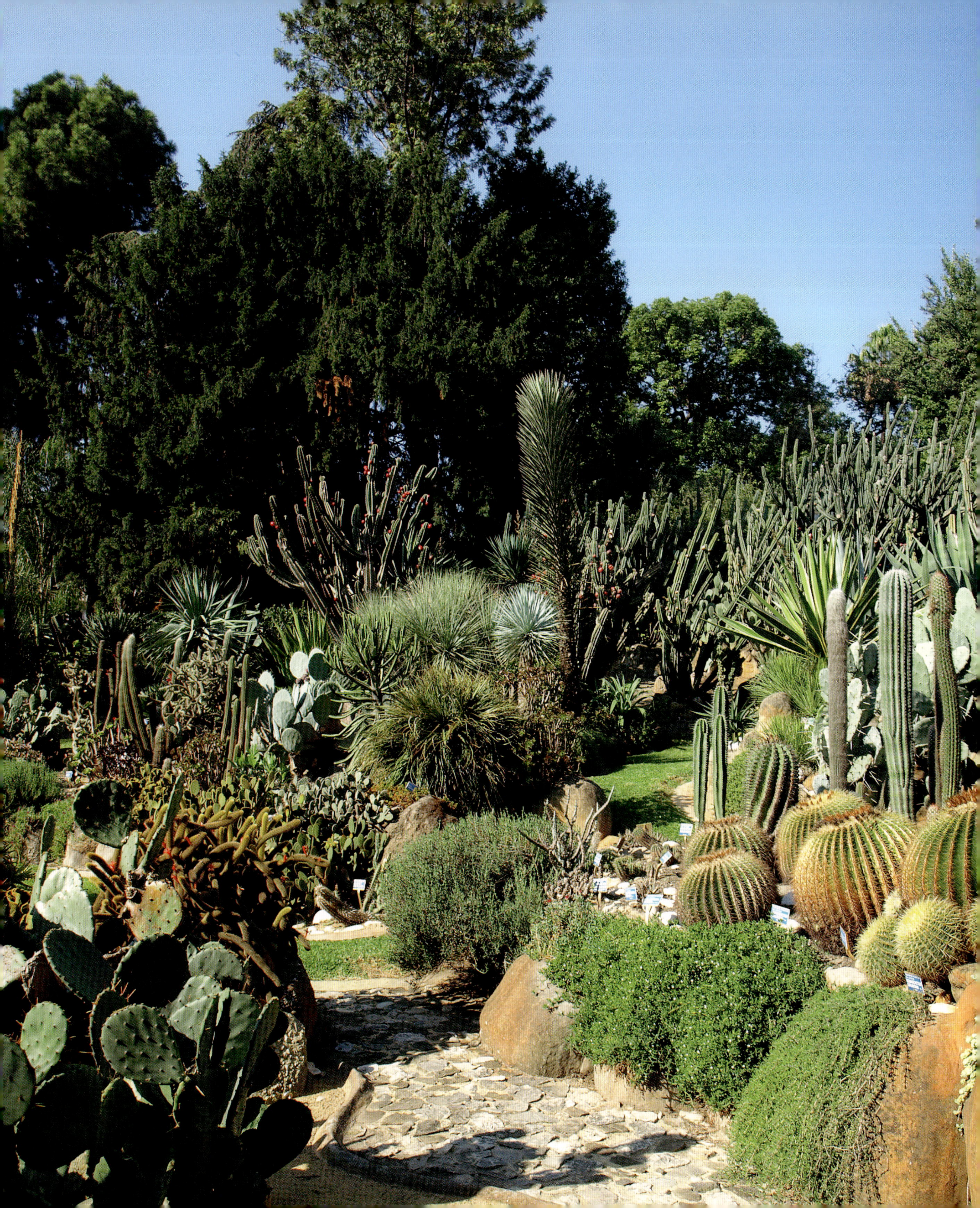

Zur Rechten des zentralen Wegs finden sich beeindruckende Bäume wie eine Sophore (*Parrotia persica*) aus dem Iran und die australische *Melaleuca styphelioides* als eines der ersten in Italien gepflanzten Exemplare und Gegenpol zu den Kakteen. Dieser kühle und feuchte Farngarten, der erst in den fünfziger Jahren des 20. Jahrhunderts angelegt wurde, enthält viele der in viktorianischer Zeit beliebten Arten; kein Haus, in dem damals nicht mindestens eine Ecke den überhängenden Farnwedeln gehörte. Zu sehen sind Buchen- und Eichenfarn, der Weibliche Streifenfarn, der Frauenhaar- und Rippenfarn, der Schriftfarn (*Ceterach officinarium*) und in einem schattigen Dickicht das seltene Exemplar einer *Woodwardia radicans*. Wie sein künstliches Pendant, den Fächer, mit dem man sich Luft zufächelt, assoziiert man den Farn mit Kühle – kein Wunder also, dass es angesichts der heißen Sonne Kampaniens dort so viele Farnliebhaber gab.

Im hinteren Teil des Gartens sieht man die beiden Hauptgebäude des Orto Botanico aufragen: im Westen La Serra Monumentale, das um 1820 erbaute klassizistische Merola-Gewächshaus mit dorischen Halbsäulen und dreißig Metopen mit reliefartigen Darstellungen der beliebtesten Spezies des frühen 19. Jahrhunderts an der Fassade. Nicht weit davon entfernt – in vier weiteren Gewächshäusern werden Sträucher, Stauden und Gehölze kultiviert – liegt der Palmenhain, in dem *Cycas revoluta* einen Ehrenplatz einnimmt; der Baumfarn wurde dem Garten im Jahr 1813 von Königin Caroline, Gemahlin von Joachim Murat und Schwester Napoleons, geschenkt. Als der König 1815 zur Abdankung gezwungen wurde, kehrte der Bourbonenkönig Ferdinand II. auf den Thron von Neapel zurück. Er ließ im Umkreis des *castello* einen Hain asiatischer Zitruspflanzen anlegen, der über der westlichen Ecke des *orto* aufragt; dort gibt es etwa Bäume mit farbenprächtigen Früchten oder auch Limonen mit geriffelter Schale. Das *castello*, die pseudo-gotische Festung, beherbergt heute die paläobotanischen und ethnobotanischen Museen des Gartens. Vor dem Portal des *castello* wächst eine riesige *Camellia japonica* und im Schlosshof eine beeindruckende *Gardenia thunbergia* aus Südafrika.

Heute ist der Orto Botanico auf unterschiedlichste Besucherinteressen zugeschnitten. Für Botaniker ist er eine bedeutende Ergänzung der naturwissenschaftlichen Abteilung von Neapels Università di Federico II. Die umfassende Pflanzensammlung des Gartens mit annähernd fünfundzwanzigtausend Exemplaren von zehntausend Arten dient auch als lebendes Laboratorium für die Blumenindustrie, die wiederum Kampanien zum viertgrößten Blumenanbaugebiet Italiens macht. Zudem stellt der Orto für passionierte Pflanzensammler und Wissenschaftler eine Art Louvre der Gartenkultur des 19. Jahrhunderts dar. Ungeachtet dessen dürfte

OBEN: Mehrere Gewächshäuser des Orto Botanico beherbergen Exemplare der reichen Sammlung an *Cycas*, andere wachsen im Freien, wie hier, »Schulter an Schulter« mit anderen Koniferen. RECHTS: Seltene und regional häufig anzutreffende Gewächse stehen einträchtig nebeneinander, hier die mexikanische Fächerpalme (*Washingtonia robusta*) und die Steineiche (*Quercus ilex*) im Vordergrund. Das neogotische *castello* kommt in dieser Umgebung bestens zur Geltung.

das größte Verdienst des botanischen Gartens darin bestehen, dass er einen Rückzugsort, eine »grüne Lunge« darstellt. Wer einen Nachmittag lang *nel verde* (im Grünen) spazieren geht, weiß den Orto Botanico di Napoli als Insel der Ruhe und des ökologischen Gleichgewichts zu schätzen, insbesondere im Herzen einer Stadt, die zu den am dichtesten bevölkerten Italiens zählt.

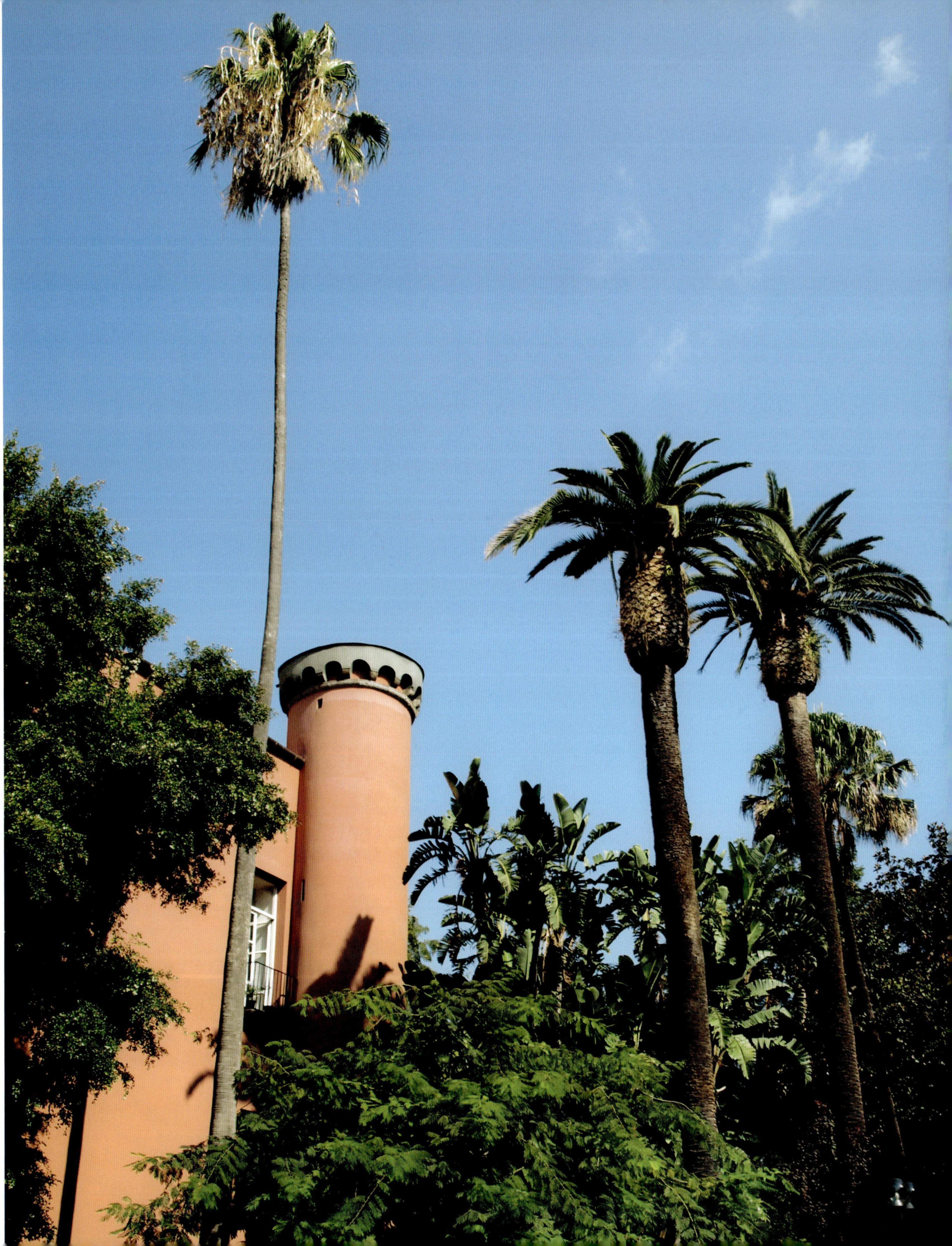

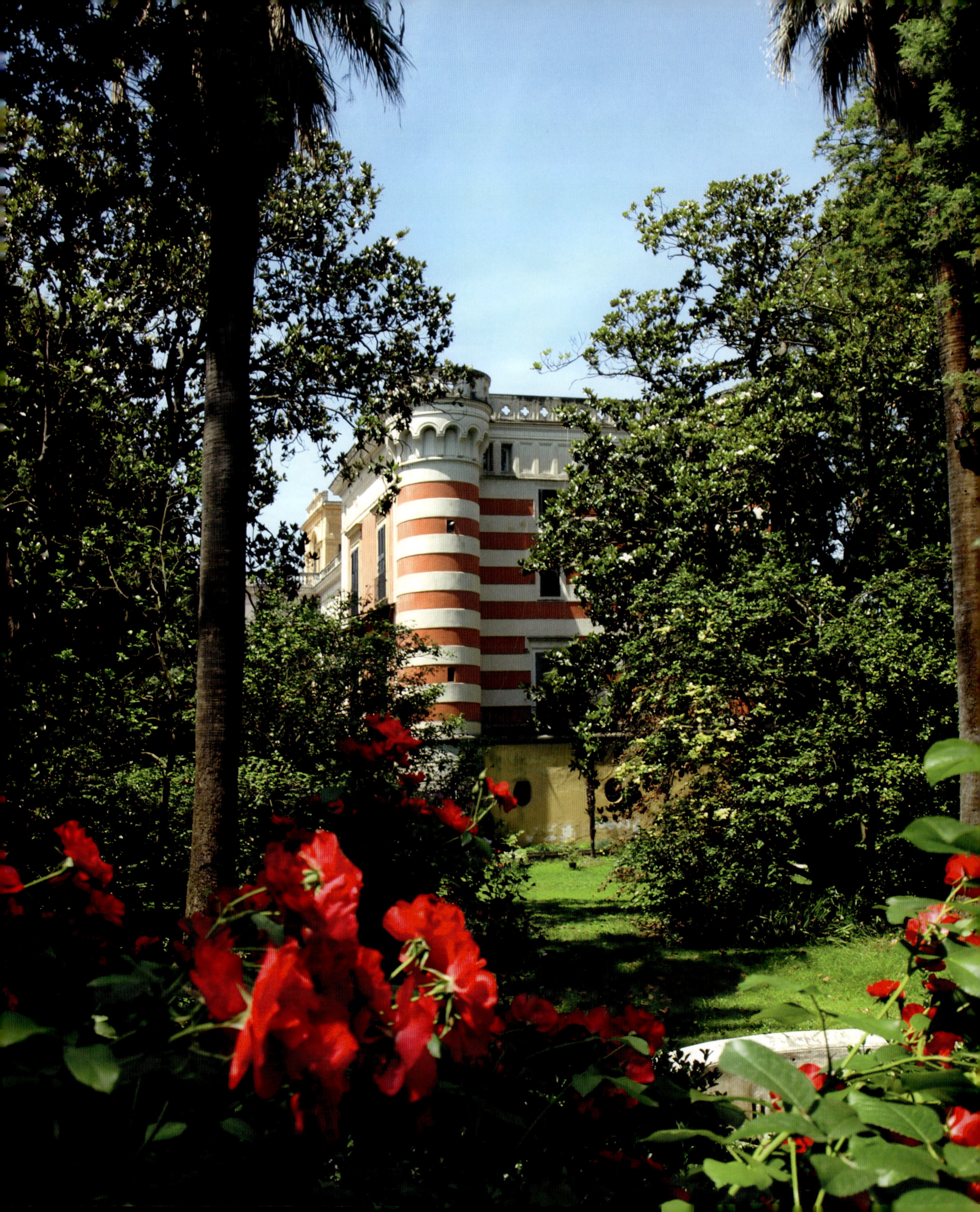

Auf der goldenen Meile
Villa De Gregorio di Sant'Elia, Portici

Gärtner leben in der Zukunft: sie pflanzen für die kommenden Jahre. Ihre liebsten Weggefährten sind die Blütenpflanzen, sie helfen ihnen, den Lauf der Zeit zu vergessen. Was aber, wenn ein Garten von seiner Geschichte eingeholt wird – sagen wir, von rund zweihundert Jahren, wie der Garten der Villa De Gregorio di Sant'Elia in Portici? Er ist eine Fundgrube der neapolitanischen Flora, und er ist der einzige Garten Neapels, dessen Originalentwürfe mit Angabe des Standorts jeder Pflanze und dessen jahreszeitliche Pflanzpläne erhalten sind.

Mit dieser Geschichte sieht sich Fürstin Uzza de Gregorio di Sant'Elia in jedem Frühjahr konfrontiert, wenn sich in ihrem weitläufigen Garten ein Meer von Blüten entfaltet. Mit einem Augenzwinkern widerspricht sie aufs Lebhafteste der Unterstellung, dass »sie keine Zeit für die Geister der Vergangenheit habe«: zu viele Kindermädchen und Enkel, zu viele Familienfeste und Gartengesellschaften. Sie räumt aber auch bereitwillig ein, dass der Garten eigentlich ein Museum ist. So ist ihre Rolle vergleichbar der einer Kuratorin, denn sie muss die Gemeindeverwaltung, die Soprintendenza di Portici, in Kenntnis setzen, wenn ein Trieb ihrer blauen Bleiwurz *Plumbago capensis* abstirbt oder wenn sie einen toten Zweig einer Magnolia 'Lady Hume's Blush' herausschneidet. Sie ist der historischen Vorlage stets bedingungslos zu Treue verpflichtet: »Ich versuche, die gleichen Pflanzen zu setzen, die der Gartenplan aus dem 18. Jahrhundert verzeichnet, was eine große Hilfe ist. Wenn ich alte Pflanzen ersetzen muss, bemühe ich mich, auf Sämlinge, die bereits im Garten vorhanden sind, zurückzugreifen, bevor ich sie von einem Händler beziehe.« Unter ihrer bereits über fünfzig Jahre währenden liebevollen Pflege und Verantwortung blühen die üppigen *Agapanthus*-Beete noch immer prächtig, und die hohen Steineichen gewinnen mit zunehmendem Alter an Würde. Nach wie vor regiert sie ihr 8 Hektar umfassendes Reich mit einfühlsamer, aber fester Hand.

Der Lohn ihrer Bemühungen ist, dass die Villa De Gregorio weiterlebt und floriert, was umso bemerkenswerter ist, als sie in einem der am dichtesten besiedelten Gebiete Italiens liegt. Umgeben von Mauern und 12 Meter hohen Steineichen ist das Anwesen eine Insel grüner Lebensfreude und das Juwel unter den Ville Vesuviane, den Herrschaftshäusern, die im 18. Jahrhundert entlang der Miglio d'Oro, der goldenen Meile, errichtet wurden; außerdem ist sie die einzige der dreißig noch vorhandenen Anlagen, die noch von der Familie des einstigen Erbauers bewohnt wird.

Im goldenen Zeitalter Neapels (1734–1805) wussten König Karl VII. und später sein Sohn Ferdinand IV. die Kunst der Architek-

LINKS: Ob im Winter die Kamelien oder im Sommer die Rosen – immer finden sich im Garten der Fürstin de Gregorio di Sant'Elia Blüten, die den Korallen- und Terrakottatönen der neogotischen Villa aus dem 19. Jahrhundert antworten. OBEN: Efeu und Magnoliensträucher säumen die prächtige Steintreppe, die zum oberen Garten führt.

tur und die Wirkung des Dekors zu nutzen, um die heruntergekommene Provinzstadt in eine prachtvolle Metropole zu verwandeln. Im Zug dieses Engagements lernte Karl die idyllische Landschaft jenes schmalen Küstenstreifens zwischen dem Golf von Neapel und dem Vesuv sowie das milde Klima der Riviera im Umkreis des Vulkans kennen und beschloss, hier einen Palast zu errichten, die prächtige Reggia di Portici. Das Gebiet war nicht weit entfernt von Pompeji, dessen Ausgrabungen eine Welle des Klassizismus entfachten. Karl achtete nicht weiter darauf, dass sein Palast dem unberechenbaren Vesuv bedenklich nahe zu stehen kam. Das königliche »Wir« umfasste bald schon eine Armee von Höflingen, die über die ganze Reggia verstreut Villen erbauten, wie Planeten um die Sonne. Um die Mitte des 18. Jahrhunderts war die Miglio d'Oro von Portici bis zum Torre del Greco gesäumt von Villen mit prachtvollen Gärten, deren Alleen, Blickachsen, Staffagebauten, Floriettas, Pergolen, Fontänen, Teiche und Statuen die Kulisse für Geselligkeiten, Bälle und Konzerte bildeten. Heute hat sich der Zauber dieser Ära weitgehend verflüchtigt, viele der herrschaftlichen Domizile sind Opfer des Fortschritts geworden. Erhalten geblieben sind nur etwa zehn, die, als schwacher Abglanz ihrer einstigen Pracht, seit 1971 unter der Schirmherrschaft der Ente per le Ville Vesuviane stehen.

Als Baldassare Cattaneo, ein Vorfahr des Gemahls der Fürstin, das Anwesen, auf dem die Villa heute steht, 1650 erwarb, stand hier ein schlichtes neapolitanisches Landhaus, eine *casa di campagna*. Das Glück war den Cattaneos wohlgesonnen; um die Mitte des 18. Jahrhunderts war einer von Baldassares Nachkommen, Domenico, zum Principe di San Nicandro aufgestiegen und hatte auch noch einen weit einflussreicheren Status: er war *ajo* oder Lehrer Ferdinands IV., des Sohns von Karl VII. Als Karl um höherer Ehren willen nach Spanien aufbrach, war der Achtjährige designierter Erbe des Königtums Beider Sizilien, und Neapel wurde, bis Ferdinand sechzehn Jahre alt war, von einem kommissarischen Verwaltungsrat regiert, in dem Domenico Cattaneo eine leitende Stellung innehatte.

In Anbetracht dessen, dass sein Familienbesitz nur eine kurze Wegstrecke vom Portici-Palast entfernt lag, beauftragte der Principe di San Nicandro den bedeutendsten Architekten seiner Zeit, Luigi

Vanvitelli, mit dem Bau einer Residenz, die seinem neuen Status gerecht werden sollte. Und bald schon erhob sich an Stelle der schlichten *casa de campagna* ein angemessen majestätischer Prachtbau, die Villa De Gregorio di Sant'Elia. Ihre majestätische Fassade hat Pilaster in doppelter Stockwerkshöhe, und eine geschwungene Exedrenwand mit Nischenstatuen gilt als eine Art Probelauf für die Gartenexedra des Äolus, des Herrschers der Winde, die Vanvitelli 1781 für den monumentalen Palast Karls VII. in Caserta schuf. Das Cattaneo-Talent zur Verschönerung eines Anwesens sollte ein Jahrhundert lang ruhen, bis Giulia Cattaneo, verheiratet mit Duca di Pignatelli Aragona Cortes aus einer der vornehmsten Familien Neapels, einen Flügel im gerade aufgekommenen romantischen Stil anfügte. Von Nicola Breglia 1866 entworfen, hat dieser Flügel zwei mit Zinnen versehene Türme aus korallenrotem und terrakottafarbenem Stein in abwechslungsreichem Bandmuster. Die Empfangsräume im Inneren wurden mit vergoldeten Spiegeln, viktorianischen Étagèren, türkischen Fliesen und, dem Rang und Reichtum der Besitzer entsprechend, mit den ersten Gaslampen in Kampa-

OBEN LINKS: Im Verbund mit Kamelien und Rosen bilden Pelargonien Farbtupfer im üppig grünen Garten. OBEN MITTE: Nahezu alle Beete des Gartens sind mit Schmucklilien (*Agapanthus africanus*) eingefasst. OBEN RECHTS: *Cordyline* wachsen in vielen der mit Moos bedeckten Steinvasen.

nien ausgestattet. Da die Familie zu dieser Zeit, im Gegensatz zu den meisten neapolitanischen Aristokraten, ihre Loyalität von den Bourbonen bereits auf das italienische Königshaus Savoyen übertragen hatte, wurde ihr »neues« Domizil von keinem geringeren als Kronprinz Vittorio Emanuele III. eingeweiht.

Trotz der vielen, mit samtbezogenen Polstermöbeln ausgestatteten Salons hält sich Fürstin Uzza am liebsten im Garten auf, durch den sie auch gern Besucher führt. Sie beginnt ihre Führung im Englischen Garten. Der schlichte Rasen, der im 19. Jahrhundert allein schon deshalb als Luxus galt, weil er auf ständige Pflege und Bewässerung angewiesen war, ist von einer berühmten Kameliensammlung eingerahmt; mit Preisen bedacht wurden die weiße 'Du-

OBEN: Den Brunnen des Englischen Gartens umgeben Magnolienbäume, Steineichen und Kamelien. RECHTS: *Agapanthus* dient auch im Englischen Garten als Umrandung der Rasenflächen, die aufgrund ihres hohen Wasser- und Pflegebedarfs im 19. Jahrhundert als höchster Luxus galten und einst die Hauptattraktion waren.

chesse of Orleans', die tief rosarote 'Great Sultan' und die karminrot überlaufene 'Contessa Lavinia Maggi'. Die flammenden Rottöne der Kamelien werden durch eine Unterpflanzung aus gelben Mimosen gedämpft. Weiter unten liegt ein Parterre, in das ein rundes Teichbecken eingelassen ist, umgeben von vier Lavasteinbänken (*sedile di piperno*), jede mit der Terrakottabüste einer Gottheit gekrönt und von Agapanthus-Beeten und *Magnolia grandiflora* 'Gallissonnière' umgeben. Von diesem Parterre aus führt eine Steintreppe, vorbei an einem barocken Springbrunnen, zu einer efeuumrankten Brücke, über die man zu dem reizvollen Staffagebau einer kleinen Burgruine gelangt. Für den grünen Hintergrund sorgt eine Gruppe von Eichen und Eukalyptusbäumen, ergänzt um verschiedene Palmen wie *Cycas revoluta*, aber auch *Ginkgo biloba*, *Washingtonia robusta*, *Chamaerops humilis* und *Phoenix reclinata* – ausnahmslos Pflanzen, die diesem sogenannten Englischen Garten exotisches Flair verleihen, wie es für Kampanien nicht typischer sein könnte.

Hat man die schattigen Hügel und gewundenen Wege dieses Bereichs hinter sich gelassen, lädt eine ausgedehnte Rasenfläche gleichsam als riesiges Entree in den italienischen Garten. Blickfang ist hier ein imposantes Gewächshaus, das von Nicola Breglia (1834–1912) entworfen wurde und an dessen 1869 erbaute Galleria Principi di Napoli erinnert, die berühmten, von einer Glas-Schmiedeeisen-Konstruktion überwölbten Arkaden in Neapels Via Pessina. Hinter dem Gewächshaus öffnet sich ein weites Parterre, gerahmt von Ligusterhecken, die, mit indigoblauen Agapanthus-Stauden und blauen Hortensien (*Hydrangea* 'Blue Bird') durchsetzt, ein lebhaftes Bild ergeben.

Aufmerksame Teilnehmer an ihren Gartenführungen spüren, dass die Fürstin jeden einzelnen Baum kennt und Bezug zu jedem Zweig und Blatt hat: »Viele sind mir längst zu Freunden geworden«, sagt sie im Vorbeigehen. Wenn sie sieht, dass ein Trieb einer 15 Meter hohen Steineiche entfernt werden muss, macht sie sich eine Notiz, um rechtzeitig die Feuerwehr zu verständigen. Eine Führung endet in der Regel an dem riesigen Teich, ihrem Zugeständnis an die heutige Zeit, denn letztlich ließ sie ihn für ihre Enkel anlegen. Am Wasserrand sitzend, ein Glas Eis-Limonade in der Hand, meint sie nachdenklich: »Probleme? Jede Menge! Schnittmaßnahmen! Kümmernde Pflanzen! Überalterte Bäume! Ich kann meine Kinder durchaus verstehen, wenn sie diesen Garten als ›Belastung‹ sehen. Man muss sich eingestehen, dass unser Hauptanliegen, die Erhaltung und Bewahrung der Geschichte des Gartens, eine große Herausforderung bedeutet.«

Wer wird die Verantwortung für die Pflege von Haus und Garten in Zukunft auf sich nehmen – ihre Kinder oder eine Gesellschaft, die sich der Erhaltung historischer Schätze widmet? Ob wir nun Gärtner sind oder nicht – es genügt bereits, die Bemühungen wahrzunehmen und uns dem Kreis der »Erben« ehrenhalber anzuschließen, die die Gärten der Villa De Gregorio di Sant'Elia unterstützen.

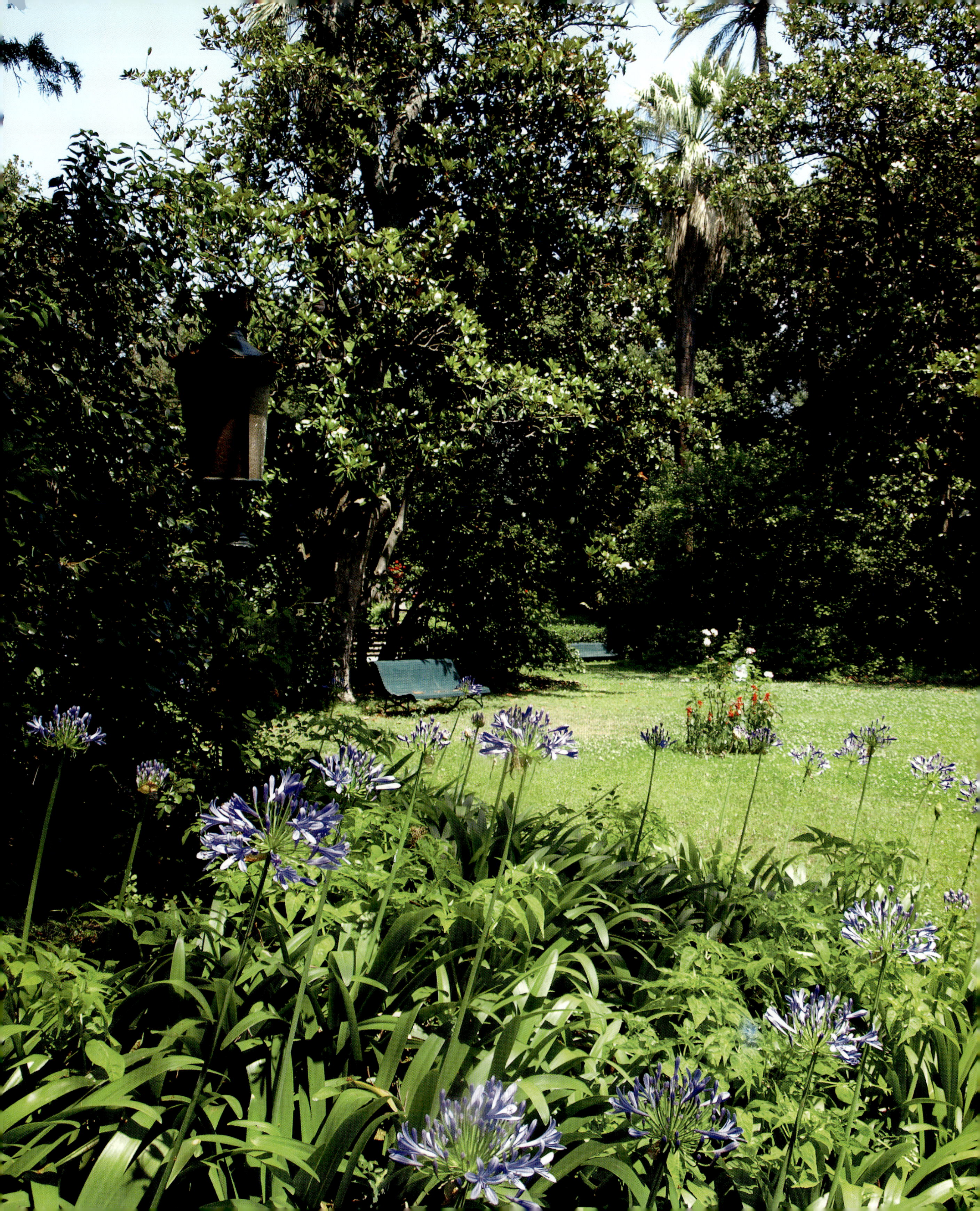

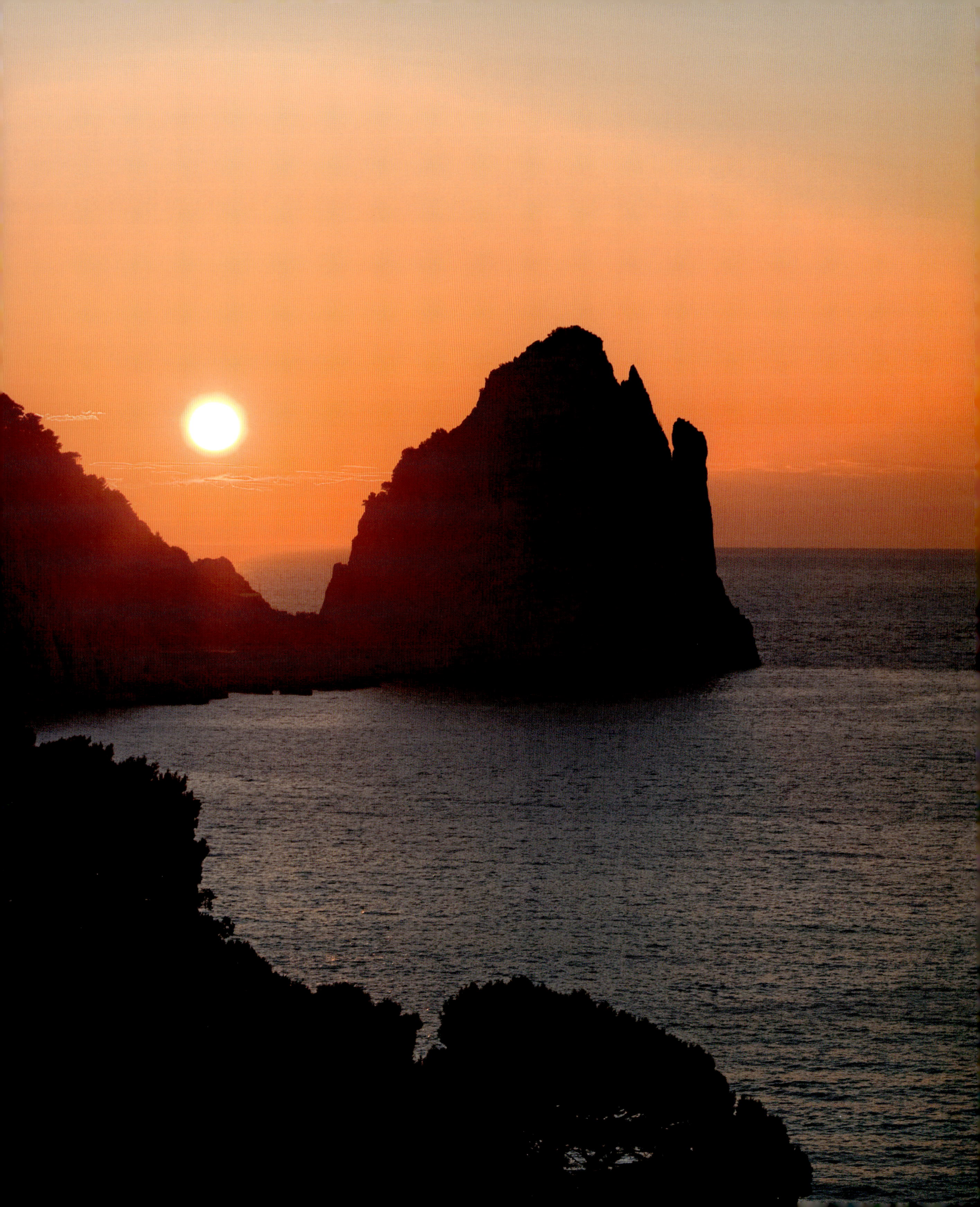

2

Geschätzte Inselwelt
Capri und Ischia

Graham Greenes Insel
Villa Il Rosaio, Anacapri

Über Capri ist unendlich viel geschrieben worden, begeisterte Chroniken von Reiseschriftstellern, Romane, Gedichte und zahllose Erzählungen. Im Lauf der Jahrhunderte wurde die Insel im Golf von Neapel geradezu überhäuft mit Lobeshymnen; kein Adjektiv, das nicht abgenutzt, kein Superlativ, der nicht ausgeschöpft wäre. Vielleicht hat Graham Greene, Capris bedeutendster Schriftsteller *in residence* schon deshalb nie auch nur ein Wort über seine Wahlheimat geschrieben und kaum je eine Silbe darüber verlauten lassen.

In einem Interview konstatierte er immerhin: »Es ist wirklich kein Ort für mich.« Und diese Welt der Schickeria, diese Bühne der Millionäre und Hollywood-Partys mit ihrem glamourösen Hafen und den Luxusyachten – dieses Capri war es tatsächlich nicht. Doch jener Silberstreif unter den Wolken, die die Sirenenfelsen umhüllen, ist Anacapri, eine beschaulich-liebenswerte Stadt, idyllisch an die Hänge des Monte Solaro geschmiegt. Dort hatte sich Graham Greene von dem Honorar für sein Buch »Der dritte Mann« die Villa Il Rosaio gekauft, ein Anwesen im Gewirr der Straßen, die von der Piazza Caprile, Anacapris zentralem Platz, abgehen. Von 1948 an stieg Greene vierzig Jahre lang Frühling um Frühling und Herbst um Herbst den Hügel zu seiner Villa hinauf, wieder und wieder, als handelte es sich um eine alte Liebesaffäre. Und wer würde dem, was er jenseits des Tores fand, nicht verfallen!

Verborgen hinter hohen Mauern und umhüllt von Bougainvillea, ist das reizvoll kleine, zweistöckige Haus eine typische, ganz dem bäuerlichen Baustil der Insel verpflichtete *casa mediterranea*, umgeben von einem hinreißend einladenden *letto-studiolo*, einem erhöhten Portikus, einer herrlichen, von Wein umrankten Pergola und schmalen Wegen, die sich zwischen den drei Terrassen des Gartens winden. Diese Terrassen sind so geschickt über das Anwesen verteilt, als wollten sie das Spazierengehen auf Capri zur Kunst machen, wie manche sagen. Wie der Rosenstrauch, nach dem die Villa benannt ist, scheint Il Rosaio ganz organisch zu einem Bereich der Freuden en miniature geworden zu sein, als gälte es daran zu erinnern, dass uns gerade die Kleinheit der Dinge auf Capri fasziniert, selbst die seines zentralen Platzes Il Piazzetta; denn wie so vieles auf Capri erstrahlt auch Il Rosaio im Glanz des schönen Scheins.

Der Magier des schönen Scheins hieß Edwin Cerio, Capris berühmtester Architekt und Gartengestalter, von 1920 bis 1923 Bürgermeister der Insel. In seiner konservativen Überzeugung sah Cerio die Insel ernsthaft in Gefahr, von extravaganten Bauten der Neureichen aus aller Welt überrollt zu werden. In diesem Sinn am stärksten abschreckend waren die Villa Lysis, des Barons d'Adelsward-Fersen vergoldeter Versuch im Belle-Époque-Stil, und die Villa Monte San Michele, das botanische Luxusanwesen von Lady Blanche Gordon-Lennox, das schier überquoll von Pflanzen aus den fernsten Ländern. In den zwanziger, dreißiger und vierziger Jahren veranlasste Cerio den Bau so liebenswerter Domizile wie der Villa Il Solario, Il Studio und Il Monacone, stets im Bestreben, die Schönheit der Insel zu bewahren und die heimische Vegetation zu erhalten.

Cerios persönlicher Beitrag zur Erhaltung der traditionellen Architektur Capris waren seine Entwürfe für Il Rosaio. Angefangen hatte alles mit einem schlichten Bauernhaus, das Edith Hempsted, angeblich uneheliche Tochter Edwards VII. von England, gehörte. Der *piccolo eremo* (kleine Einsiedelei) hat später dann illustre Gäste aufgenommen, etwa den Schriftsteller Compton Mackenzie, der hier zwischen 1914 und 1916 »Sinister Street« schrieb, den Komponisten Ottorino Respighi, der im Jahr 1919 »Boutique Fantastique« für Diaghilews Ballets Russes komponierte, oder auch Francis Brett Young, der 1920 »The Black Diamond« (Der schwarze Diamant, Übers. aus d. Engl. von Bruno Glaser, 1930) hier verfasste.

Zu Beginn des Jahres 1921 fügte Cerio ein winziges Studierzimmer, Il Bocciuolo, an. Wie die Koje eines Seglers – Cerio war vormals auch Schiffsingenieur – war dieser kleine Raum mit nur einem Bett und einem Schreibtisch ausgestattet, an dem Greene die wesentlichen Passagen von »Das Ende einer Affäre«, »Der stille Amerikaner«, »Unser Mann in Havanna« und »Reisen mit meiner Tante« verfasste. Dann erweiterte Cerio das Haupthaus, La Rosa, um einen von Säulen getragenen Balkon mit Terrakottakrügen. Als Verbindung der beiden kleinen Häuser entwarf er eine spektakuläre Pergola im typischen Capreser Stil mit weißen Säulen, die roh behandelte Holzstreben als Stützen für die Weinranken tragen.

Als Quintessenz des capresischen Stils ist die Villa Il Rosaio das Glanzstück unter den Häusern und Gärten, die Edwin Cerio entworfen hat. Hier bildet seine im dominierenden Weiß gehaltene Architektur die Kulisse für Pelargonien, Agaven, eine *Magnolia grandiflora* und die leuchtenden Blüten der Bougainvillea, die die archetypische Pergola überziehen.

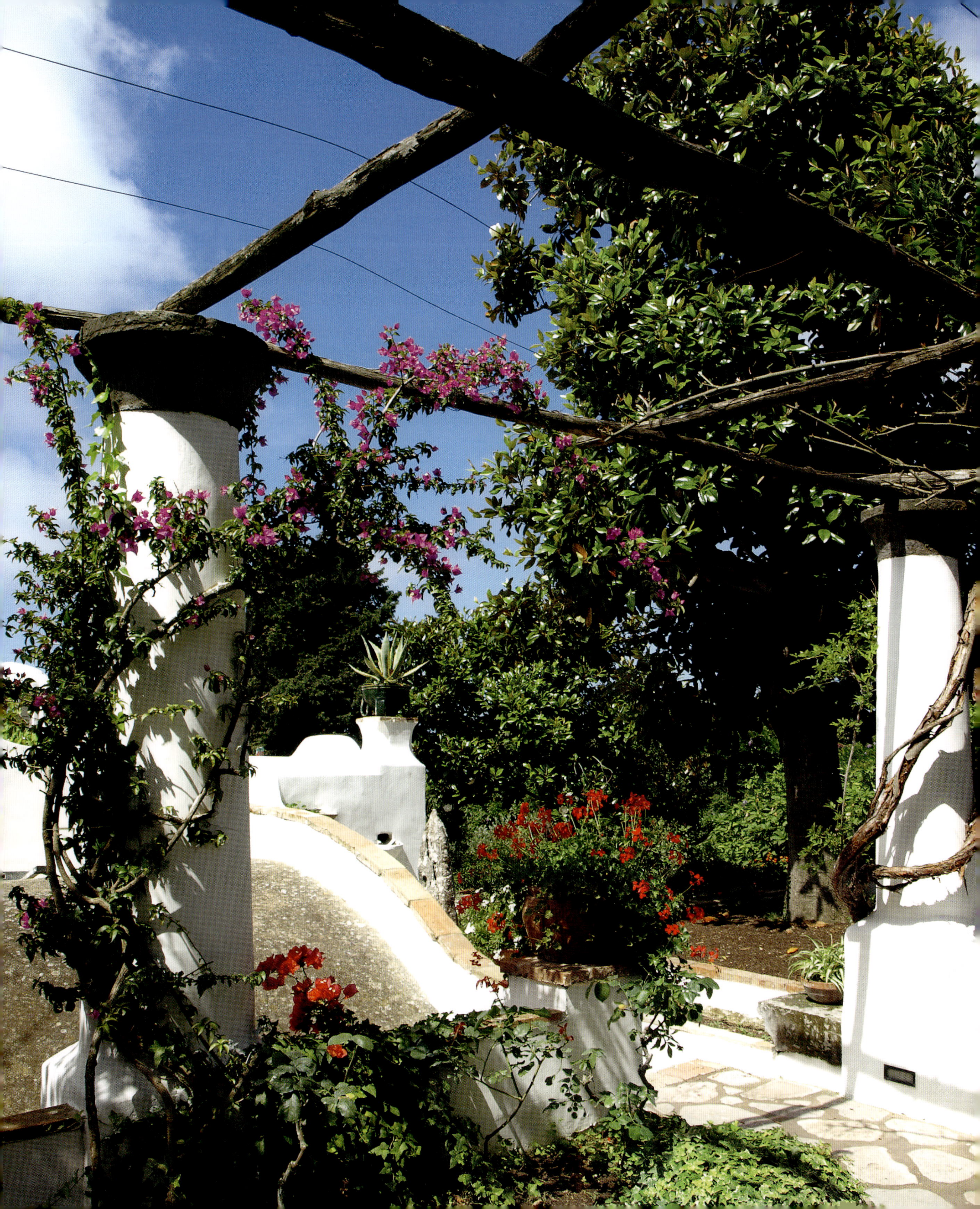

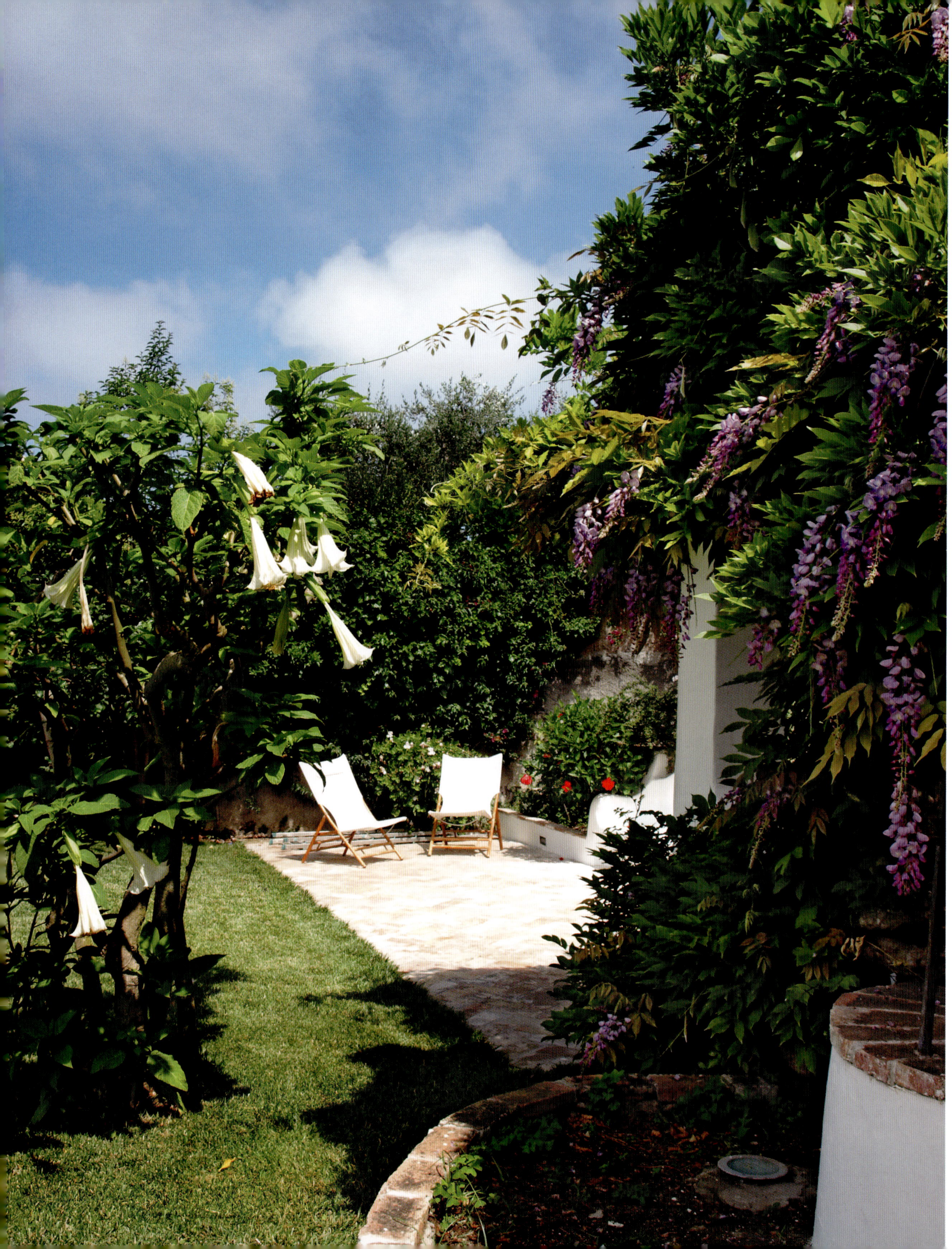

Auf diese Weise verwandelte Edwin Cerio das Anwesen in ein kleines *villaggio* (Dörfchen) mit Wegen aus rosarotem *pavimento* (Pflaster) und skulpturalen Elementen wie kleinen Kuppeln und Laternen, architektonisch orientiert an der nahe gelegenen Gegend Le Boffre, in der die Häuser Tonnen- und Kreuzgewölbe hatten, die wie »Schwellungen« aussahen – im neapolitanischen Dialekt *boffre* genannt. Der größte Zauber aber ging und geht vom Garten aus.

Über Stufen gelangt man hinter einer mit Rosenspalieren versehenen Mauer zur weinberankten Pergola; von hier kann man das gesamte Anwesen überblicken, wie es sich hangabwärts über drei Terrassen hinzieht. Auf der ersten Terrasse stellen Bleiwurz und Wandelröschen ihre Farben zur Schau, im Hintergrund Mauern mit Einbuchtungen, in denen wie auf den *all'antica*-Gemälden des viktorianischen Malers Lawrence Alma-Tadema Bänke, sogenannte *panche*, Platz finden. Die altrömische Anmutung unterstreichen riesige Amphoren, über die sich üppige rot-violette Geranien und Bougainvillea ergießen. In unmittelbarer Nähe steht eine alte Olivenölpresse, ähnlich einem im Museo Archaeologico Nazionale in Neapel erhaltenen Exemplar. Über Stufen gelangt man hinunter

LINKS GEGENÜBER: Zwischen den Kelchen der Engelstrompete (*Brugmansia suaveolens*) und den violetten Blüten der Glyzine (*Wisteria sinensis*) zeigt sich der untere Patio mit dem Rasen um den Swimmingpool. OBEN LINKS: Der ganze Zauber Capris entfaltet sich in diesem Winkel am Ende eines Wegs, der seine Atmosphäre dem farbigen *pavimento*, Steinboden, einer eingebauten *panca* (Bank), einer Mauer mit Bogen und einer klassischen Laube verdankt, über die sich Bougainvillea, Pelargonien und Rosen ranken. OBEN RECHTS: Geschützt von Zypressen, die sich wie Wachtposten reihen, gelangt man zu einer Ess- und Schreibecke im Freien, vorbei an prächtigen Exemplaren der *Agave americana* und einer freigeformten, stuckierten Balustrade.

zur zweiten Terrasse mit Myrten und Rosmarin. Auf der untersten Ebene wächst sattgrüner Rasen, in dem Prunkwinden mit blauen Blütenkelchen an den Stämmen zweier weißgrauer Olivenbäume hinaufklettern, die wiederum einem malerischen Teich Schatten bieten, und ein Rosenbeet verströmt köstlichen Duft.

Der einzige Dorn dieser Rose Il Rosaio war Graham Greene selbst, zumindest wenn man Shirley Hazzard Glauben schenkt, die ihn in »Begegnung auf Capri – Erinnerungen an Graham Greene« (dt. 2002) als reizbaren, wehleidigen und aufbrausenden Charakter zeichnet, der wenig, wenn nicht gar keinen Sinn für die Schönheit der Insel hatte. Abgesehen vom Mittagessen im Restaurant La Gemma, den Spaziergängen zum Belvedere Migliera und dem abendlichen Cocktail auf Il Piazzetta, sieht Hazzard ihn keine größere Rolle im Leben auf Capri spielen. Angesichts des Zaubers dieses Gartens versteht man jedoch, warum Greene kaum je sein Refugium in Anacapri verließ, wo er, wie er sagte, in vier Wochen so viel arbeitete wie in sechs Monaten anderswo. Ein letzter Blick auf diesen erquickenden, üppig blühenden Garten – der Anwalt Francesco Ricci, Besitzer seit 1990, hat ihn hervorragend restauriert –, lässt erahnen, wie viel Ermunterung und Kraft ein seiner Heimat England überdrüssiger Greene aus Il Rosaio geschöpft haben mag.

LINKS UND RECHTS: In den sanften Formen der *zabaione*, die sich am Stil des benachbarten Orts Le Boffre orientieren, schuf Cerio aus weißem Stuck kleine Kuppeln, Laternen, Podeste und eine berückende Folge von *terrazzi*, die die Villa Il Rosaio in eine Art Bühnenbild verwandeln.

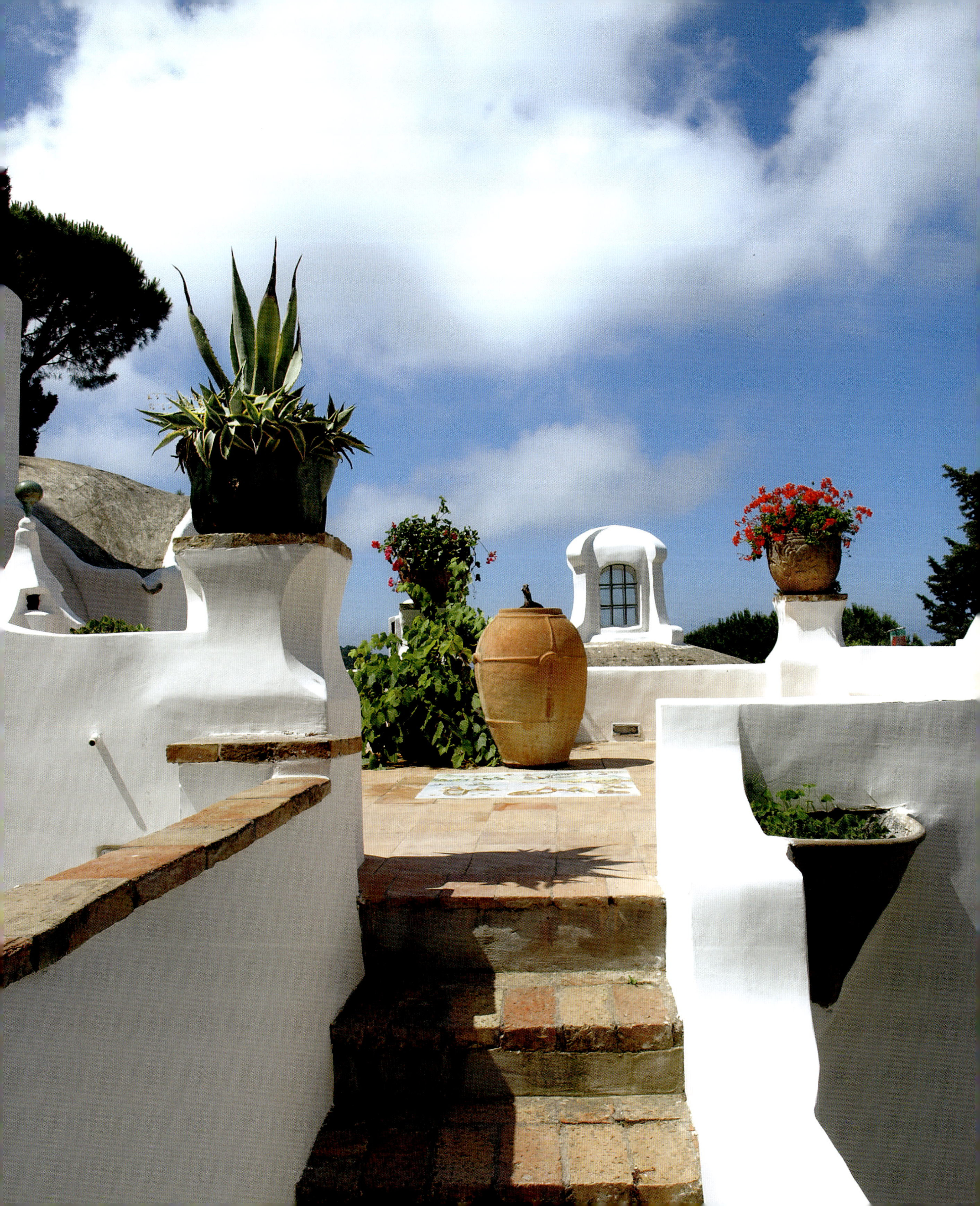

Die Saat der Vorstellungskraft
La Mortella, Ischia

Ich weiß nicht mehr, warum wir hierher kamen: nach Ischia, das in aller Munde war, obwohl nur wenige Leute es anscheinend selbst gesehen hatten, es sei denn als jenen gezackten, blauen Schatten, der über dem Wasser von den Anhöhen des berühmten Nachbarn Capri auszumachen ist. Manche haben mich gar von Ischia abzubringen versucht, und das, wenn ich mich recht entsinne, mit geradezu gespenstischen Begründungen: Sie wissen doch, dass es dort einen aktiven Vulkan gibt?« Als Truman Capote sich so in der Zeitschrift *Mademoiselle*, 1950, äußerte, war Ischia für alle noch *terra incognita*, nur nicht für eine Handvoll unerschrockener Reisender. Denn wer, außer Ziegenherden und Weinbauern, wohnte schon auf dieser Insel, über der sich der Epomeo erhebt, ein erloschener Vulkan, der einst die zerklüftet schöne Landschaft formte. Mit Hängen, die nach Ginster und Lavendel duften, übersät von wild wachsenden Cyclamen, Erdbeerbäumen und Veilchen sowie vulkanischen Gesteinsbrocken, die nach Capote schlafenden Dinosauriern gleichen, lockt Ischia nach wie vor zahlreiche Besucher in diesen Teil Kampaniens.

Dank des Reisenden Lob – »welch' seltsamer und seltsam bezaubernder Ort dies doch ist« – trafen, wie Capote an Freunde schrieb (Gerald Clarke, »Too Brief a Treat: The Letters of Truman Capote«), dann bald ganze Bootsladungen entdeckungsfreudiger Urlauber ein; mit dabei Sir William Walton (1902–1983) und seine junge Braut Susana. Walton galt als der führende Komponist Großbritanniens, von ihm stammen Werke wie »Façade«, »Belshazzar's Feast« und die Filmmusik zu Laurence Oliviers »Henry V«, »Hamlet« und »Richard III.«; er war auf der Suche nach einem Rückzugsort, fernab der fiebrigen Hektik Londons. Im verschlafen vor sich hindämmernden Forio, Ischias zweitgrößter Stadt, wurde er fündig und ließ sich 1956 dort nieder. Auf den ersten Blick wirkte das neue Heim der Waltons – sie nannten es La Mortella, nach der »göttlichen Myrte«, die einem Teppich gleich die Hügel bedeckt – nicht unbedingt vielversprechend. Als Sir Lawrence es zum ersten Mal sah, meinte er achselzuckend, »Daraus werdet ihr nie und nimmer etwas machen können.« Denn er fragte sich zu Recht: Würde man ein solches Durcheinander von vulkanischen Überresten, unförmigen Felsbrocken, ausgetrockneten Bachläufen, Feldern mit kümmerlichen Oliven- und Kastanienbäumen je in das erhoffte Eden verwandeln können?

Für Tausende von Gartenliebhabern, die jedes Jahr nach La Mortella pilgern, lautet die Antwort »Ja«. Die erstaunliche Verwandlung des einstigen Durcheinanders in eine überaus gelungene Einheit von Kunst und Natur ist dem kreativen Geist Sir Williams und Lady Susanas (gestorben 2010) – sie war Waltons Muse und »Schutzheilige« der Insel – sowie dem begnadeten Landschaftsarchitekten Russell Page zu verdanken. So ist es auch kaum verwunderlich, dass später Persönlichkeiten wie der Herzog und die Herzogin von Windsor, New Yorks High-Society-Stil-Ikone Babe Paley, Giovanni und Marella Agnelli und nicht zuletzt Oscar de la Renta an Page herantraten mit dem Wunsch, er möge auch ihr Anwesen mit seinem gartenkünstlerischen Zauberstab berühren; und bald schon wurde Page als einer der einflussreichsten Gartengestalter des 20. Jahrhunderts gefeiert.

Pages Bemühungen in La Mortella hatten zwei scheinbar unvereinbare Ziele: Einerseits fühlte er sich dem natürlichen Charakter der Insel verpflichtet, und er schuf andererseits eine einzigartige, bislang nie da gewesene Atmosphäre, wie sie das Gros der Gartenliebhaber noch nirgends erlebt hatte. Die berauschende Mischung von Blütenfülle mit der fast tropischen Wuchsfreude eines Dschungels, einschließlich der Palmen, und den unterschiedlichsten Formen von Fels und Wasser zeugt von einer archaischen Exotik, die zu gleichen Teilen dem Regenwald des Amazonasgebiets und den Gärten der Alhambra entsprungen sein könnte. Angesichts dieser sündig-schönen Inszenierung fühlen sich nichtsahnende Pauschalreisende unversehens wie Adam und Eva auf Entdeckungsreise im Paradiesgarten.

Erklärtes Ziel war von Anfang an, eine ausgeprägte Atmosphäre der Abgeschiedenheit zu vermitteln, wozu geheime Winkel und gewundene Schattenwege das Ihrige beitragen. »La Mortella sollte als Einheit für sich erlebt werden, als ein Bereich, der sich geographisch wie auch kulturell als jenseits von Ischia begreift«, erläutert Alessandra Vinciquerra, die Direktorin der Giardini La Mortella.

Als Mittelpunkt des unteren Gartens baute Russell Page den Brunnen der vier Becken 1959 in seinen ursprünglichen Entwurf ein, als La Mortella an die erweiterte Wasserversorgung Ischias angeschlossen wurde. Üppige *Calla*-Lilien, Strelitzien, ägyptischer *Papyrus* und Seerosen würden das Wasserbecken bald schon überwuchern, wenn die Gärtner sie nicht jede Woche eindämmten.

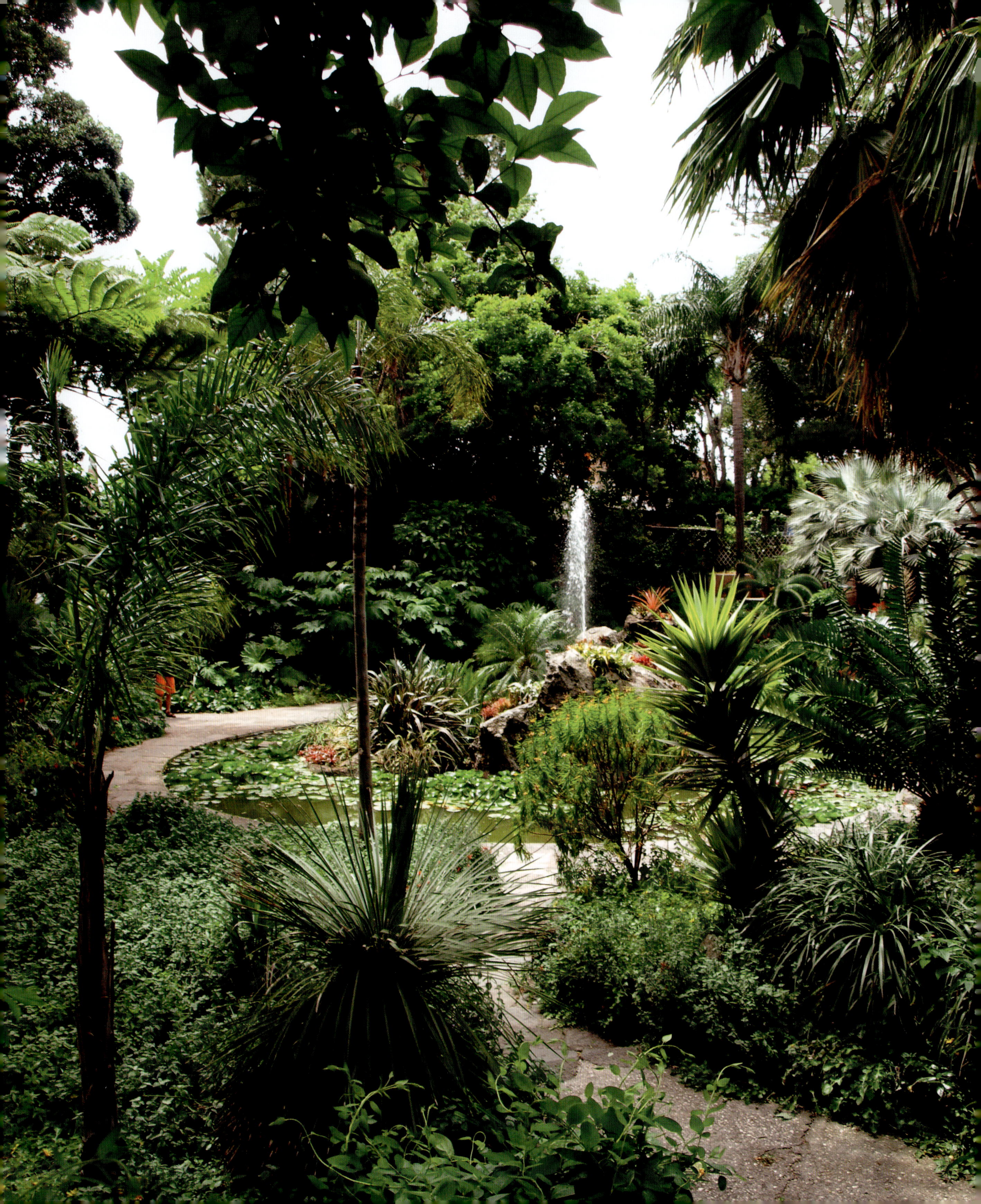

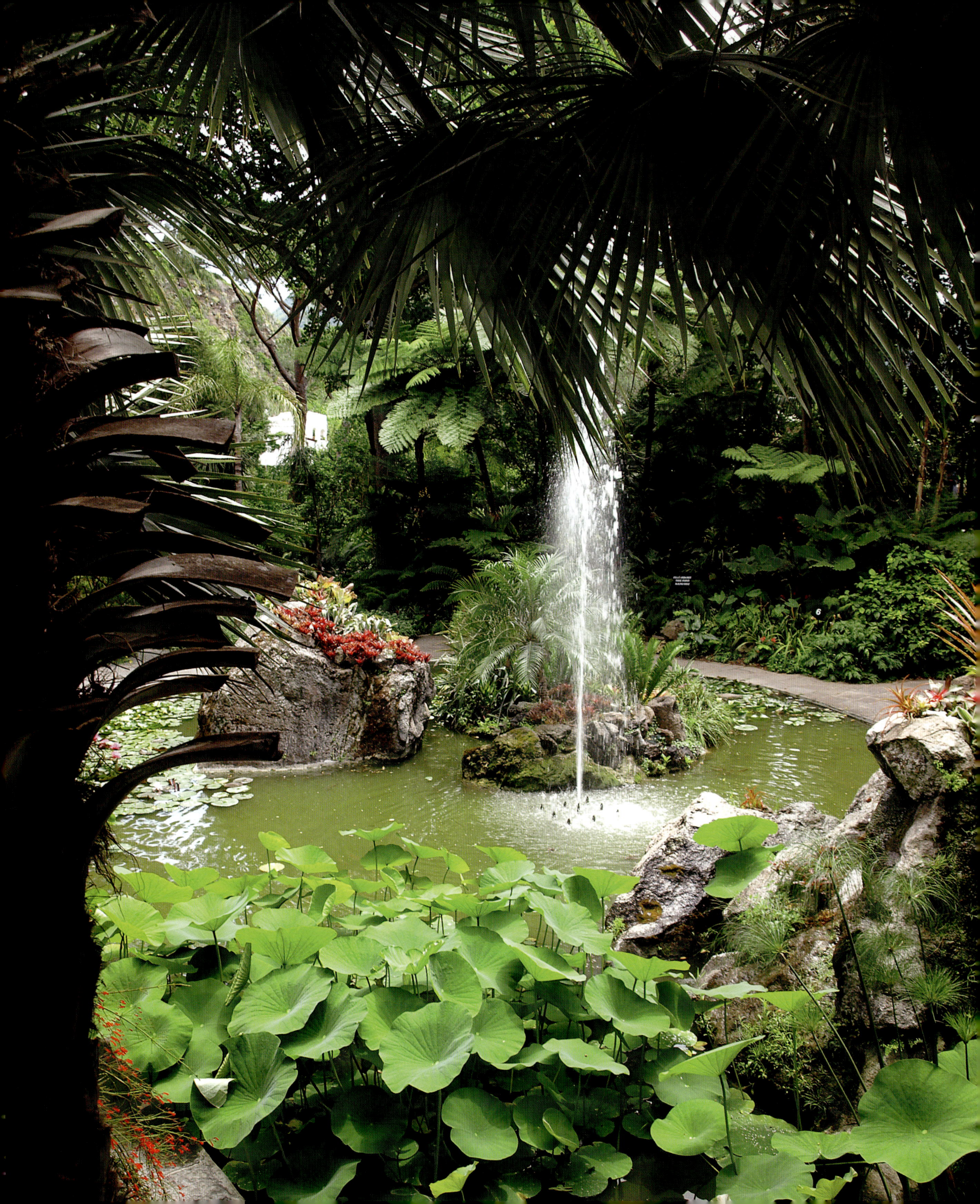

Links gegenüber: Ein weiterer Blick auf den Brunnen der vier Becken mit den großen Blättern der indischen Lotosblume (*Nelumbo nucifera*) im Vordergrund und vielfältigen Baumfarnen im Hintergrund. Oben links: Viele Palmstämme sind gleichsam von einer Rüsche aus Samtnesseln (*Coleus*) umgeben. Oben rechts: Die Wasserrinne, ein altes Motiv aus der persischen Gartenkunst, verbindet die Brunnenanlagen im Talbereich von La Mortella; sie ist zudem wichtig für die Bewässerung.

»Den Waltons war klar, dass ihre Inspiration aus der Konzentration nach innen, nicht nach außen auf die Umgebung kommen musste. Im Gegensatz zu anderen Gärten Kampaniens protzt La Mortella nicht mit den Panoramen von Meer und Himmel, der Garten lebt vielmehr weitgehend von Baumgruppen mit dichtem Laubdach, die dem Besucher den Blick über die Grenzen des Gartens hinweg verwehren. Für die Waltons sollte sich La Mortella als autarkes Universum, ein kreatives Utopia, präsentieren.«

Schon beim Betreten des Gartens hat man das Gefühl, seinen Fuß in eine andere Welt zu setzen. Der erste Blick verblüfft und entzückt zugleich, denn er fällt auf einen Gartenabschnitt, der geradewegs aus dem Myrtenhof der Generalife-Gärten der Alhambra hierher geflogen zu sein scheint. Dieser abgesenkte Talbereich von La Mortella mit einer langen steinernen Wasserrinne in der Mitte entfaltet sich wie eine tropische Allee, in der Wasserfontänen auf Kalla-Lilien fallen und Strelitzien, aber auch ägyptische Papyrusstauden wachsen. So, als legte man eine feuchte Hand auf eine fieberheiße Wange, machte sich Page in diesem vollendet durchkomponierten Bereich die Vorzüge von Ischias gerade eben erweiterter Wasserversorgung zunutze. Ihm und den Waltons war es wichtig, das wie Musik anmutende Murmeln des Wassers in jedem Winkel des Gartens vernehmbar zu machen.

Vom Brunnen der vier Becken locken Pfade den Wanderer in das sattgrüne, üppige Dickicht von *Magnolia* x *soulangeana*, *Calocedrus decurrens* und *Woodwardia radicans*. In überwucherten Nischen und Winkeln ist der Einfluss der islamischen Tradition voneinander abgetrennter Gartenräume auf Pages Gestaltung zu erkennen. Das üppige Blattwerk und die erstaunliche Blütenfülle belegen Pages Maxime: »Setze nicht nur eine Pflanze, setze hunderte.« Mit seiner immensen Fruchtbarkeit hat Ischia diese Forderung mehr als erfüllt, und La Mortella hat stellenweise eher Dschungel- als Gartenatmosphäre.

Wendet man sich nun nach Norden, so kommt man an *Jacaranda mimosifolia* vorbei – ein erster Hinweis auf das Südamerikanische an dem Garten. Die Pflanze stammt aus Argentinien, der Heimat von Lady Susana, die wesentlich dazu beitrug, subtropische Bäume und Gewächse in La Mortella anzusiedeln. Weiter vorn taucht mit der Fontana Grande das Herz des Anwesens auf. Hier setzte Page drei gigantische vulkanische Felsblöcke in ein eiförmiges Wasserbecken; er schrieb, viele seien so kunstvoll wie von »einem Zen-Meister in Kyoto« platziert. In den größten Block ließ er eine Fontäne einbauen, deren Strahl sich über das ganze Becken ergießt. Ein Steinweg zweigt zum oberen Garten und dem Victoria-Haus ab, einem herrlichen Gewächshaus mit einer riesigen steinernen Maske im Hintergrund, einer Hommage an John Pipers Kulisse für Sir Williams Komposition »Façade«. Diese Maske bewirkt, dass etwas Zauberhaftes ausgeht von den auf Baumstämmen sprießenden Orchideen, *Tillandsien*, Bromelien, einer aus Borneo stammenden insektenfressenden *Nepenthes rajah* und einem Teich, in dem Seerosen mit riesigen schildförmigen Blättern wachsen (nach der englischen Königin Victoria benannt *Victoria amazonica*).

Wie ein Geflecht ziehen sich im Umkreis der Fontana Grande die Wege über den steilen Hang; sie sind mit vulkanischem Gestein gepflastert und winden sich, an Bänken und Sphinx-Skulpturen vorbei, aufwärts zu den oberen Bereichen des Gartens. »Je höher man steigt, desto merklicher wandelt sich die Stimmung«, erklärt Alessandra Vinciquerra. »Nach Sir Williams Tod im Jahr 1982 sah sich Lady Susana in der Pflicht, als Botschafterin ihres Mannes andere Länder zu bereisen und sein musikalisches Werk der Welt zugänglich zu machen. Von ihren Reisen brachte sie immer wieder Pflanzen oder Samen seltener Arten mit«, etwa exotische Drachenbäume von den Kanarischen Inseln (*Dracaena draco*), chilenischen Jasmin (*Mandevilla laxa*) und den südafrikanischen »Paradiesvogelbaum« (*Caesalpinia gilliesii*). Ihre freundschaftlichen Kontakte zur argentinischen Botschaft in Bangkok weckten in Lady Susana die Idee zu jenem Thai-Garten, der heute Pflanzen wie *Philodendron erubescens* enthält und von einem reizenden Pavillon aus Teakholz überragt wird.

OBEN LINKS: Die Anregung für einen Thai-Garten mit Teakholz-Pavillon brachte Lady Walton von einer ihrer »befruchtenden« Reisen um den Globus mit, die in erster Linie dem musikalischen Erbe und der Stiftung ihres Mannes dienten. Unter den vielen Pflanzen und Blumen, die sie per Schiff aus Thailand mitbrachte, waren diese *Bromelia* mit orangeroten Blattspitzen. OBEN RECHTS: In einigen Bereichen wirkt das nahezu undurchdringliche Blattwerkdickicht wie eine Hommage an die Dschungelgebiete Südafrikas, der Heimat Lady Waltons. RECHTS: Die Cascata del Coccodrillo, der Krokodil-Wasserfall, ist eine Belohnung für all jene, die sich nicht scheuen, die höchsten Erhebungen des Gartens aufzusuchen. Von der Bank unter einer ausladenden *Chorisia speciosa* kann man eingehend die Schmucklilien (*Agapanthus africanus*) betrachten. Die Pflanze am gegenüberliegenden Teichufer, die mit ihrem Schopf großer Blätter wie eine Zwergpalme wirkt, ist ein seltener Brotpalmfarn (*Encephalartos*).

La Mortella ist nach wie vor ein sehr aufwendig zu pflegender Garten, nicht nur weil auf jedem Fleck eine andere Pflanze wächst – der Garten ist Zentrum verschiedener botanischer Sammlungen –, sondern auch weil so viele außergewöhnliche Exemplare darin vertreten sind. »Wir beschäftigen sieben Gärtner, darunter hoch spezialisierte, denn viele Blütenpflanzen stellen ganz unterschiedliche Ansprüche. Was man gemeinhin als typische Pflanze bezeichnet, gibt es in La Mortella einfach nicht!« so Alessandra Vinciquerra.

Am höchsten Punkt von La Mortella hat Lady Susana ein altes Wasserreservoir in einen aufsehenerregenden Sonnentempel verwandelt. Seine drei Räume sind mit Flachreliefs etwa des Apolls und der Sibylle von Cumae verziert, die schemenhaft über den mit

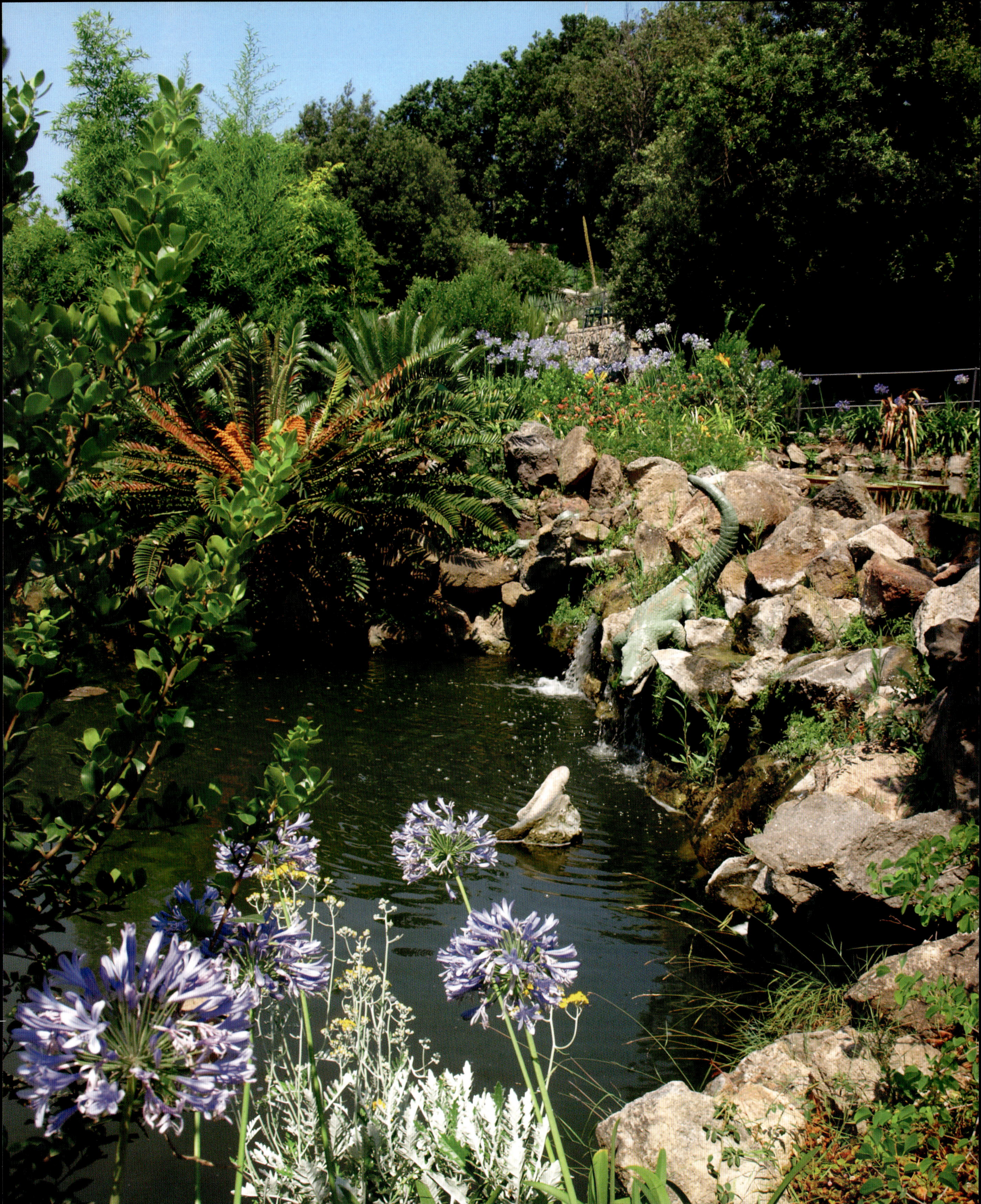

OBEN: Zahlreiche Seerosen-Varietäten schmücken die Gartenteiche. UNTEN: Zu beiden Seiten des Eingangs zum Victoria-Haus präsentieren sich Feuchtigkeit liebende Pflanzen, darunter einige karmesinrote *Bromelia* und rosaviolette *Phalaenopsis*-Orchideen, *Tillandsia* mit Luftwurzeln und lange Bärte des Spanischen Mooses (*Tillandsia usneoides*) aus dem Südosten der Vereinigten Staaten. RECHTS: Im Wasser die Riesenseerose *Victoria amazonica*, die weltweit größte Spezies

Seerosen und Kletterpflanzen bewachsenen Teichen auftauchen. In unmittelbarer Nähe des Amphitheaters und der Konzerthalle – beide bieten ein breites Spektrum musikalischer Aufführungen, gesponsert durch den Sir William Walton Trust, dessen Präsidentschaft der Prince of Wales, ein großer Gartenliebhaber, übernommen hat – liegt der Krokodil-Wasserfall, ein beliebtes Fotomotiv:

steinerne Krokodile toben ausgelassen über einem Wasserfall, der sich in einen Teich mit *Nymphaea caerulea* (aus Ägypten) ergießt.

So entdeckt man auf Schritt und Tritt Neues – viel zu viel, als dass Gartenenthusiasten einen Besuch in La Mortella als reine Entspannung erleben könnten. Zum Glück ist da noch das verlockende Restaurant mit Terrasse. Von hier aus kann man sich genüsslich dem Freiluftgemälde La Mortella hingeben, ein Glas *vino bianco* auf Lady Susana trinken und ihr für diese Zauberwelt danken, die eine reiche Inspirationsquelle für Gartenliebhaber ist.

72 GESCHÄTZTE INSELWELT

Es war ein schöner Tag
Villa San Michele, Anacapri

Die Busfahrt hinauf zur Villa San Michele auf den Felsen von Anacapri, mehr als 300 Meter über dem Golf von Neapel, gleicht einem Fallschirmsprung von unten nach oben. In dem Moment, in dem es eigentlich nur noch heißen kann »Nächster Halt, Himmelspforte«, erscheinen die geschnitzten Eichentore der Villa, und schon steht man mitten in einer Oase traumhafter Schönheit: einem wundervollen Klippengarten, in dem sich Spuren klassisch formaler Gestaltung mit der romantischen Landschaftstradition des 19. Jahrhunderts verbinden.

Dieser außergewöhnliche Ort ist das Werk Axel Munthes, eines schwedischen Arztes, der sich im ausgehenden 19. Jahrhundert in Anacapri niederließ und sich aufgrund seines beharrlichen Wirkens zum Wohl der Menschen, der Natur und der Tiere den Beinamen »Engel von Anacapri« erwarb. Munthes enge Verbundenheit mit der Insel entsprang der sprichwörtlichen Liebe auf den ersten Blick. Auf der Durchreise 1876 erlag er dem Zauber dieses Ortes und widmete später sein Leben, seine Fantasie, seine Kraft und sein Glück der Verschönerung des geliebten Refugiums, machte es zur Königin unter Capris Domizilen. Axel Munthe war keineswegs der erste, der an Capri-Fieber litt. Es grassierte bereits in den Tagen des alten Roms und infizierte selbst die Herrschenden.

Obwohl vermutlich mit Regierungsgeschäften des Römischen Reiches befasst, zogen sich Augustus und Tiberius nachgewiesenermaßen dennoch mit Vorliebe aus dem stickig-heißen Rom hierher zurück. Augustus, der die Insel als Apragopolis (»Stadt des Müßiggangs«) bezeichnete, war ein Genussmensch par excellence, Tiberius hingegen fühlte sich in der Abgeschiedenheit seiner Villa Jovis auf der Rocca di Capri beim Studium der Astronomie, seiner geheimen Leidenschaft, am wohlsten – er verbrachte hier die letzten zehn Jahre seines Lebens von 26 bis 37 n. Chr.

Noch immer kommen Reisende hierher, um sich an der Sonne, am Segeln, Fischen und Sporttauchen zu erfreuen und die Romantik, den Wein, das Essen, die saubere Luft zu genießen – und bleiben mitunter für immer. Dem Capri-Fieber erliegen alle, vom Aussteiger bis zum Millionär, wobei Letzterer sicherlich am meisten

Ein farbenprächtiges Arrangement von scharlachrotem Salbei (*Salvia splendens*) ist ein Blickfang, hier gesehen durch die Arkaden der Nachbildung eines antiken römischen Peristyls.

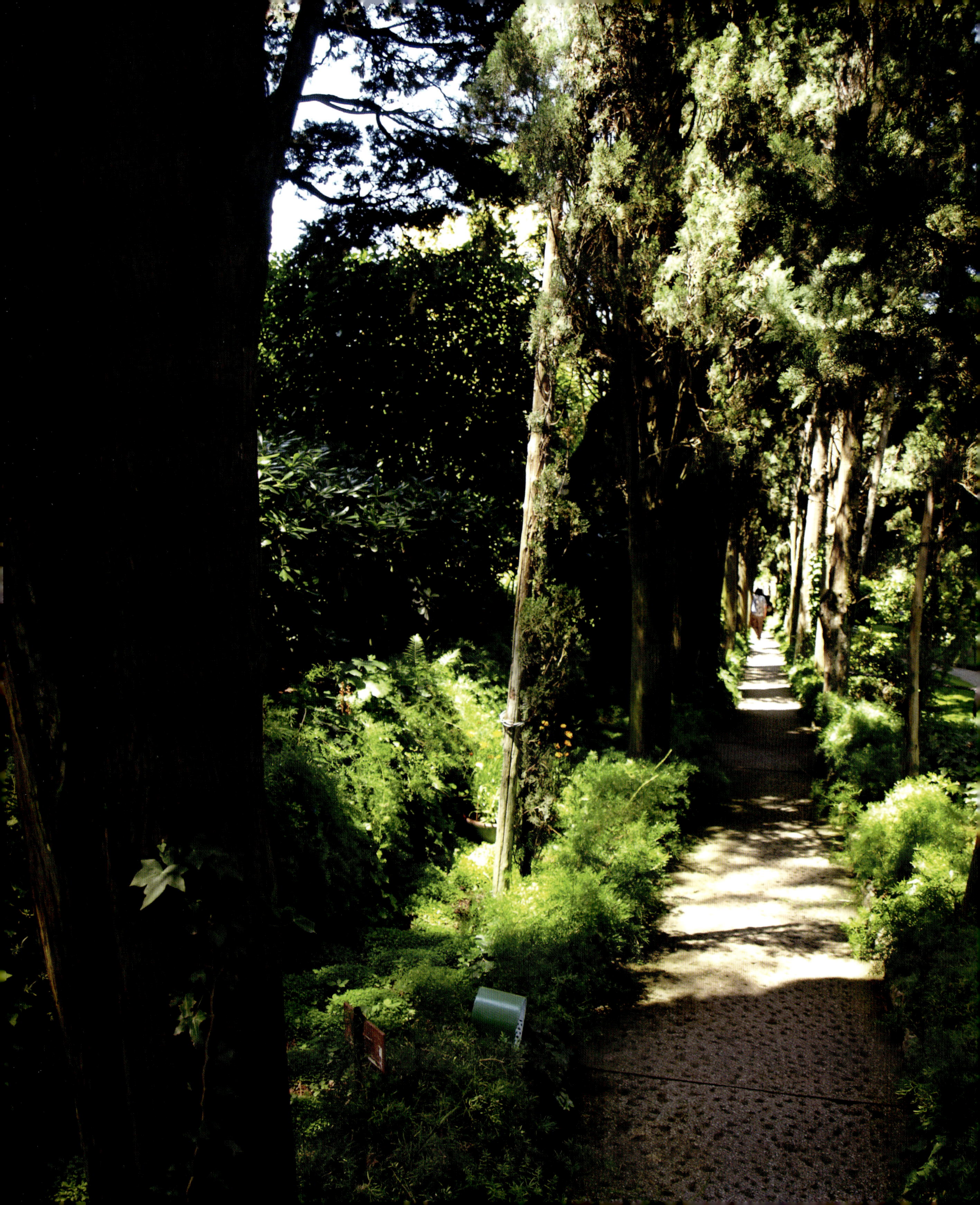

daraus machen kann. Der Rüstungsindustrielle Friedrich Krupp telegrafierte nach Hause, um den Verkauf seiner Firma einzuleiten. Er wurde dann zum Wohltäter für nahezu die ganze Insel, hinterließ Krankenhäuser, die bemerkenswerte Via Krupp und das Gelände, auf dem »Die städtischen Gärten des Augustus« entstanden; er beging Selbstmord, nachdem ihn Boulevardblätter beschuldigt hatten, in den geheimen Grotten Capris Orgien römischen Stils gefeiert zu haben. Auch der Spross reicher Industrieller aus Lothringen, Baron Jacques d'Adelsward Fersen ließ sich auf Capri nieder, in seiner Villa Lysis, sozusagen einer weißen Hochzeitstorte. Auch er fand mit 42 Jahren ein frühes Ende im Pool seines Domizils durch eine Überdosis Kokain mit Champagner. Ausgehend von diesen Skandalen des frühen 20. Jahrhunderts musste der Eindruck entstehen, Capri ziehe wie keine andere Insel, mit John Gunther zu sprechen, »Bonvivants und jeglicher Korruption fähige Typen« an.

Einige Wahlcapresen galten als die leibhaftigen Teufel, andere wurden zu Heiligen stilisiert, allen voran Axel Munthe. Seine Verbundenheit mit der Insel nahm bei jenem kurzen Zwischenstopp auf seiner Grand Tour (Bildungsreise) ihren Anfang, als er, damals 18 Jahre alt, überraschend auf eine verlassene Kapelle stieß, die sich an einen der Hügel klammerte, auf dem einst ein Palast des Tiberius gestanden hatte. Von der Schönheit dieses Fleckens überwältigt, schwor er sich, eines Tages hierher zurückzukehren und für immer zu bleiben. Er fuhr nach Hause, schloss sein Medizinstudium ab und stieg dann in kürzester Zeit zum Leibarzt der schwedischen Königsfamilie und weiterer gekrönter Häupter auf. Nach zehn Jahren, in denen er für seine Dienste fürstlich entlohnt wurde, hatte er die erforderlichen Gelder beisammen, um seinen Schwur, nach Capri zurückzukehren, einzulösen. Allerdings war um diese Zeit (1881/82) die Cholera in Neapel ausgebrochen, und Doktor Munthe sah sich in der Pflicht, den verarmten Neapolitanern beizustehen. Nach zwei Jahren, 1885, kehrte Munthe nach Anacapri zurück und ließ sich in der Gemeinde als Arzt nieder. Und er erwarb umgehend das Gelände der Kapelle San Michele. Im 1929 verfassten »Buch von San Michele« (1933 auf Deutsch erschienen) schrieb er: »Ich werde den Stil erfinden, selbst Du wirst ihm keinen Namen geben können. Kein mittelalterliches Halbdunkel für mich! Mein Haus muss offen sein für Wind und Sonne und die Stimme des Meeres, wie ein Griechentempel – und Licht, Licht, Licht überall!« (Axel Munthe, zitiert nach der Übersetzung von G. Uexküll-Schwerin, Seite 14). Munthe lebte hier von 1889 bis 1910 und widmete sich mit Leib und Seele der Verwirklichung seiner Vision.

Die Villa, sein »Heiligtum der Sonne« (Das Buch von San Michele, Seite 438), liegt auf einem der höchsten Punkte Capris, dem Plateau von Anacapri, mehr als 300 Meter über dem Meeresspiegel an den Flanken des Monte Barbarossa, die fast senkrecht aus dem Golf von Neapel aufsteigen. Von dieser schwindelnden Höhe blickt die Villa auf die Porta della Differencia, das alte Tor, das die Grenze zwischen der tiefer gelegenen Stadt Capri und ihrem Erzrivalen Anacapri (= über Capri) markierte. Sie thront oberhalb der berühmten Scala Fenicia, der phönizische Treppe, deren 777 Stufen mit abenteuerlichen Windungen von den griechischen Siedlern der Antike in den Stein geschlagen wurden. Von der Villa aus hat man einen atemberaubenden Blick über den gesamten Golf von Neapel, mit der Stadt zur Linken, der sorrentinischen Halbinsel zur Rechten und dem Vesuv in der Mitte.

Historiker haben inzwischen herausgefunden, dass das Gelände von San Michele einst eine der zwölf römischen Kaiserresidenzen auf Capri war. So wird vielfach angenommen, dass Kaiser Tiberius hier, fernab der überspannten Formalitäten und Zeremonien des Imperiums, in seinen letzten Lebensjahren Frieden und Einsamkeit gesucht habe. Ob ihm diese letzte Ruhe tatsächlich vergönnt war, ist jedoch fraglich, denn Axel Munthe verrät, dass Dorfbewohner ihm erzählt hätten, die Glocken der Sankt-Michaels-Kapelle würden zeitweise geheimnisvoll zu läuten anfangen, als Zeichen dafür, dass die verdammte Seele des Kaisers zurückgekehrt sei und um Vergebung bitte für das Todesurteil gegen einen gewissen Zimmermannssohn aus Galiläa.

Derartige finstere Geschichten waren allerdings nicht Axel Munthes Sache. Er verbannte die Geister aus seinem Domizil mit einem üppig blühenden Blumen- und Heilpflanzengarten. Als Hintergrund diente ihm die weite Flanke des Monte Barbarossa, die sich von der Klippenseite der Via Porta bis zur zerfallenden Kreuzritterburg Castello Barbarossa hinaufzog. Im ausgehenden 19. Jahrhundert waren die Bäume des gesamten Hangs gerodet worden; das Holz wurde für die heimische Werftindustrie, für Fackeln und Brennstoff benötigt. Norman Douglas Veröffentlichung »Forestal Conditions of Capri«, 1904, hatte ein Aufforstungsprogramm der begüterten *Émigrés* zur Folge, das weite Teile des Landes umfasste und vornehmlich der Verschönerung ihrer neuen Anwesen dienen sollte. Zu diesen Rettern des Waldes gehörten die Familie Cerio in Monte Tragara, Lady Blanche Gordon-Lennox auf dem Monte San Michele, Mario Astarita auf dem Monte Tiberio und Axel Munthe auf dem Monte Barbarossa. Dank deren Bemühungen zeigten sich

Die Kapelle von San Michele und die Hauptvilla verbindet der Freundschaftsweg, der so schmal ist, dass die Besucher nur Arm in Arm gehen können; er wird von paarweise gepflanzten Zypressen gesäumt, die als Jungpflanzen von der Villa d'Este in Tivoli hierher umgepflanzt wurden.

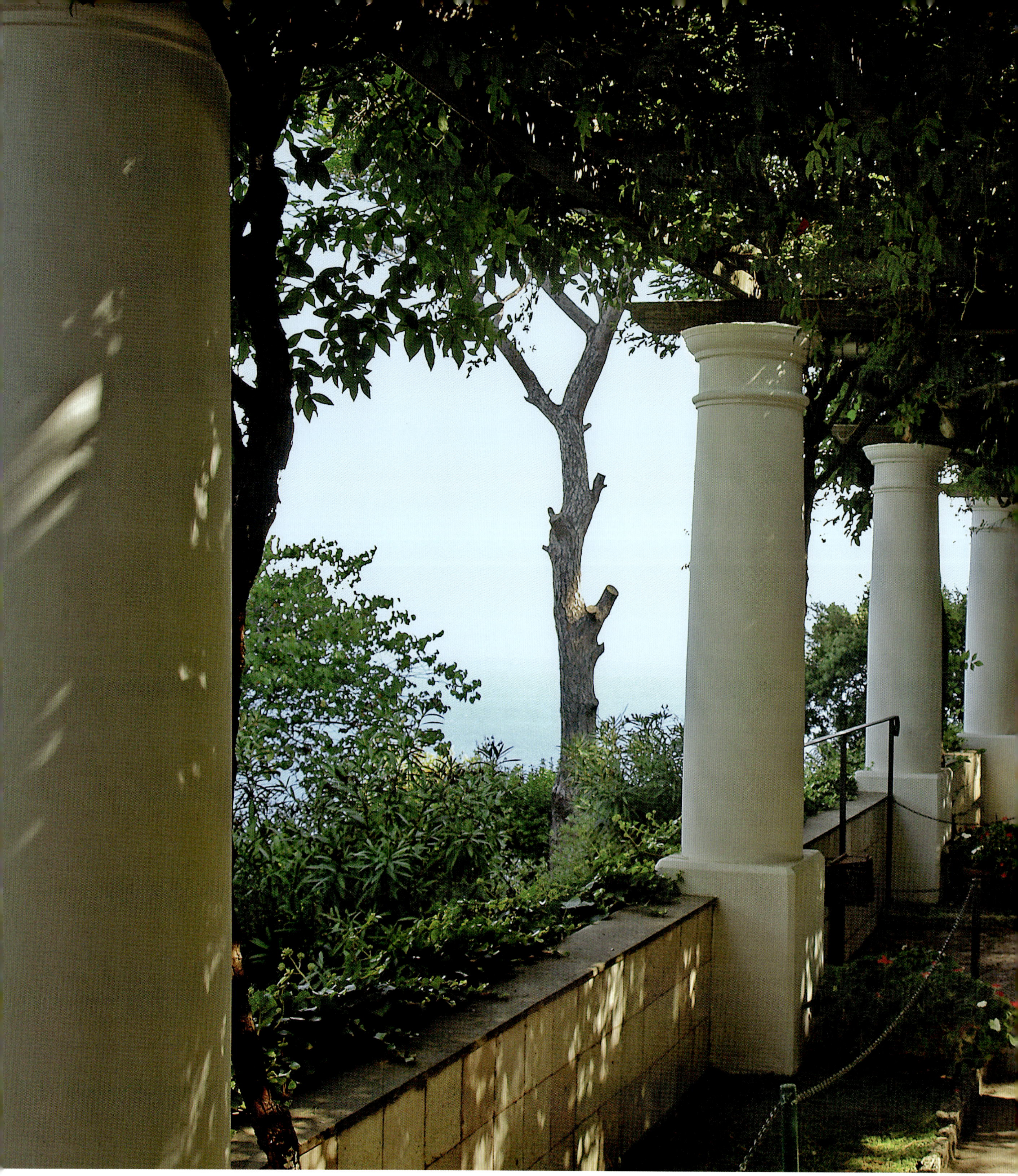

die einst kahlen Flanken des bergigen Felsens bald schon wieder bewaldet, überall wuchsen junge Aleppo-Kiefern, Steineichen, Zypressenhecken und vielerlei Arten mediterraner Macchia.

Beim Bau seiner Villa stützte sich Axel Munthe zunächst einmal auf das Vorhandene: im Westen ein Haus im schlichten Stil einer typischen *casa di Capri*, im Osten ein ehemaliges Pulvermagazin (Axel Munthe: »La Polveriera«, Seite 11), das von dem protestantischen Grafen Nicholaus Papengouth in eine Kapelle umgewandelt worden war. Als brauchbar erwies sich in seinem damaligen Zustand allerdings weder das eine noch das andere. Munthe baute die Kapelle wieder auf, erweiterte dann das schlichte Haupthaus und stattete es mit dem einer Villa entsprechenden Mobiliar aus. Zum Glanzstück seiner Gestaltung aber sollte eine Pergola *all'antica* werden, die mit ihren 37 Säulen aus weißem Capreser Stein die beiden inzwischen instand gesetzten Bauten verbindet. Auf atemberaubende Weise gliedern die in regelmäßigen Abständen gesetzten Säulen den weiten Panoramablick über den Golf von Neapel in einzelne Blickfelder, ganz ähnlich wie gerahmte Bilder an einer Wand. Pergolen gehörten einst auch zu den prägenden architektonischen Leitmotiven der Villa Jovis, des größten unter den Palästen des Kaisers Tiberius, noch heute auf der anderen Seite der Insel, auf dem Gipfel des Monte Tiberio auszumachen. Abgesehen von ihrer Rahmenfunktion schützte Munthes Pergola – sie war bald schon bedeckt von dicken Weinranken und Zypressenästen – den Garten vor dem Wind, der oft über die Capodimonte-Klippen von Anacapri fegt. Bei einem heftigen Sturm wurde die große Pergola 1959 allerdings zerstört; die derzeitige täuscht dank geschickter Patinierung ein beachtliches Alter vor, stammt aber aus jenem Jahr.

Inspirationsquelle für das Anwesen waren eindeutig die Villen der römischen Patrizier, und so betritt man das Gartenareal durch ein authentisch nachgebildetes römisches Atrium. Mit seinen blendend weißen Mauern ist dieser kleine, von Balkons gesäumte Innenhof voll von Objekten aus Munthes *roba di Tiberio*, die auf dem Gelände ausgegraben wurden, darunter eine korinthische Säule. Durch die Arkaden einer zierlichen Loggia gelangt man in die bedeutendsten Räume im Inneren: den Venezianischen Salon, das Schlafzimmer und den Französischen Salon. Diese halbdunklen Räume wiederum geben den Weg frei zum Glanzstück der Villa,

Axel Munthe setzte seiner Liebe zu Capris Schönheit ein Denkmal, indem er den unvergleichlichen Blick auf den Golf von Neapel mit einer grandiosen Kolonnade, der Nachbildung einer Pergola *all'antica*, krönte, wie sie Kaiser Tiberius einst zur Zierde seiner zwölf Inselpaläste hatte errichten lassen. Die siebenunddreißig Säulen aus Capreser Stein sind heute mit Glyzinen (*Wisteria*) überwachsen.

der Skulpturen-Loggia, die sich als großartige Nachbildung eines römisch-antiken *peristylium* präsentiert, eines Säulengangs um einen kleinen Gartenhof. Dieser Hof wird beherrscht von einem Abguss von Andrea del Verrocchios Putto mit Delphin, von *Cytisus* und Horsten subtropischer Opuntien, Kakteen und Zwergpalmen. Der auch »Kloster« genannte schattige Portikus ist mit maurisch anmutenden Fliesen und zinnenartigen Ornamenten versehen und beherbergt die erlesensten antiken Skulpturen aus Munthes Sammlung, darunter eine Bronzekopie des Sitzenden Merkurs, ein Geschenk der Stadt Neapel in Dankbarkeit für sein Engagement bei der Bekämpfung der Cholera-Epidemie.

Unmittelbar hinter dem Sitzenden Merkur befindet sich eine Plattform, von der man über Stufen zur Pergola und zum Hauptgarten gelangt, in dem ein Arrangement aus Beetpflanzen und anderen Gewächsen mit den vielfältigen Ausblicken auf das Meer, die sich am Weg bieten, um die Gunst des Betrachters zu buhlen scheint. Hohe Bäume ragen über den farbenfrohen Pflanzungen auf. Ergänzend zu den heimischen Spezies führte Munthe seltene Gehölze aus Japan und Australien ein, die hier noch immer prächtig gedeihen, zumal sie wie die vielen Skulpturen zur Üppigkeit der Szenerie beitragen und dieser den Hauch einer Vorahnung vom Garten Eden verleihen. Um auch seinen nordischen Wurzeln die Ehre zu erweisen, pflanzte Axel Munthe Papier-Birken (*Betula papyrifera*), aber die Schösslinge wollten von Anfang an nicht richtig anwachsen und gingen schließlich ein. Jahre später entdeckte der erste Kurator der Villa, Josef Oliv, aufgrund zahlreicher Versuche, dass Birken hier sehr wohl gedeihen können, in den ersten drei Jahren aber in einer Kühlkammer gelagert werden und dann erst versetzt werden sollten. Seither geben die fallenden Blätter jeden Herbst ihr Schauspiel.

Zu den bemerkenswertesten Bäumen des Anwesens gehören die hohen dunkelgrünen Zypressen, die man auf Friedhöfen findet und die in Legende und Mythologie von alters her Tod und Auferstehung symbolisieren. Als ein wegweisender Anhänger der Hypnose in der psychologischen Behandlung war Munthe ungeheuer interessiert an der Beziehung zwischen Hypnos, dem altrömischen Gott des Schlafs, und seinem Zwillingsbruder Thanatos, dem Gott des Todes.

Wie seine Verwendung der Zypressen verrät, war Munthe nicht nur künstlerisch, sondern auch gärtnerisch der Klassik verpflichtet: Das Gros der Gewächse in seinem Garten ist an jenen orientiert, die in der antiken Kunst in Stein verewigt sind, etwa der Stechpalme, dem Lorbeer und dem Acanthus, dessen Blätter die Friese, korinthischen Kapitelle und Kranzgesimse der römischen Architektur schmücken. Das Gerüst seines Gartens bildeten immergrüne Bäume und Pflanzen, doch Munthe wollte durchaus auch saisonale Glanzlichter setzen, und so pflanzte er Kamelien, Blumeneschen (*Fraxinus ornus*), Azaleen, Glyzinen, Hortensien, Rosen, *Agapanthus* und Fleißige Lieschen, eine Auswahl, für die der Jugendstil gestanden haben mag; ergänzend kamen heimische Wildblumen wie Myrte, Ginster, Sonnenröschen und andere hinzu. Ilsa Girgonsone, botanische Kuratorin der Villa San Michele, meint: »Die herrlichen, in antiken Urnen, klassizistischen Amphoren und künstlerisch gestalteten Vasen arrangierten Bouquets, die die Salons schmückten, belegen überzeugend, dass der Doktor Blumen über alles liebte«, und sie fügt hinzu, dass »der jährliche Kalender in der Villa durch ein betörendes Farbspektrum markiert ist, im Frühling mit den Hyazinthen und Tulpen über die Kamelienbäume, die Ende April ihre Blüten entfalten, bis im Juni und Juli *Cineraria* (*Senecio*) und *Impatiens* in allen Farbschattierungen leuchten.«

Der Preis für die vollendete Ästhetik und deren Erhaltung ist oft bedingungslose Zuwendung, und Axel Munthe war realistisch genug zu wissen, dass sein geliebtes Werk, um zu überleben, vorrangig auf reichlich Wasser angewiesen war. So ließ er auf der Hügelseite des Monte Barbarossa riesige Zisternen installieren, in denen das nährstoffreiche Wasser der Gebirgsbäche gesammelt und zu den Beeten geleitet werden konnte. Dank dieses Verfahrens gelang es ihm, den durstigen Garten das ganze Jahr über in Blüte zu halten. Munthe war auf Capri einer der ersten, die Wasser gezielt zu den Pflanzen eines rein dekorativen Gartens leiteten. »Die Blütenpflanzen profitierten aber auch von der Ausrichtung der Villa nach Norden«, sagt Ilsa Girgonsone, »eine Lage, die zu einem anregenden Mikroklima beiträgt: Selbst an den heißesten Tagen werden die Banksrosen (*Rosa banksiae*), Glyzinen (*Wisteria sinensis*) und Hortensien (*Hydrangea*) von einer sanften Brise verwöhnt.«

LINKS: Der gedeckte Gang ist außen mit einem Fliesenband maurischer Ornamentik versehen; er beherbergt einen Abguss von Verrocchios Putto mit Delfin. Schatten bieten prächtige Palmen, *Cytisus* und Horste subtropischer Opuntien, Kakteen und Zwergpalmen. OBEN: Als Nachbildung eines antiken römischen Peristyls präsentiert die Skulpturengalerie die erlesensten Stücke aus Munthes Sammlung, einschließlich einer Bronzekopie des Sitzenden Merkurs – das Original ist in Neapels archäologischem Museum ausgestellt –, ein Geschenk der Stadt Neapel in Würdigung der Verdienste Munthes im Kampf gegen die Cholera.

Links: Mit ihren Marmorbüsten und Bronzestatuen griechischer Götter und römischer Kaiser präsentiert sich die Villa wie ein dreidimensionales Alma-Tadema-Gemälde.
Rechts: Dunkle Geschichten ranken sich um diesen Platz, dereinst Standort einer der Capreser Villen des Kaisers Tiberius. Wie unter den Dorfbewohnern gemunkelt wird, soll das Läuten der Glocken, die dem Turm der Villen-Kapelle fehlen, ein Zeichen dafür sein, dass die verdammte Seele des Kaisers um Vergebung bitte für das Todesurteil gegenüber einem gewissen Zimmermannssohn aus Galiläa. Munthe bannte die Schatten, indem er seine Villa zur Königin der Gärten Capris machte.

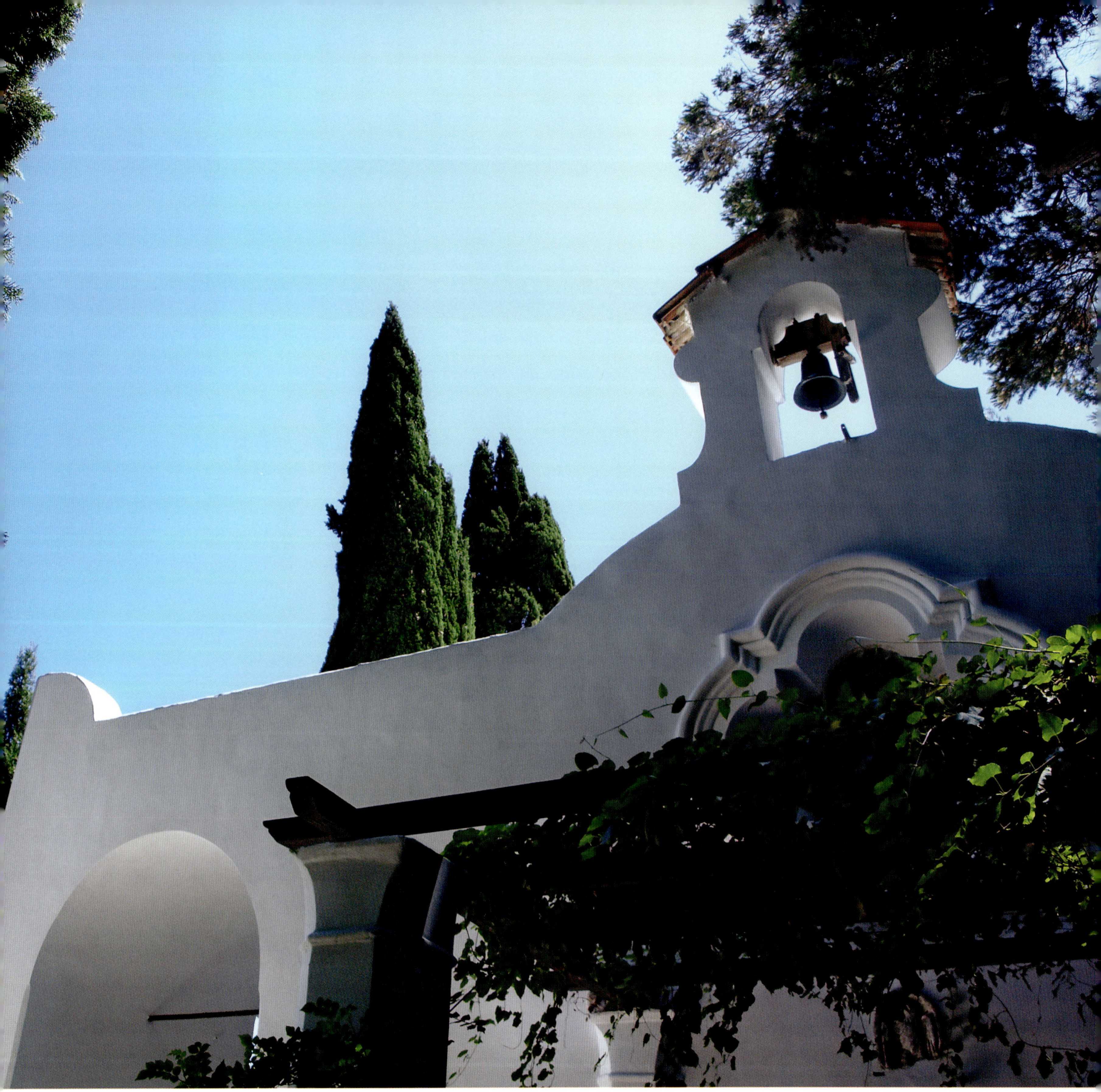

Rechts der großen Pergola gelangt man über eine Treppe zu einer schattigen, in sich geschlossenen Flucht von *giardinetti*, kleinen Gartenräumen mit gepflegten grünen Rasenflächen und Beeten mit leuchtenden Päonien, die durch einen gewundenen Steinweg verbunden sind. Am anderen Ende der Pergola haben Besucher von einem Aussichtspavillon aus einen Blick über Capri und den Golf von Neapel – ein geradezu himmlisches Panorama. Von hier führt eine filigrane Wendeltreppe hinauf zur Kapelle von San Michele, die sich über einer mit Schieferplatten belegten Terrasse erhebt und von einer etruskischen Sphinx beherrscht wird. Zur Linken der Kapelle mit Blick auf die Bucht beherbergt eine Loggia mit mittelalterlich anmutenden dreigliedrigen Arkadenfenstern (normannisches Triforium) eine 3200 Jahre alte ägyptische Sphinx. Deren Gesicht kann man nicht sehen, absichtlich nicht, aber die Legende besagt, dass jeder Wunsch, den man äußere, während man mit der linken Hand über ihre linke Hinterflanke streiche, in Erfüllung gehe. Manchmal kann die Erfüllung allerdings Jahre auf sich warten las-

OBEN LINKS: Mit Stücken der *roba di Tiberio*, die auf dem Gelände Munthes ausgegraben wurden, bildet dieses Atrium im römischen Stil den Eingangsbereich zu den Suiten der Salons im Haupthaus. OBEN RECHTS: Ein Blick vom *peristylium* zeigt, wie großartig die Villa den Schutz nach innen mit dem Licht draußen verbindet. RECHTS: Den Freundschaftsweg säumt so manch exotische Pflanzenart, hier *Ligularia dentata* 'Desdemona'

sen, wer weiß? Von der Kapelle gelangt man auf den Zypressenweg, der den sanft abfallenden Hügel hinabführt. Axel Munthe nannte ihn den Freundschaftsweg, weil die Bäume, die ihn säumen – die Jungpflanzen stammten aus den Gärten der Villa d'Este in Tivoli –, so eng gepflanzt waren, dass die Besucher hier nur Arm in Arm gehen können. Diese reizvolle Promenade führt, begleitet von einem von Munthe angelegten Bachlauf, zurück zur Villa.

Als Axel Munthe seine Visionen verwirklicht hatte, bot seine Villa nicht nur bemerkenswerten Komfort, sondern auch ein grenzenloses Spektakel für seine Gäste. Wie ein Spiegelbild der

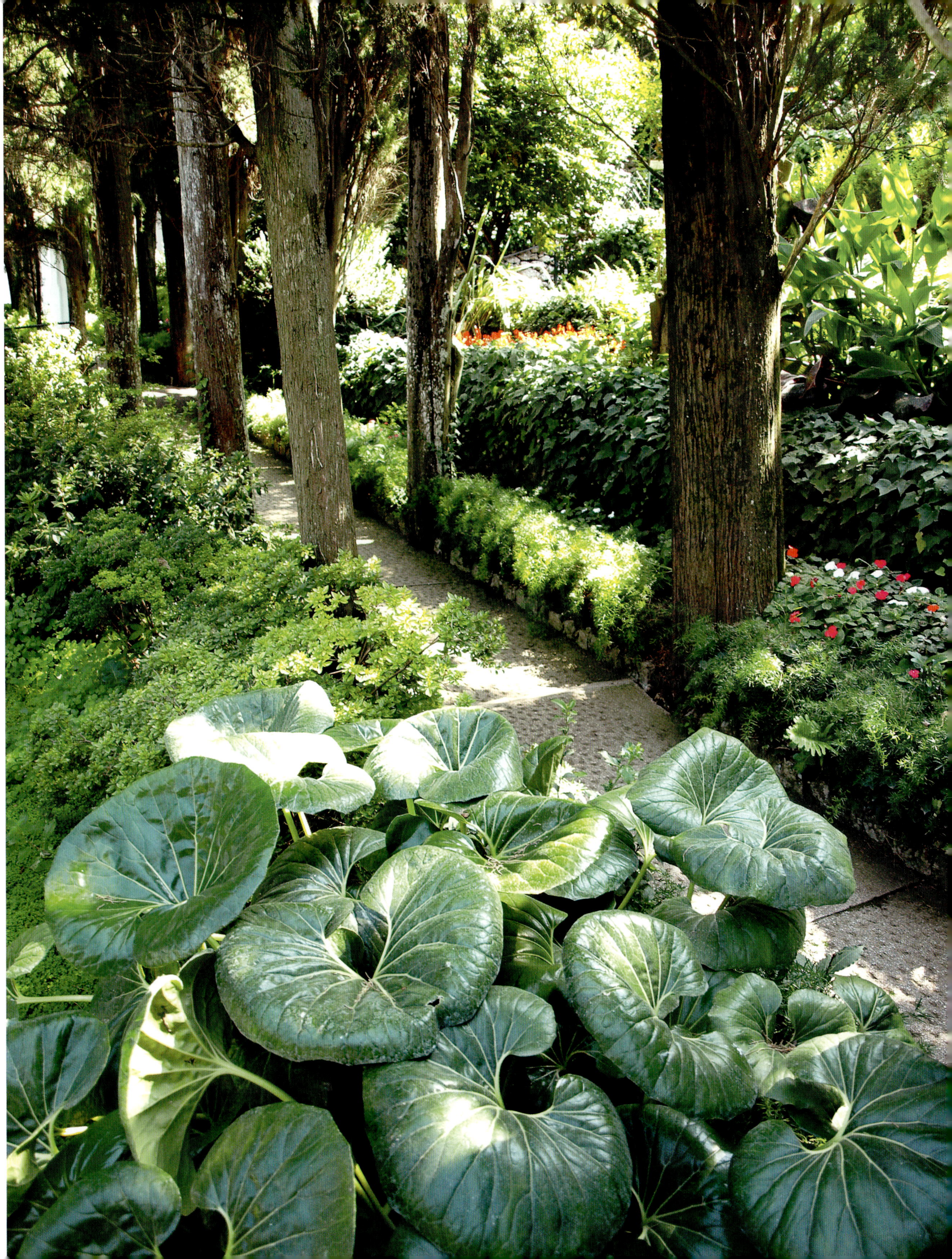

Ästhetik eines Alma-Tadema-Gemäldes stellt das Haus eine Fantasie aus Brüstungen, in Säulengänge gefügten Lauben, Loggien und Arkaden sowie griechischen Portiken dar, belebt von Marmor- und Bronze-Statuen griechischer Götter und römischer Kaiser. Veredelnd hinzukommen Elemente romantischer Mittelaltersehnsucht, etwa romanische Arkadenfenster, vergoldete gotische Madonnenstatuen und geschnitztes Chorgestühl aus dem 15. Jahrhundert. Offensichtlich war Munthe unersättlich in seiner Sammelleidenschaft, denn er ergänzte seine Bestände durch Objekte marokkanischer, ägyptischer und spanischer Herkunft, wie sie im 19. Jahrhundert überaus beliebt waren. Mit dieser überbordenden Anhäufung von Requisiten – römisch anmutende Mosaiken gehörten ebenso dazu wie Reliquienschreine der Renaissance – schuf er eine Art Kunst- und Wunderkammer und verwandelte die größeren Salons gleichsam in Bühnenbilder. Einen Ehrenplatz erhielten die *roba di Tiberio*, die Antiken, die auf dem Gelände selbst ausgegraben worden waren. Einige seiner Errungenschaften waren indes zweifelhaften Ursprungs: Eines Abends erschien der Bankier J. Pierpont Morgan (1867–1943) in der Villa, in der Absicht, das Juwel der Sammlung zu erwerben, eine gigantische Steinmaske, das angeblich von Phidias (ca. 480–430 v.Chr.) geschaffene Orakel. Er war so klug wie zuvor, als sein Millionenangebot zurückgewiesen wurde; denn nur Munthe wusste, dass die Maske eine Fälschung war. Letztlich umfasste die Villa San Michele ein wahres Potpourri der Stile. Henry James brachte es auf den Punkt, er beschrieb die Villa als Ort »sagenhafter Schönheit, Poesie und beispiellosen Krimskrams – eine Sammlung, wie man sie an einem Ort sonst nirgendwo findet«.

Weniger bekannt ist, dass Axel Munthe auch ein Pionier auf dem Gebiet der Neurologie war. Die vornehmsten Aristokraten der Welt konsultierten ihn als Nervenarzt. Unter den gekrönten Häuptern, die nach Capri kamen, um sich behandeln zu lassen, waren Königin Eugénie, die Gemahlin Napoleons III., die russische Zarin Alexandra (1872–1918), deren Familie auf der anderen Seite der Bucht in Sorrent gerade eine Villa baute, Königin Viktoria von Schweden, die angebliche Seelenverwandte oder, wie gemunkelt wurde, *amour* des Doktors, und nicht zuletzt die österreichische Kaiserin Elisabeth, die berühmte Sisi aus dem Haus Habsburg.

Zur Verzweiflung brachte Axel Munthes indes nicht ein Patient, sondern ein ständiger Gast, die Marchesa Casati, jene Femme fatale des Fin de Siècle, die in Paris für Irritation sorgte, als sie in Begleitung eines Panthers mit perlenbesetztem Halsband über die Champs-Élysées flanierte. Sie war ungeheuer reich und hatte dort bereits das Palais Rose und in Venedig den Palazzo Venier dei Leoni in extravagante Bühnen für Kostümbälle und literarische Salons verwandelt. In Roben bekannter Modeschöpfer wie Mariano Fortuny und Paul Poiret gehüllt, wurde sie von Giovanni Boldini, Augustus John und Kees van Dongen porträtiert und von Man Ray und Cecil Beaton fotografiert. Die Muse der italienischen Futuristen stieg auch auf Capri ab und sicherte sich, gegen alle Widerstände, die Villa San Michele als ständige Bleibe. Damit sollte sie die einzige Person sein, die hier auch tatsächlich lebte (der gute Doktor wohnte im Wesentlichen im Gästehaus des Anwesens oder im Torre di Materita, wenige Minuten Fußweg von der Villa entfernt), und ihr sommerliches Mietverhältnis gestaltete sich, immer wieder überschattet von Gerichtsverfahren wegen ausstehender Mietzahlungen, derart dramatisch, dass Munthe die Villa nie mehr vermietete. Auch fand Luisa Casati, dass der Garten einiges zu wünschen übrig ließ und schmückte die Beete mit kitschigen Blüten aus Murano-Glas, die eigens für sie hergestellt wurden. Bei ihren Gartengesellschaften pflegten sich die Gäste im Schein eines riesigen Papiermonds zu vergnügen, der über eine Rolle über das Gelände bewegt wurde, was auf der Insel für reichlich Gesprächsstoff sorgte.

Axel Munthe nahm sich aber nicht nur der Menschen, sondern auch der Tiere an. Das Buch von San Michele schildert seinen Zwerg-Pavian Billy, dessen heimliche Bier- und Whiskygelage die ganze Insel in Aufregung versetzten. Munthe freundete sich auch mit einer kleinen Eule an, deren Flügel gebrochen waren; sie wich nie mehr von seiner Seite. Als die Wachtel-Population am Ort Opfer wirtschaflicher Interessen zu werden drohte, weil die Anacapreser herausgefunden hatten, dass der erbärmliche Gesang einer geblendeten Wachtel hilfsbereite Artgenossen anlockte, die zur Zielscheibe für Jäger wurden, veräußerte der heilige Franziskus von Anacapri einen Großteil seiner persönlichen Schätze, um mit dem Erlös den gesamten Barbarossa-Hügel zu erwerben, der, für Jäger nun unzugänglich, den Wachteln ihre Nistgründe sicherte. Noch heute ist der Hügel ein Refugium für die heimische Tierwelt.

Axel Mundte erblindete 1910 auf dem linken Auge infolge des Grünen Stars. Der Mann, der einst »Licht, Licht überall« suchte, wagte sich, um dem hellen Sonnenlicht auszuweichen, nur noch nachts ins Freie. Schatten suchend, erwarb er den Torre di Materita unmittelbar über dem Hügel der Villa San Michele, in dem er sich während seiner letzten Jahre auf Capri meistens aufhielt. So ist es vielleicht nur stimmig, mit einer melancholischen Passage aus dem »Buch von San Michele« zu schließen: »Es ist gut, im sanften Licht unter den Oliven von Materita zu wandeln, es ist gut, im alten Turm zu sitzen und zu träumen; das ist ungefähr alles, was ich noch tun kann. Der Turm liegt nach Westen, wo die Sonne untergeht. Bald wird die Sonne im Meer versinken, dann kommt die Dämmerung, dann kommt die Nacht. Es war ein schöner Tag!«

Das Ende der grandiosen Pergola führt zu einer winzigen Wendeltreppe, über die man hinauf zur Kapelle von San Michele und zur Sphinx-Terrasse mit der berühmten ägyptischen Skulptur gelangt. Das Gesicht der Sphinx können die Besucher nicht sehen – absichtlich nicht –, aber der Legende nach geht jeder Wunsch, den man äußert, während man mit der linken Hand über ihre linke Hinterflanke streicht, in Erfüllung.

Der Inselweg
La Certosella, Capri

Als im ausgehenden 19. Jahrhundert die Reichen, Schönen und Gebildeten scharenweise nach Capri strömten, wurde die Insel zum Tummelplatz der Millionäre. Mit Glamour und Geld verwandelten sie Capri in einen Ort der Vergnügungen und Urlaubsfreuden und ließen ihre extravaganten Villen bauen. Der palladianische Palast von Lady Blanche Gordon-Lennox gehörte ebenso dazu wie die Villa Monte San Michele, Baron Jacques d'Adelsward-Fersens am Stil Gabriele D'Anunzios orientierter Belle-Époque-Tempel ebenso wie die Villa Lysis und nicht zuletzt die fantastische neomaurische Villa Torricella der Wolcott-Perry-Schwestern Kate und Saidee. Kaum standen die Bauten, wandten sich die Besitzer den Außenanlagen zu, und bald schon entbrannte ein Wettstreit um den schönsten Garten.

Die treibende Kraft hinter diesen pompösen Anlagen war der neapolitanische Gartengestalter Mimi Ruggiero. Wie seine Auftraggeber neigte Ruggiero zu botanischem Snobismus. Unter seiner Regie wurde der Herrensitz von Baron Adelsward-Fersen gleichsam mit Seen aus Fuchsien, Hortensien, Azaleen, Geranium und Jasmin umschlossen. Ruggieros üppiger Entwurf sah Glyzinen und Iris als Blütenschmuck für den Frühling vor, Kartoffelwein (*Solanum*) für den Hochsommer und Bleiwurz (*Plumbago*) sowie Belladonna-Lilien als Abschluss der Jahreszeit. Die Kehrseite dieser floralen Symphonie waren die Kosten, denn die meisten Pflanzen, die Ruggiero auswählte, wurden von Ruggieros eigener Gärtnerei geliefert, die, strategisch günstig, auf der Insel angesiedelt war; in der Regel handelte es sich um überzüchtete oder exotische Spezies, nicht um in der Region heimische Pflanzen. Kritiker beklagten, dass diese extrem hybridisierten Varietäten vielfach zu Blüten neigten, die in ihrer Perfektion, eine wie die andere, geradezu künstlich wirkten.

Einen Gegenpart zu dieser modischen Form bildeten Capris traditionsbewusste *giardini*. Deren überzeugendstem Verfechter Edwin Cerio, einst Bürgermeister der Insel (1920–1923), war es das größte Anliegen, die capresischen Kulturpflanzen unter Ausschluss fremdländischer Arten zu erhalten. Der Botaniker hat einige von Capris traditionsbewussten und bis heute in Ehren gehaltenen Gärten geschaffen. Aus seiner Feder stammten auch Entwürfe für Gärten moderner Capreser Villen wie der Villa Il Rosaio. Mit seiner profunden Kenntnis der heimischen Flora und Fauna war Cerio führend bei der Bewahrung der Artenvielfalt auf der Insel. 1922 organisierte er eine weit über die Landesgrenzen hinaus wirkende Konferenz zum Schutz der Landschaft Capris, auf deren Programm so umstrittene Aspekte wie der ständig wachsende Tourismus, Maßnahmen zum Schutz unberührter Naturbereiche und Fragen der Abholzung standen, und dies Jahrzehnte, bevor solche Themen heiße Debatten entfachten.

In Cerios Augen waren Geschäftemacher, die Unmengen von Bougainvillea-Sträuchern und gigantische Palmen nach Capri einführten, schuld an der Verfälschung von Capris ursprünglicher Flora, die von den sich ausbreitenden Eindringlingen verdrängt zu werden drohte. Wie die sarazenischen Seeräuber im 17. Jahrhundert stiegen die Neureichen auf der Insel ab, um sie auszubeuten und in Beschlag zu nehmen. Eines der vielen Bücher Cerios heißt »Guide Inutile di Capri«; es ist ein Leitfaden der besonderen Art, zu seiner Zeit verfasst, um all jene von einem Besuch abzuhalten, die nur an den Mängeln und Schwächen der Insel Interesse hatten und behaupteten, die heimische Flora bestehe ohnehin überwiegend aus *piante velenose* (Giftpflanzen). Noch kämpferischer äußerte Cerio sich in »Flora Privata di Capri«: »der Garten auf Capri muss capresisch bleiben«, und in Amedeo Maiuris Vorwort heißt es:

»Jene, die Capri gegen literarische Exotika verteidigt haben, verteidigen die Insel heute gegen florale Exotika. Mit der Verfälschung der Arten, der Vermehrung unnatürlich wirkender Hybriden und der Einführung fremdländischer, aufdringlich wuchernder Pflanzen zugunsten einer servilen Befriedigung der vulgären floralen Vorlieben des internationalen Jetsets, macht man sich der Anstiftung zu kriminellem Verhalten schuldig; man begeht damit das denkbar schlimmste Verbrechen an der göttlichen und ursprünglichen Schönheit der Insellandschaft.«

Cerio gelobte, jede heimische Pflanze nach Kräften zu schützen – Bruno Manfellotto beschrieb die Rolle Capris als die einer botanischen Arche Noah –, und das war eine offene Kriegserklärung an diesen »scandalo vegetale«. So bekämpfte er die Neupflanzungen von *Echium fastuosum*, einem immens hohen Busch mit

La Certosella, 1880 erbaut für Camille du Locle, Direktor der Opéra Comique Paris und Librettist von Verdis »Aida« und »La Forza del Destino«, wurde von Edwin Cerio, dem führenden Kopf der Architekturszene der Insel, im charakteristischen Capreser Stil umgestaltet.

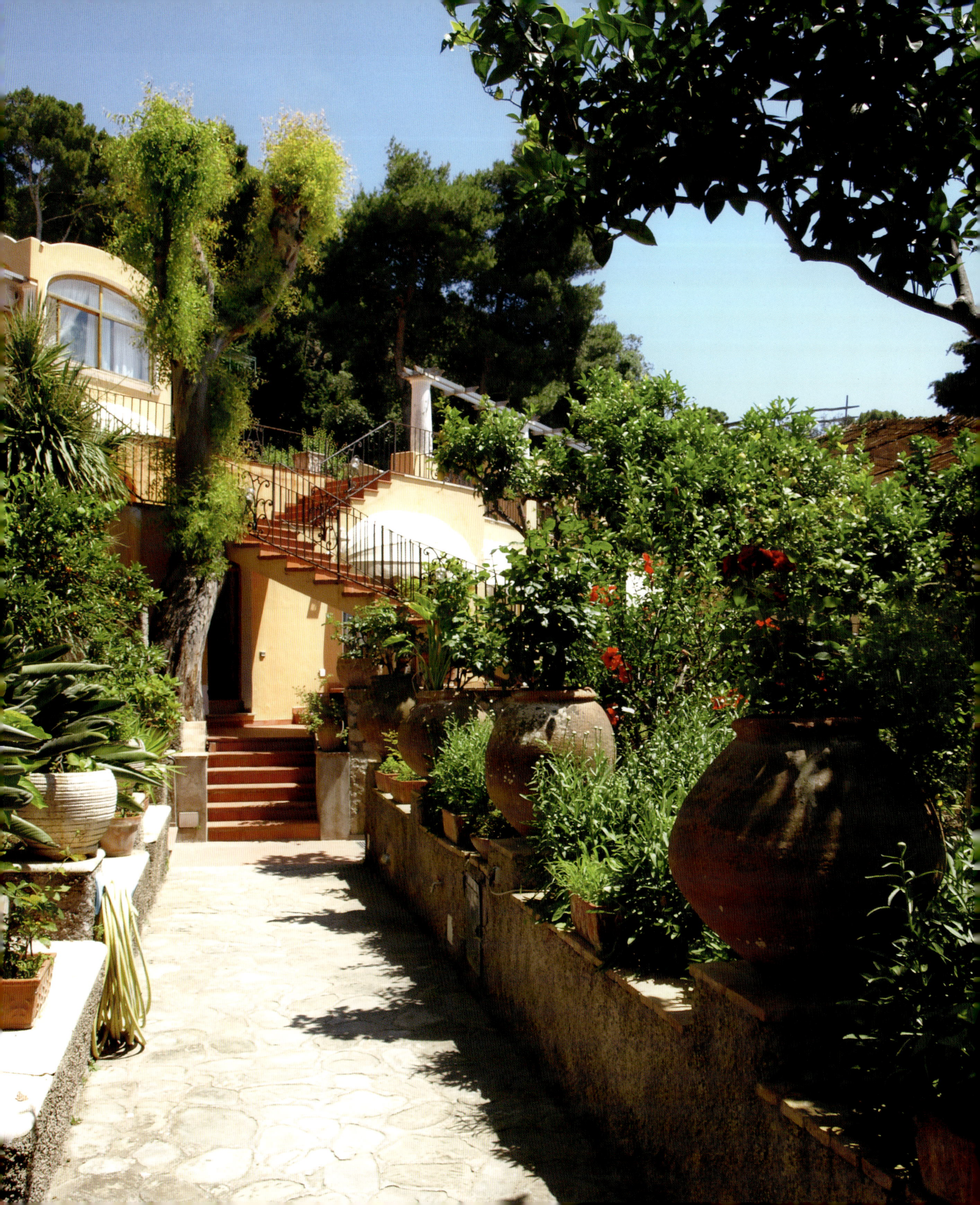

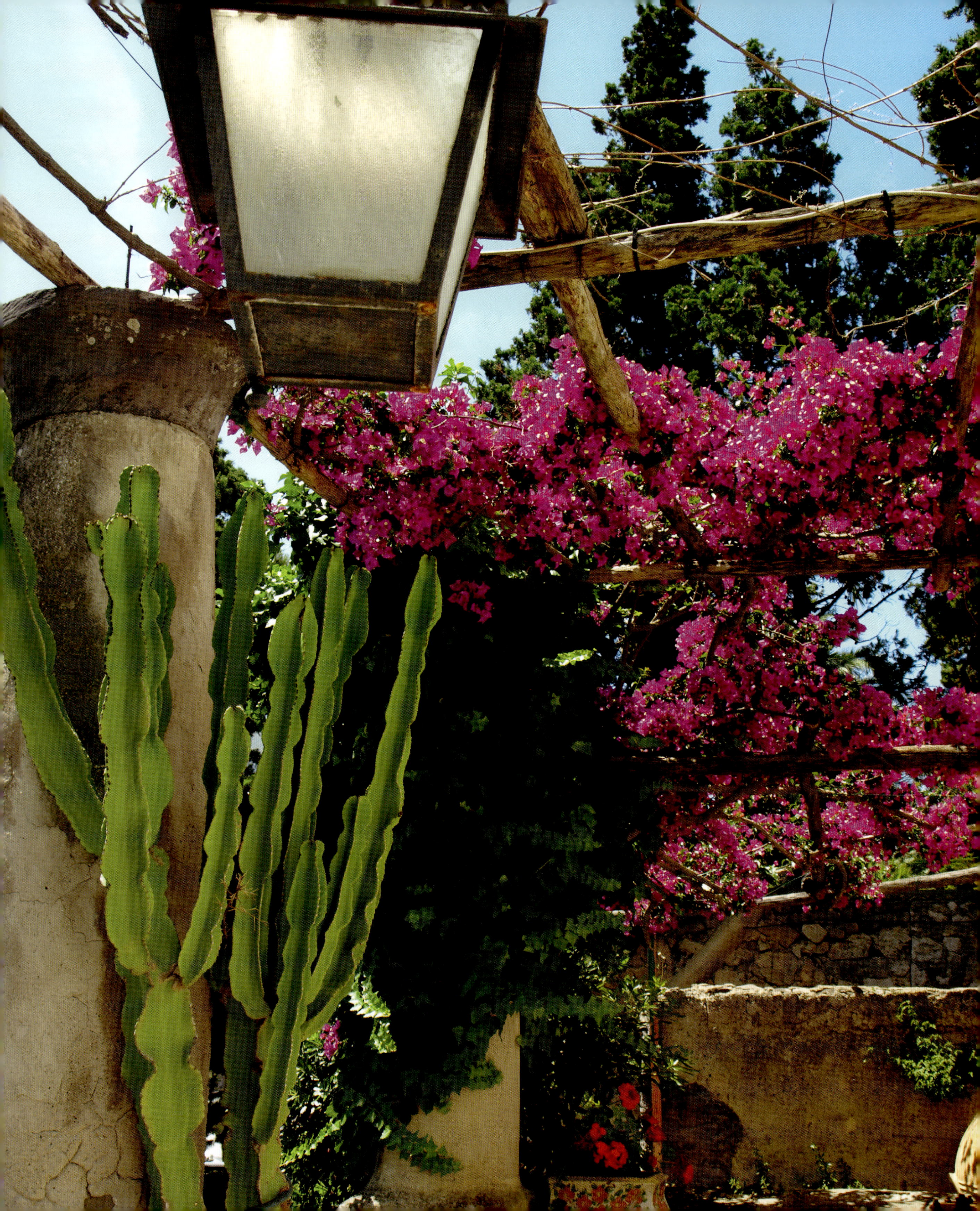

riesigen blauen Blüten, den die schottischen Gärtner von Lady Gordon-Lennox auf der Insel eingeführt hatten. Dieser Busch breitete sich derart invasiv aus, insbesondere in der Località Faraglioni, dass Cerio der Pflanze den Beinamen *Echium infestuosum* (wuchernd) gab und in seiner »Flora Privata« nichts sehnlicher wünschte, als dass Parasiten ihr und jeder anderen fremdländischen Art den Garaus machen würden. Die Gärten, die er, orientiert am historischen *stile di Capri*, entwarf, stellten einen weiteren »Pfeil aus seinem Köcher« dar.

Ein spektakuläres Beispiel dafür war die Villa La Certosella, Teil des weitläufigen Cerio-Anwesens. Die am Fuß des Monte Tuoro gelegene Anlage flankierte über weite Strecken die Via Tragara, die Bewunderer gern als »die schönste Straße der Welt« bezeichnen; hier wurden mehrere namhafte Residenzen der Insel errichtet, etwa die Villen Tragara, Quattrocolonne und Ada, alle im Besitz der stetig wachsenden Literaten- und Künstlerkolonie auf der Insel. Die von Camille du Locle, dem führenden Kopf der Opéra Comique in Paris, Librettist von Verdis »Aida«, »Don Carlos« und »La Forza del Destino« 1880 erbaute Residenz La Certosella hatte Jan Styka, Illustrator von Sienkiewicz Buch »Quo Vadis?« zu einem grandiosen Gebäudekomplex erweitert. Die zahlreichen Anbauten waren mit italienischen Renaissance-Ornamenten und Karyatiden versehen, zusätzlich mit einem Apollo gewidmeten, gigantischen Säulentempel als Gartenmittelpunkt. Getreu seiner Überzeugung forderte Edwin das Haus zurück, um es wieder in das Cerio-Anwesen einzufügen; er befreite es von jeglichem Renaissance-Schnickschnack und versetzte La Certosella in seinen ursprünglichen Zustand einer *casa mediterranea* zurück.

Zunächst ersetzte er die überladenen korinthischen Säulen des Apollo-Tempels durch einen *colonnato di casa contadina*, eine im schlichten dorischen Stil gehaltene Pergola, deren Säulen Kapitele aus grauem Sorrentiner Tuff erhielten. Pergolen waren eine Hauptkomponente der Rückbesinnung auf den *Capri-antica*-Stil, aber auch das symbolische Äquivalent zu den Eichen- oder Kastanienholzpfählen, die einst als Stützen der überall auf Capri wachsenden Weinreben und Kletterpflanzen in Gebrauch waren. Solche Pergolen dienten traditionell als Erweiterung eines Hauses. Mit Doppelsäulen ausgestattet, die weiß verputzt wurden, dienten sie, je nach Jahreszeit, auch landwirtschaftlichen Zwecken. In Form einer riesigen Laube nimmt Cerios quadratische *pergola rustica* in La Certosella die Umrisse des Hauptparterres im Garten auf. Unter dem Geflecht des Weins, der die Säulen der Pergola umrankt – er bildet laut Cerio »einen Schmuck, dem selbst der kunstvollste Putz nicht gleichkommt« –, pflanzte er Krokusse, Gladiolen, Narzissen, Junkerlilien, Veilchen, Oleander, Hortensien, Anemonen und Glockenblumen, allesamt zweifelsohne auf Capri heimische Pflanzen.

Und doch drehte sich der Wind letztlich und wirbelte die Blätter in La Certosella auf, denn heute beherbergt der Garten viele Pflanzen, die Edwin Cerio einst verbannt hatte. Wolken von Mimosen, in Queensland und Tasmanien heimisch, tauchen den Himmel während der Wintermonate in gelbes Licht. Die berühmte »Regina della Notte« (Königin der Nacht), die Gärtnern den Schlaf raubt, bis sie in einer einzigen Nacht des Jahres zum Blühen kommt, gehört zu den vielen exotischen Kakteenarten, die hier zu bewundern sind. Alte Gefäße für Olivenöl sind über und über mit roten Pelargonien und rosa Primeln bewachsen, Bougainvillea in unzähligen Varietäten hängen girlandenartig über den Portiken, und von Oktober bis Juni steuern die Strelitzien ihr leuchtend warmes Orange bei. Die Luft ist erfüllt von dem intensiven Duft von *Jasminum* 'Gelsomino', und Eibischpflanzungen (*Hibiscus*) in den buntesten Farben säumen die Wege unterhalb der Balkons der Villa.

LINKE SEITE: Der Eingangsbereich La Certosellas mit Sukkulenten erhält Schatten vom Laubdach einer Bougainvillea. LINKS: Cerio ersetzte Locles im Stil der Neorenaissance gestaltete Steinpergolen und Götterstatuen durch eine *pergola rustica*, wie sie die Bauern einsetzten, die den schlichten dorischen Stil der römischen Siedler der Antike aufgriffen.

Die prachtvollen Gärten von La Certosella werden von ihren heutigen Besitzern, Ilaria Iacona und ihrer Mutter Angela, auf das Beste betreut; die beiden haben La Certosella seit 1959 in eines der beliebtesten Hotels auf Capri verwandelt, und das mit Hilfe eines einzigen Gärtners – eine erstaunliche Leistung, wenn man das Ergebnis ihrer Bemühungen betrachtet. Die reich fruchtenden Limonen-, Orangen- und Pampelmusenbäume, deren Erträge zu frischen Säften und Marmeladen verarbeitet werden, finden unter den Hotelgästen höchste Anerkennung.

Reisende, die auf der Insel Ausschau nach *stile-di-Capri*-Gärten halten, sind hingerissen von der Authentizität, die sie hier, verborgen oberhalb einer Steintreppe, vorfinden. Obwohl La Certosella seine *caprisità* nicht mehr so streng und ausschließlich definiert wie ehedem, ist der Garten nach wie vor ein Musterbeispiel für die inselspezifische Vegetation.

OBEN LINKS: Unter Rückgriff auf die in der Gegend über Jahrhunderte tradierten Gartenstile, ist Edwin Cerio mit La Certosellas Eingang im frühen 20. Jahrhundert eine überaus sorgfältige Nachbildung gelungen. OBEN RECHTS: Rosen sind nicht selten auf Capri, aber die meisten blühen und vergehen, bevor die Hochsommerhitze einsetzt. RECHTS: Einst war dieser gotisch anmutende Brunnen im Herzen des Gartens die Hauptwasserquelle; heute ist er ein malerischer Blickfang für Myriaden von Pflanzen wie Rosen, *Euphorbia* und roten *Hibiscus* in Töpfen.

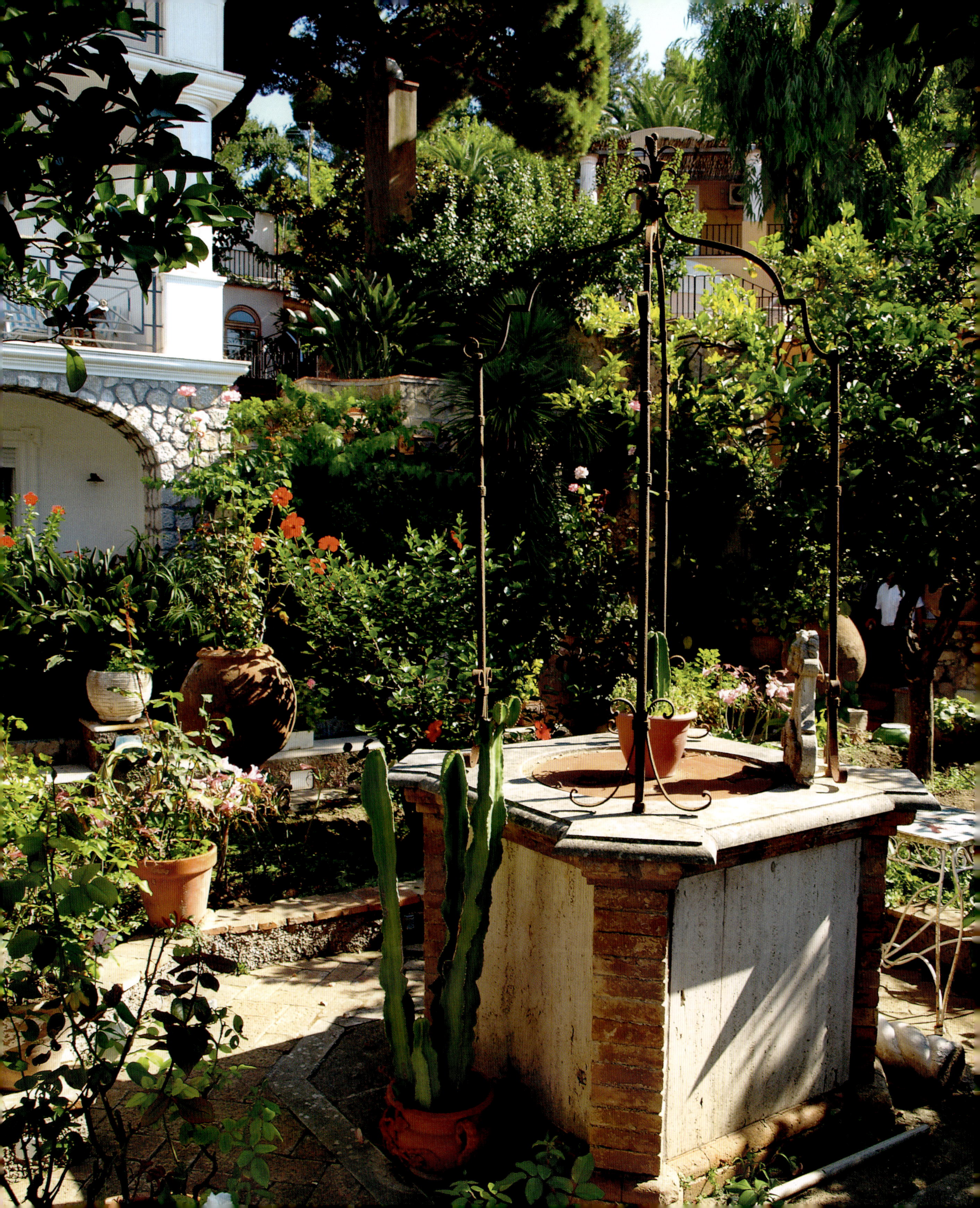

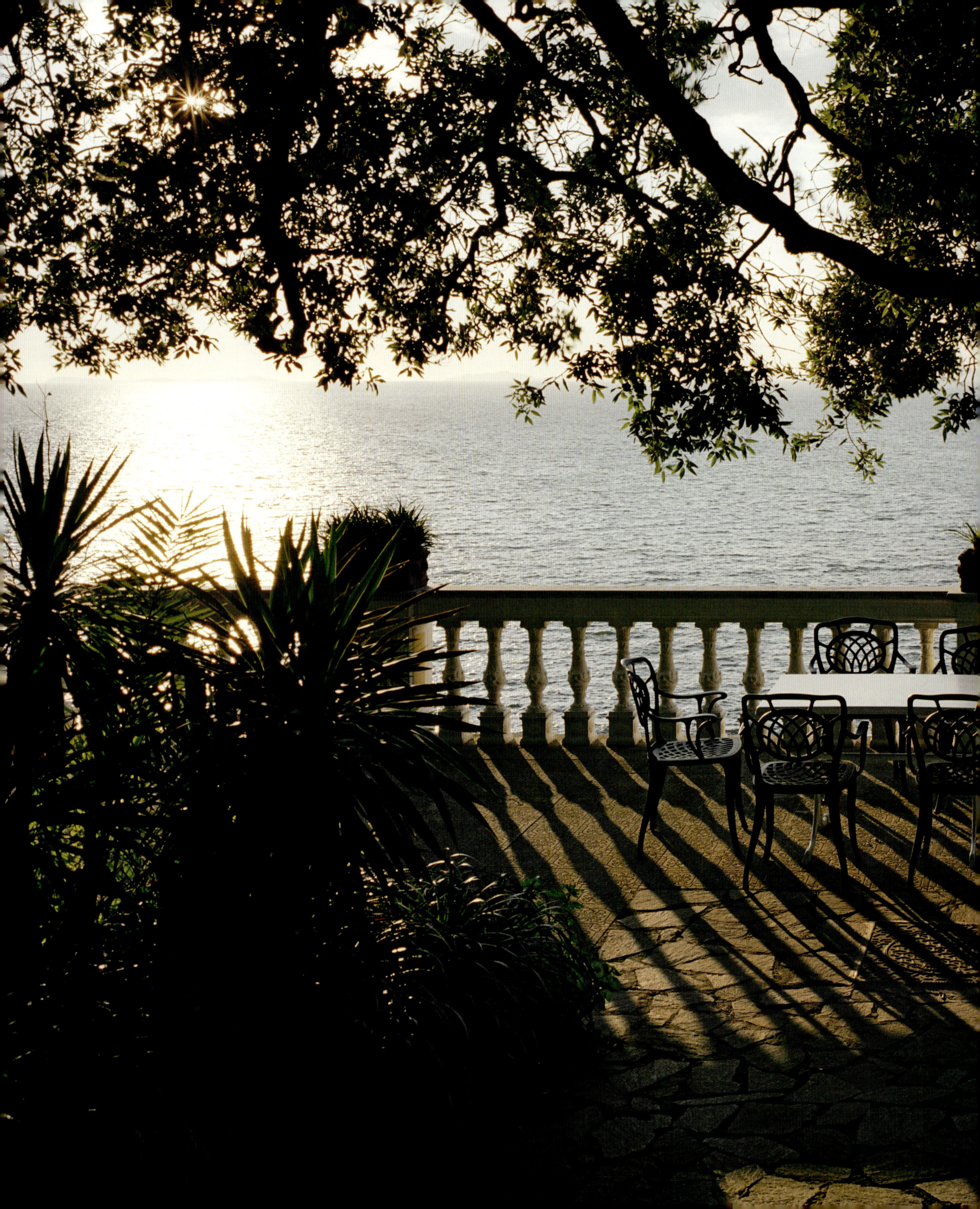

3

Das Land der Sirenen
Sorrent und die
Sorrentiner Halbinsel

Was macht Lord Astors Garten?
Villa Tritone, Sorrent

Was bereits die alten Römer am antiken Surrentum schätzten, seine Schönheit und Ruhe, lockte im frühen 20. Jahrhundert eine stetig wachsende Flut amerikanischer Millionäre an die Ufer von Sorrent. Die Vanderbilts und Mellons fanden sich hier in bester historischer und zeitgenössischer Gesellschaft: Kaiser, Poeten, Prominente jeglicher Couleur, europäische Adlige und Legionen Normalsterblicher – sie alle erlagen dem Zauber von Surrentum, dem »Land der Sirenen«.

1904 stieg William Waldorf Astor, betört vom »Gesang der Sirenen«, hier ab, der »Herr von New York« und reichste Mann der Vereinigten Staaten. Im Zug einer Reise nach Rom hatte er einen Abstecher nach Sorrent gemacht und war auf ein Anwesen von unschätzbarem Wert gestoßen: die über den Klippen liegende Villa, einst im Besitz von Agrippa Postumus, Enkel des Kaisers Augustus, des Begründers des römischen Kaisertums. Wo, wenn nicht hier, sollte sich ein Herrscher des 20. Jahrhunderts wie Lord Astor niederlassen?

Wie Edith Wharton, John Singer Sargent, Bernard Berenson und andere Amerikaner war der spätere Viscount Astor – George V. erhob ihn 1919 in Anerkennung seiner Millionenspenden für karitative Zwecke in den Adelsstand – ein Mensch, der die Kunst, fern der Heimat zu leben, perfekt beherrschte. Wie eine Gestalt aus Henry James »Die Gesandten« (The Ambassadors 1903, dt. 1956) erreichte er 1882 einen ersten Karrierehöhepunkt, als Präsident Chester Arthur ihn zum Botschafter der Vereinigten Staaten in Italien ernannte. In Italien zu leben, war in jenen Jahren für Amerikaner ganz und gar *up to date*. In einer Zeit, in der selbst die vornehmsten Familien Roms mit Armut zu kämpfen hatten, standen den amerikanischen Millionären Tür und Tor offen; so dauerte es auch nicht lange, bis Astor den spektakulären Palazzo Pallavicini-Rospigliosi in Rom erwerben konnte. Als Diplomat war er eine Fehlbesetzung – sein krankhaft scheues Wesen stand der Pflege gesellschaftlicher Verbindungen, die in diplomatischen Kreisen vonnöten ist, diametral entgegen –, doch fand er seine wahre Berufung als Sammler von Kunst, insbesondere von Antiken, die in Rom an jeder Ecke feilgeboten wurden.

1891 hatte Astor seine Nominierung für einen Sitz im US-Senat verfehlt, und, noch schlimmer, seine Frau hatte ihre Stellung als gesellschaftlich tonangebende Instanz verloren, die dann seine Tante, Caroline Astor, »The Mrs Astor«, übernahm. Das kränkte ihn zutiefst, und weil er ohnehin von Europas *allures de noblesse* hingerissen war, zog es Astor mit seiner Familie in ein Land, das einem Milliardär mit seinen Neigungen überaus angemessen schien: nach England. Die Zeit war reif, Amerika hinter sich zu lassen, und so zögerte der anspruchsvolle Connaisseur auch nicht länger, Wurzeln in seiner Wahlheimat zu schlagen, zumal Englands Herrschaftssitze selbst schon eine Verlockung waren.

So erwarb Astor 1893 Cliveden in Buckinghamshire, gleichsam Prototyp eines Herrenhauses, das er überreich mit Objekten aus der Zeit Ludwigs XV., mit römischen Sarkophagen und venezianischen Kassettendecken ausstattete. 1903 erwarb er Hever Castle in Kent – der Geist der unglückseligen Anne Boleyn lebt in diesem Schloss fort –, und ließ die Anlage um ein Tudor-Dorf und weitläufige Gärten erweitern. In dieser Phase seines Lebens versuchte er sich überraschend erfolgreich in den verschiedensten Disziplinen, denn Geld spielte schließlich keine Rolle; er kaufte in schneller Folge mehrere britische Zeitungen, erwarb Rennpferde, gründete ein literarisches Journal und gefiel sich in der Rolle des Schriftstellers mit zwei in der Zeit der italienischen Renaissance spielenden Romanen. Schließlich konzentrierte er einen Großteil seiner Energie auf ein Gebiet, das ihm weit mehr entsprach, auf die Kunst, und legte eine Sammlung an, die selbst Lorenzo de'Medici beeindruckt hätte. Und als er dann in Sorrent auf die einstige Villa des Agrippa Postumus, die Villa Tritone hoch über den Klippen, stieß, wusste er, dass er seine Sammlung römischer Antiken nirgendwo besser zur Schau stellen konnte als hier.

Von seiner Tuffsteinterrasse aus blickt Sorrent auf ein großartiges, im Bogen ausschwingendes Panorama: die gesamte Arena des Golfs von Neapel, von *bella Napoli* zur Linken bis zum Vesuv zur Rechten, dessen schemenhafte Präsenz der Landschaft unerwartete theatralische Intensität verleiht. Nach Norden erstreckt sich die ausgesprochen fruchtbare Ebene, Piano di Sorrento, deren *masserie* (Bauernhöfe) für reiche Erträge bekannt sind. Es ist eine Gegend, in

Die Banksrose (*Rosa banksiae*), eine Lieblingsrose der englischen Wahl-Capresen, wurde als Kletterrose oft verwendet, um den Blick auf die Bucht von Neapel zu rahmen.

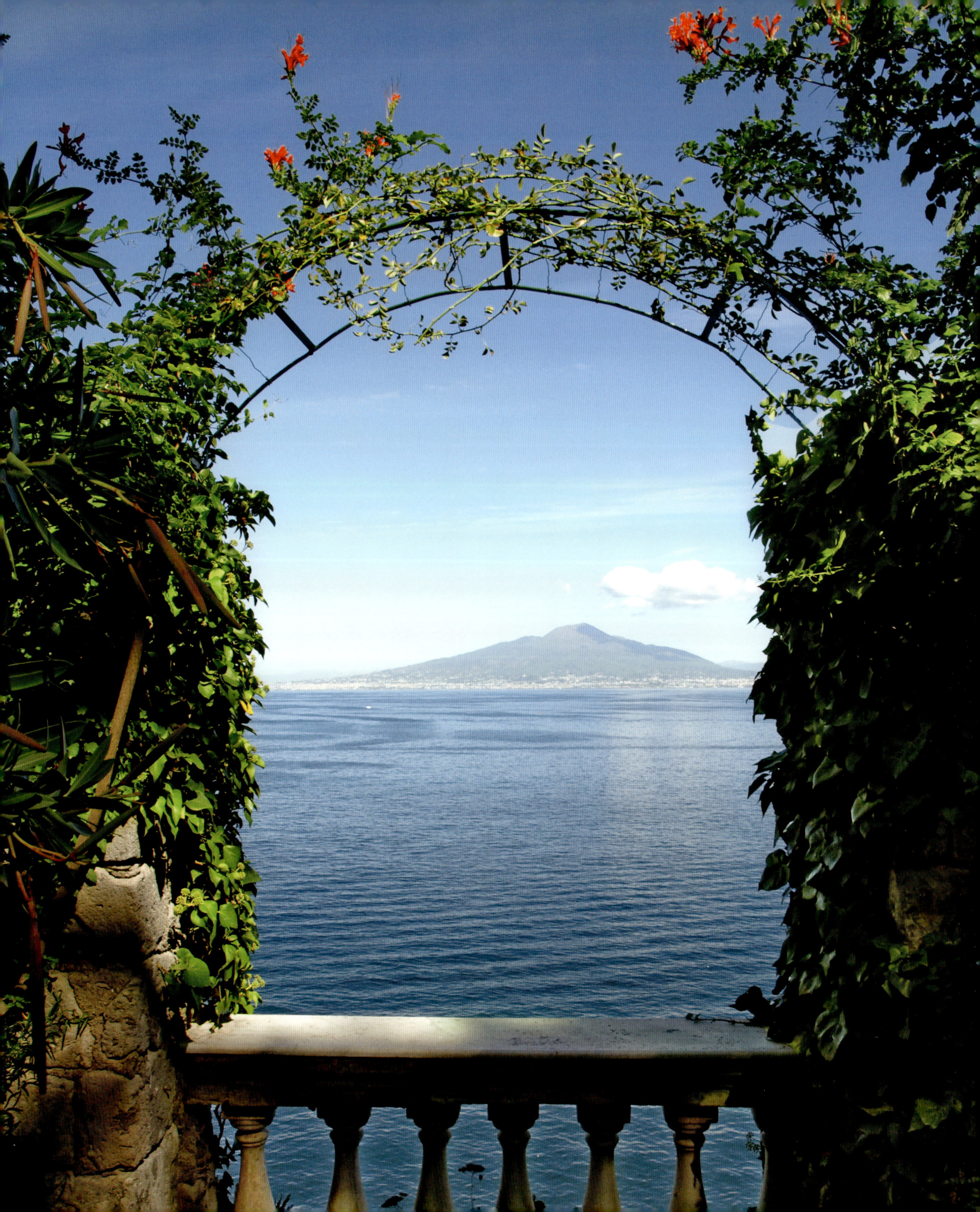

der die Luft von dem intensiven Duft der Orangenblüten erfüllt ist und sich die bekanntesten Zitronenhaine Italiens finden. Im Süden liegt das natürliche Amphitheater der Monti Lattari; dem Windschatten der Gipfel verdankt Sorrent Vegetationsbedingungen wie in einem Gewächshaus: Winter kennt man nur als Wort.

Schon im Altertum war Sorrent erklärtes Lieblingsziel der Reisenden. Ovid und Vergil flohen aus der zeitweise sengenden Hitze Roms immer wieder in dessen mildes Klima. Vergil, Verfasser der »Aeneis« und der »Georgica«, des Lehrgedichts über das Landleben, pflegte Surrentum der Muße, *otium*, zuzuordnen, nicht der Tätigkeit, *negotium*. Sorrent zog als Ort, wie geschaffen für Tagträumer, später, zur Zeit der Bildungsreisenden, Berühmtheiten wie Lord Byron, den Duke of Wellington, Sir Walter Scott und Johann Wolfgang von Goethe an. Giuseppe Verdi, Alexandre Dumas père und Oscar Wilde kamen – um hier Inspiration zu finden? Und ebenso erging es Kaisern und Königen – sie alle suchten der Menschenmasse, vielleicht auch den Maitressen zu entfliehen.

Die Villa Tritone hatte einmal dem Grafen Giovanni Labonia, einem Sammler-Konkurrenten Astors, gehört. Die damals noch unter dem Namen Aux Roches Grises bekannte Villa – eine Anspielung auf ihre Lage hoch oben auf einer Tuffsteinterrasse – war eingebettet in einen weitläufigen Garten, den der Graf angelegt hatte. In dessen Mitte fanden sich die Ruinen eines Klosters, das, von sarazenischen Piraten einst zerstört, im ausgehenden 16. Jahrhundert als Convento di San Vincenzo von den Dominikanern wieder aufgebaut wurde, und später als Rückzugsort Torquato Tassos (unmittelbar angrenzend: sein Familiensitz) berühmt wurde. Hier pflanzten die Mönche die ersten, aus dem Mittleren Osten eingeführten Zitrusbäume und legten damit den Grundstock für die großen Zitronen- und Orangenplantagen, die über Jahrhunderte eine bedeutende Einkommensquelle für Sorrent darstellten. Kurz nachdem Astor das Anwesen im Jahr 1905 gekauft hatte, leitete er die Restaurierungsmaßnahmen ein.

Die Villa liegt wie das Relikt eines längst vergangenen goldenen Zeitalters, was sie auch ist, auf einer bogenförmig ausschwingen-

OBEN: Die Südterrasse des Anwesens mit Blick auf Sorrents Marina Grande; sie beherbergt einen Steingarten mit Kakteen wie dieser *Agave americana*. RECHTS: Die Villa auf einem steil abfallenden Felsplateau war ursprünglich im Besitz des Grafen Labonia, dem sie als Aufbewahrungsort für seine archäologische Sammlung diente. Als Lord William Waldorf Astor das Anwesen übernahm, wurde sie vergrößert und umgebaut.

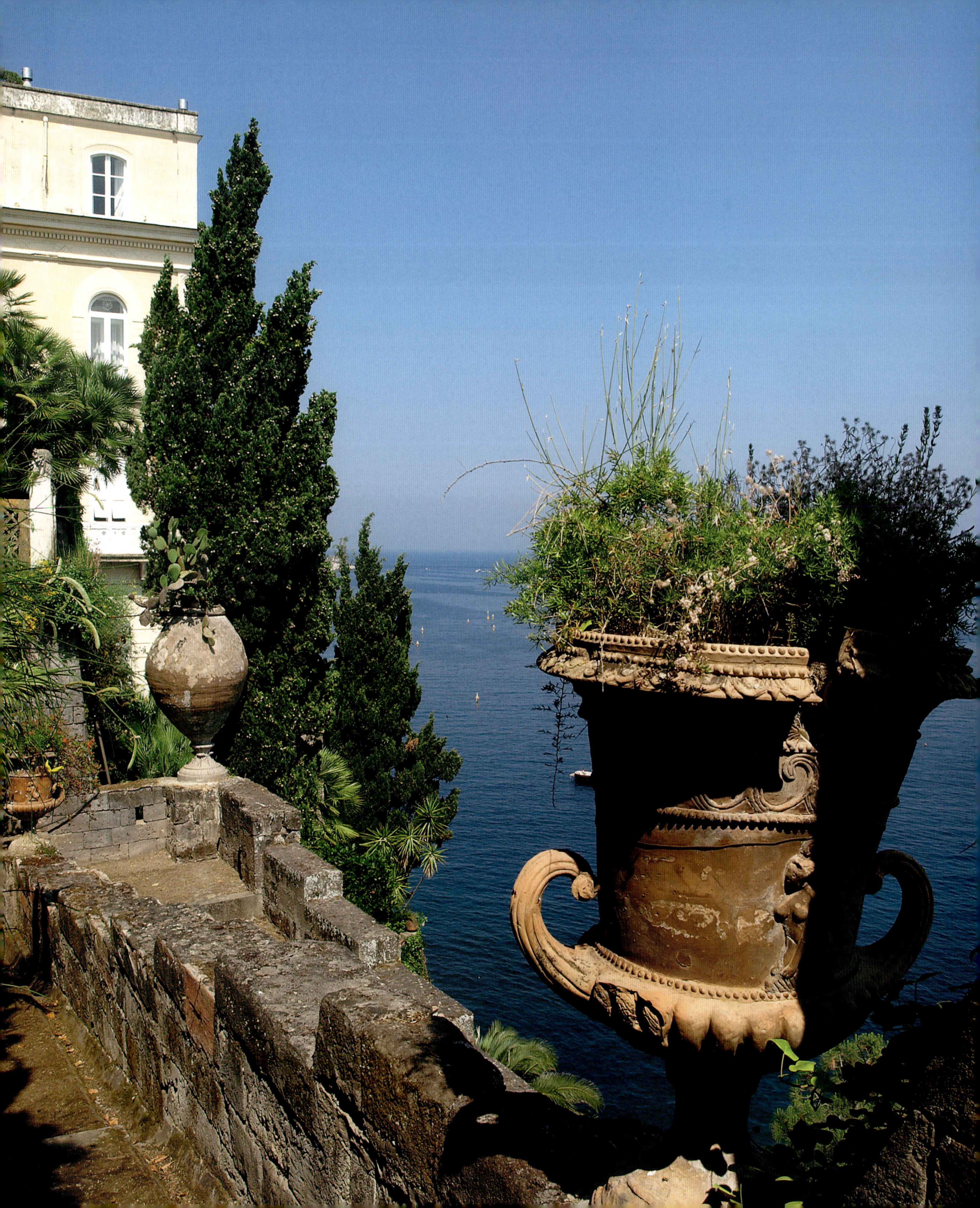

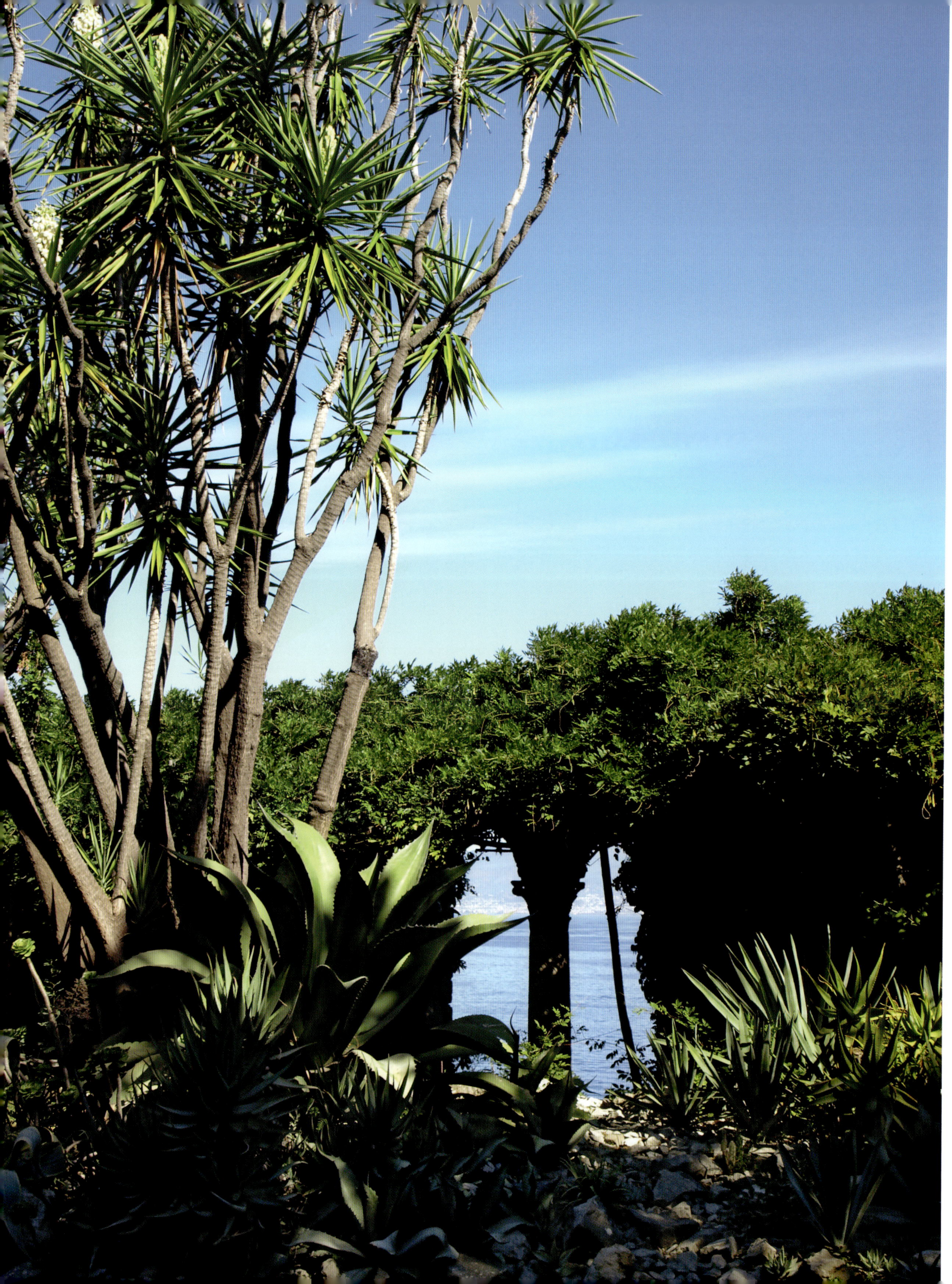

Links: Lord Astors Steinmauer mit ihren Öffnungen – hier ein römisches Biforium, das mit dem panaschierten Efeu weich abgerundet wirkt –, gilt manchen als Anlehnung an die Gestaltungsregeln des *shakkei*, der »geborgten Landschaft« der japanischen Ästhetik, wie sie in der edwardianischen Ära dem Zeitgeschmack entsprach. Unten: Lord William Waldorf Astor verstellte den spektakulären Blick auf den Golf von Neapel mit dieser Mauer, und manche nannten ihn deshalb als »Walled-off Astor«. Eine Barriere gegen den Seewind aber war unverzichtbar, die private Abschottung keineswegs der Hauptgrund für den Bau der Mauer. Die weißen Blüten der *Yucca elephantipes* und verschiedene Agaven-Arten prägen das Bild dieses Gartenabschnitts, die Glyzine (*Wisteria*) überzieht die Steinmauer im unteren Bereich.

den Klippe hoch über dem Golf von Neapel. Heinrich Schliemann, Entdecker des antiken Trojas, bezeichnete den Blick auf den Vesuv von diesem Hochplateau aus als den schönsten im Land, und der Zauber Sorrents ist nirgendwo augenscheinlicher als in den Gärten der Villa Tritone; ihren Namen verdankt sie einer aus dem 6. Jahrhundert v. Chr. stammenden Metope (Tontafel) eines Tritons an der dem Meer zugewandten Mauer des Anwesens. Heute gehört sie zum Besitz von Mariano und Rita Pane, die dem Anwesen sorgfältig und einfühlsam wieder zu seinem alten Glanz verholfen haben, ganz im Sinne William Astors.

Der Garten ist eine einzigartige Verbindung englischer und italienischer Gestaltung, durchsetzt mit malerischen, neogotischen Elementen, die sich über klassischer Grundlage vermischen, zu einem Glanzstück, ja, Monument eines Stils, der am ehesten als englische Exotik bezeichnet werden kann. Die Besucher sind ausnahmslos bezaubert von der Üppigkeit der Bäume und Pflanzen, die unter Girlanden von Weinranken, sattgrünen Palmen und Yucca-Horsten den Eindruck eines sorglosen Dschungels erwecken. Ein buntes Blütenmeer von Fuchsien, orangeroten Klivien und *Agapanthus* unterstreicht die Wirkung der von Zypressen gesäumten Wege und schattigen Alleen. Abschnittsweise folgen größere naturbelassene Bereiche, die sich ungehindert entfalten dürfen, während andere unter dem formaleren Diktat italienischer Gartengestaltung stehen, die ihre Wirkung einer entsprechend kunstvollen Bepflanzung mit minuziös geformten Blütenteppichen verdanken.

Und überall so viel Grün! »Die Grüntöne gehören zu den liebenswertesten Farben«, meint Rita Pane, Verfasserin von »Il Giardino« und »I Sapori del Sud«, einem Kochbuch mit süditalienischen Rezepten. Sie erfreut sich in Gartenkreisen der ganzen Welt großer Beliebtheit, und sie kümmert sich nicht nur um die Pflege des Anwesens, sondern führt Leute mit dem sprichwörtlich grünen Daumen immer wieder auch selbst durch die Gärten. »Sehen Sie nur, wie gut sich Grün mit anderen Farben verträgt«, sagt sie, um sich deutend, und fügt hinzu: »Es ist die kühlste aller Farben – Grün wirkt beruhigend auf das Auge und weckt die Lebensgeister. An

Stresstagen empfinde ich einen Gang durch diesen Garten wie eine wohltuende Augenmaske aus Kräutern!«

Rita Pane kennt jedes Pflänzchen im Garten wie eine Mutter ihre Kinder. Bei einer Führung erzählt sie, dass Astor viele Pflanzenschätze aus fernen Ländern importierte: *Beaucarnea* aus Mexiko, *Cycas* aus Polynesien und Australien, *Erythrina* aus Brasilien, *Strelitzia nicolai* aus Südafrika, *Chamaedorea* aus Nicaragua, *Jacaranda* aus Chile, *Araucaria* aus Patagonien und *Jubaea* aus Ägypten. Dabei soll sich Astor ständig ein Kopf-an-Kopf-Rennen mit der Fürstin Gortschakow geliefert haben, die mit gleicher Hingabe exotische Arten für ihren Villengarten in St. Agnello am Rand der Stadt sammelte (heute Parco dei Principi).

Die Gliederung des Gartens lässt Astors Schätze immer wieder als Überraschung erscheinen. Dichte *Cyathea*-, *Asplenium*-, *Nephrolepis*- und *Woodwardia radicans*-(Farne)Pflanzungen bilden den Hintergrund, vor dem schattige, naturbelassene unversehens in exponierte, sonnendurchflutete Bereiche übergehen; unvermittelt steht man einer mittelalterlichen Heiligenfigur gegenüber, die Wache zu halten scheint, oder trifft auf ein Belvedere, das einen Blick über den Golf von Neapel gewährt. In der Nachfolge des Grafen Labonia sah Astor den Garten als *passeggiata archeologica* (archäologische Promenade), und das üppige Grün ist die passende Kulisse für die Skulpturen.

Die Folge der Statuen beginnt mit einem Neptun aus dem Florenz des 18. Jahrhunderts, einer Figur, die, umgeben von einem Yucca-Hain, über dem Senkgarten-Parterre unmittelbar vor der Villa steht. Sie dürfte eine Anspielung darauf sein, dass Agrippa Postumus begeisterter Angler war und sich selbst gerne als Neptun sah – die alten Steinbecken, in denen er Moray-Aale züchtete, sind noch heute unterhalb der Villa am Rand des Wassers zu sehen. Die lebensgroße Skulptur, die auf einen Entwurf von Giambologna zurückgehen soll, erhebt sich über einem kleinen Seerosenteich an einem Ende des Parterres. Dieses Parterre enthält acht Beete mit silberlaubigem Lavendel und Wandelröschen, gerahmt von Marmorvasen, die mit weißen Pelargonien bepflanzt sind, und Mauern, über die weiße Kletterrosen ranken.

Von hier überblickt die alte Skulptur einer Sirene von ihrem Ehrenplatz in einem mittelalterlichen Triforium den Golf. Diese Figur führt zum außergewöhnlichsten Bauwerk des Gartens, einer 3 Meter hohen Steinmauer an der Gartengrenze, die den Blick auf die Bucht gezielt verweigert, bis auf drei schmale Öffnungen, die jeweils nur eine eingeschränkte Aussicht zulassen: ein Triforium, ein römisches Biforium und eine von einer Brüstung umschlossene Terrasse. Unkonventionell wie eh und je unterteilte Astor eines der am meisten bewunderten Panoramen ganz Italiens in drei szenische Bildausschnitte, indem er diese Öffnungen als Rahmen einsetzte. Einige Kunstwissenschaftler meinen, diese Idee sei dem ästhetischen Interesse an fernöstlichen Motiven geschuldet, die auch Astor für sich entdeckte. Im London des Fin de Siècle, wo Stilvorlieben sich ständig wandelten, verfiel man dem Zauber der japanischen Kunst und ihrer Vorstellung der »geborgten Landschaft«, *shakkei*: Ein Element außerhalb des Gartens, etwa ein Berg oder Hain alter Bäume, wird in die Gartengestaltung einbezogen und zur Abrundung der Komposition genutzt. Im Rahmen vertrauterer Vorstellungen: Astor mag diese drei »Gemälde« der Bucht unter dem Einfluss des *vedutismo* inszeniert haben, jener Schule der Landschaftsmalerei des 19. Jahrhunderts, die ganz im Zeichen malerischer Ausblicke stand.

Es gibt aber noch eine andere, wesentlich prosaischere Erklärung für diese Gestaltung. Hatte der introvertierte Finanzier nicht schon in ein Wespennest gestochen, als er auf seinen Anwesen Cliveden und Hever Castle um seiner Privatsphäre willen Mauern errichtete, die vielgerühmte Szenerien der englischen Landschaft gänzlich verunstalteten? Kein Wunder also, dass William Waldorf Astor in den Zeitungen und Journalen fortan nur noch als »Walled-off Astor«, der durch Mauern abgeschottete Astor, bezeichnet wurde. Wie dem auch sei, die auf das Meer ausgerichtete Mauer gewährt dem Besucher das einzigartige Vergnügen geradezu voyeuristischer Blicke auf den Golf von Neapel.

Parallel zu der Mauer verläuft eine Allee im Schatten eines Dickichts aus *Elaeagnus pungens* und gelben Banksrosen. Diese Allee führt zu einer langen Marmorbalustrade, die zur Sonne und zum Meer hin offen ist und in gebieterischer Ordnung die Steinbüsten antiker Götter wie Merkur, Bacchus, Jupiter, Juno und Mars trägt, jede auf einem eigenen Sockel. Deren erhabener Ausdruck verleiht der Szenerie den gravitätischen Ernst von Jahrhunderten, auch wenn sie keineswegs antik sind: Astor hatte sie bei dem viktorianischen Maler Lawrence Alma-Tadema in Auftrag gegeben, dessen minuziös detailgetreue Gemälde von römischen Marmorplastiken, Mosaiken und Mädchen in Anspielung auf das englische Wort *marble*, Marmor, vom Satire-Magazin »Punch« als »marbellous« bezeichnet wurden. Astor hatte Alma-Tadema auf einer der Montags-

Rechts: Ein Biforium rahmt den klassischen Blick auf den Vesuv. FOLGENDE DOPPELSEITE LINKS: Den leuchtendsten Farbfleck im Garten bilden die feuerroten Blätter einer *Erythrina christa-galli*. FOLGENDE DOPPELSEITE RECHTS: Ein Brunnen aus Lord Astors Sammlung markiert das Ende dieses Wegs – flankiert von Palmen in Terrakottatöpfen, eingefasst mit orangerot blühenden *Tritonia crocata* und überdacht von einer Kastanienholz-Treillage mit weißen Banksrosen.

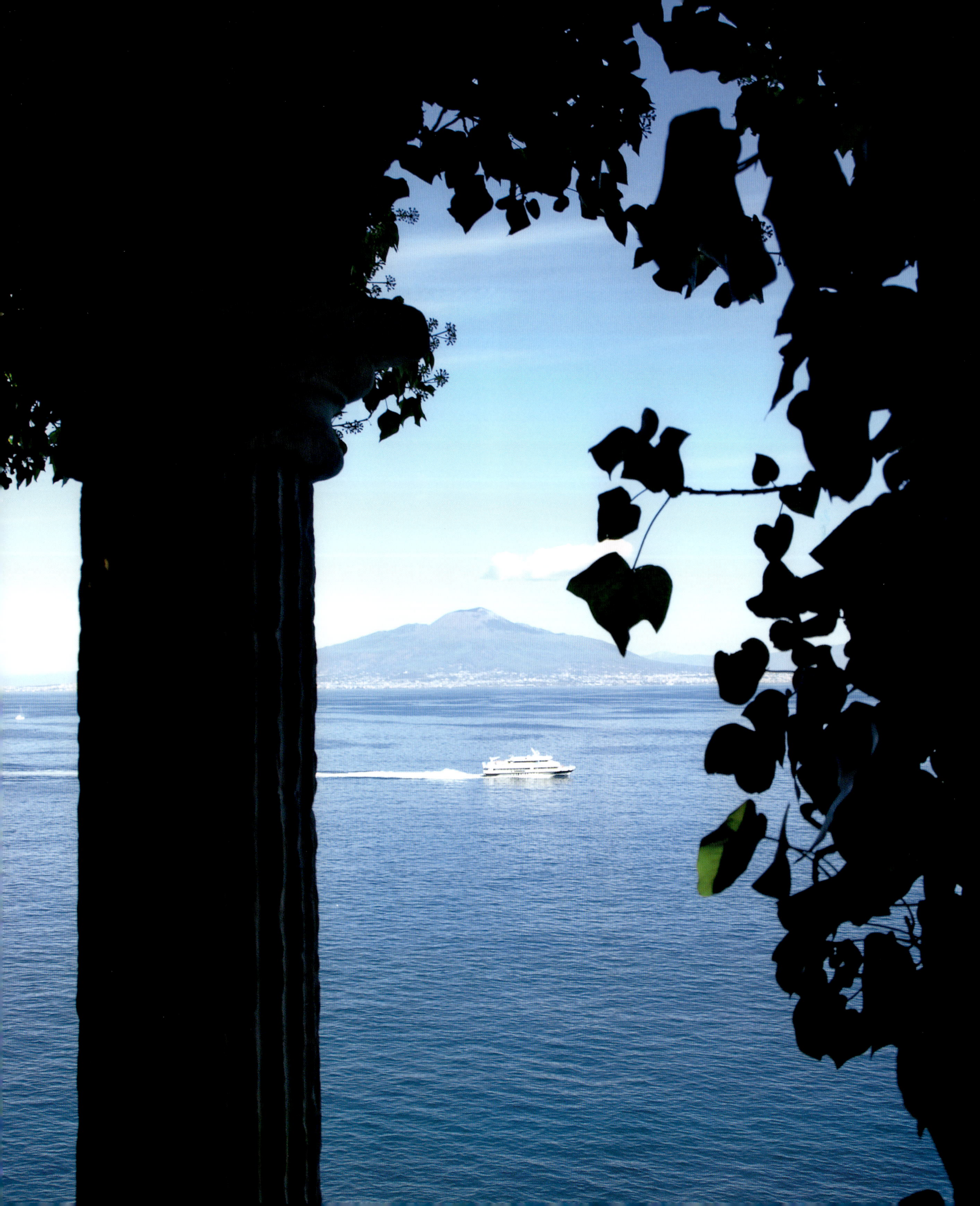

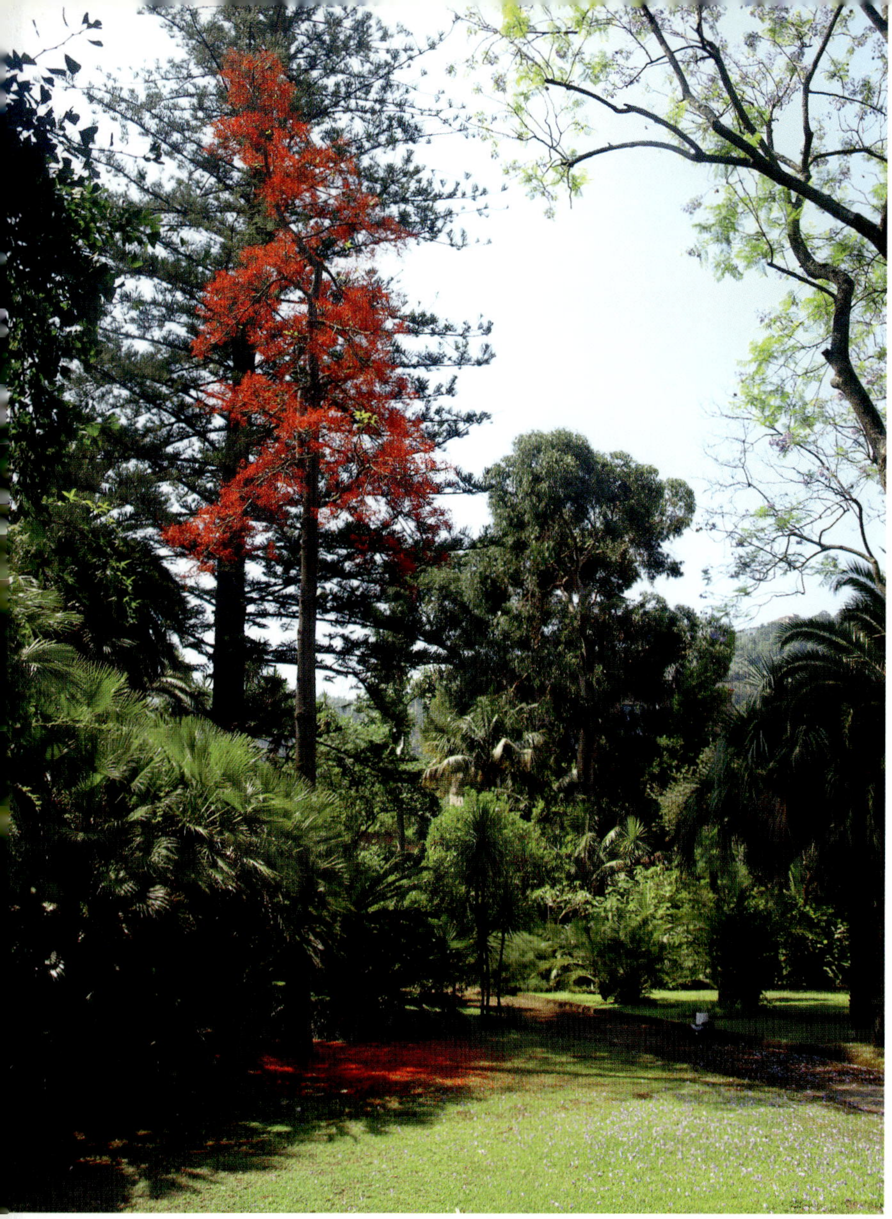
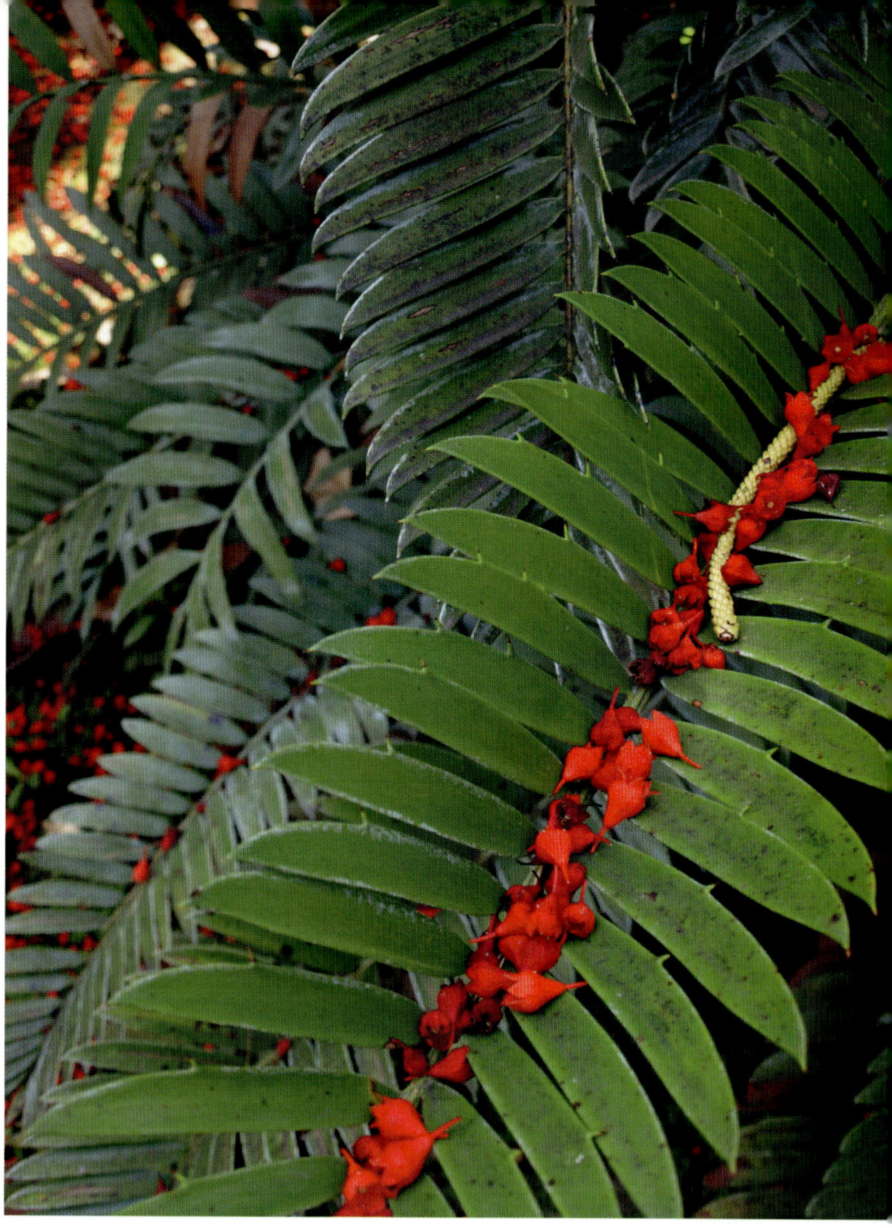
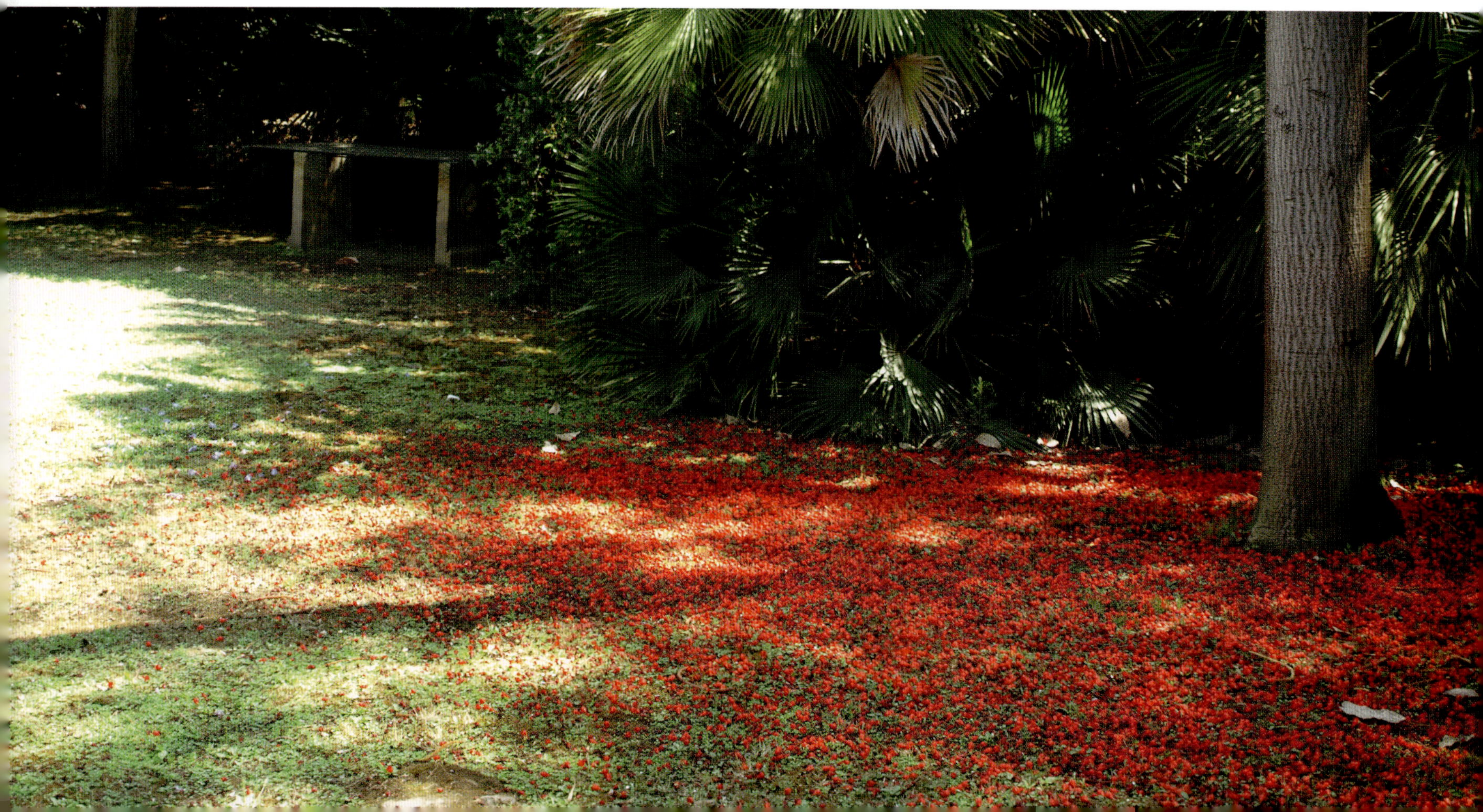

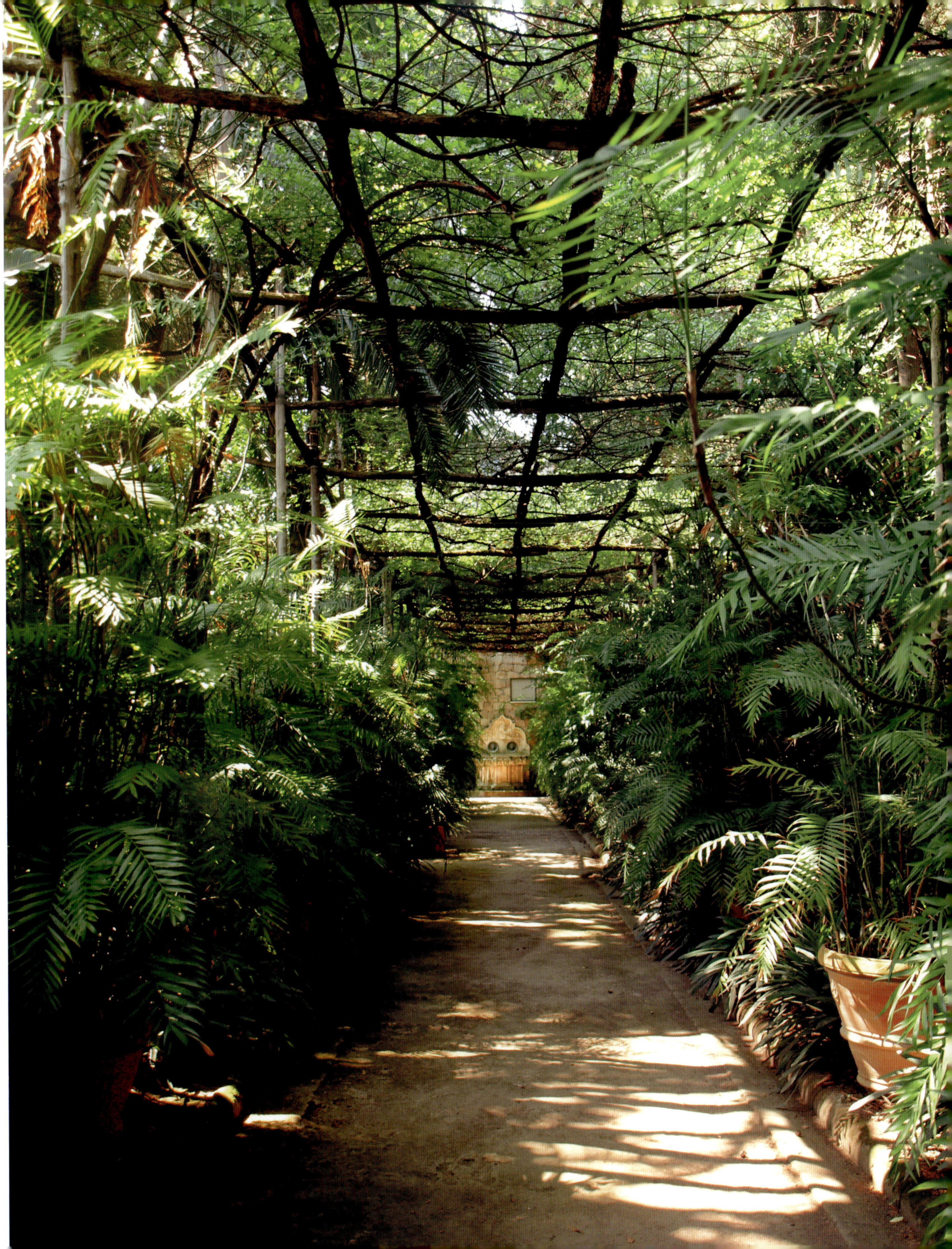

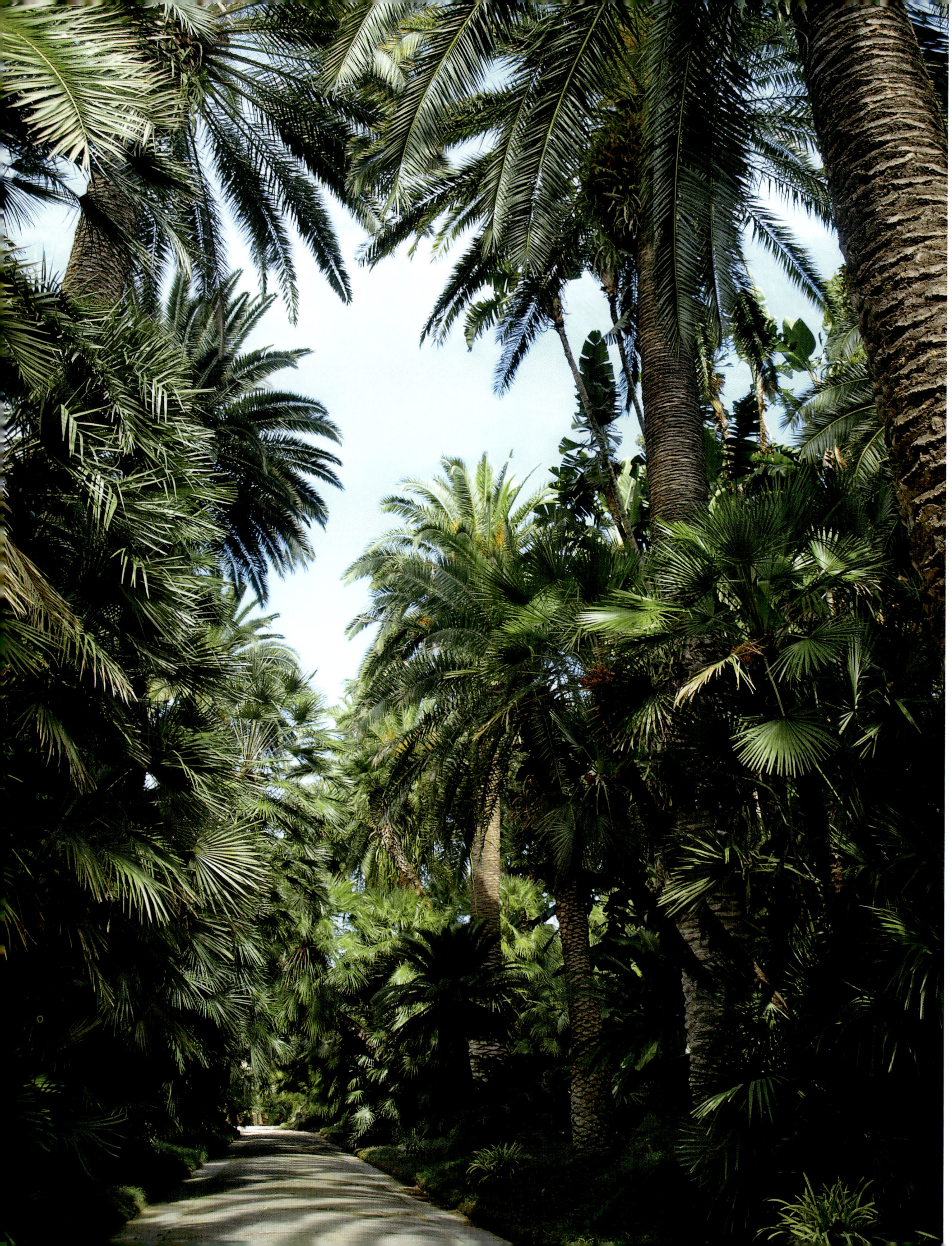

gesellschaften des Künstlers kennengelernt, dessen Wohnräume in St John's Wood in London als Inbegriff eines pompejanischen Palastes galten und auf Astor eine unwiderstehliche Anziehung ausübten.

Der Blick dieser antiken »Jury« ist auf eine Allee von *Chamaedorea elegans* gerichtet, Bergpalmen, die sich über eingetopften Palmen und leuchtend orangeroten *Tritonia crocata*-Stauden erheben. Eine Kastanienholz-Treillage, die die Allee überspannt, ist im Juli und August üppig mit weißen Banksrosen überzogen. Von hier aus gelangt man auf einen gewundenen Steinweg, »vielleicht eine weitere Anleihe bei der japanischen Ästhetik mit ihrer Forderung, ›stets der Wellenlinie zu folgen‹ und die Geraden zu vermeiden«, vermutet Rita Pane. Der schmale Weg schlängelt sich zwischen *Dracaena*, Farnen und Agaven weiter, immer im Schatten von Palmen, bis hinter einen Seerosenteich, den zwei Bronze-Tritonen bewachen, zu beeindruckenden Beeten mit alten *Yucca elephantipes* und einem Steingarten mit den unterschiedlichsten Kakteen und Euphorbien.

Nicht weit von einer gotischen Brunneneinfassung, dem einzigen Rest des mittelalterlichen Mönchsklosters, das einst hier stand,

LINKS: Den Zugangsweg säumen exotische Palmenarten, darunter *Phoenix canariensis* und mediterrane Fächerpalmen (*Chamaerops humilis*). OBEN LINKS: Kleine Sukkulenten finden sich im Steingarten der Südterrasse zusammen mit großen kugelförmigen Kakteen, die unter dem Namen Schwiegermutterstuhl (*Echinocactus grusonii*) bekannt sind. OBEN RECHTS: Umschlossen von einem *Yucca*- und Palmenhain, herrscht diese Skulptur, eine Nachahmung von Giambolognas *Neptun*, über einen Seerosenteich und ein mit silberlaubigem Lavendel bepflanztes Parterre.

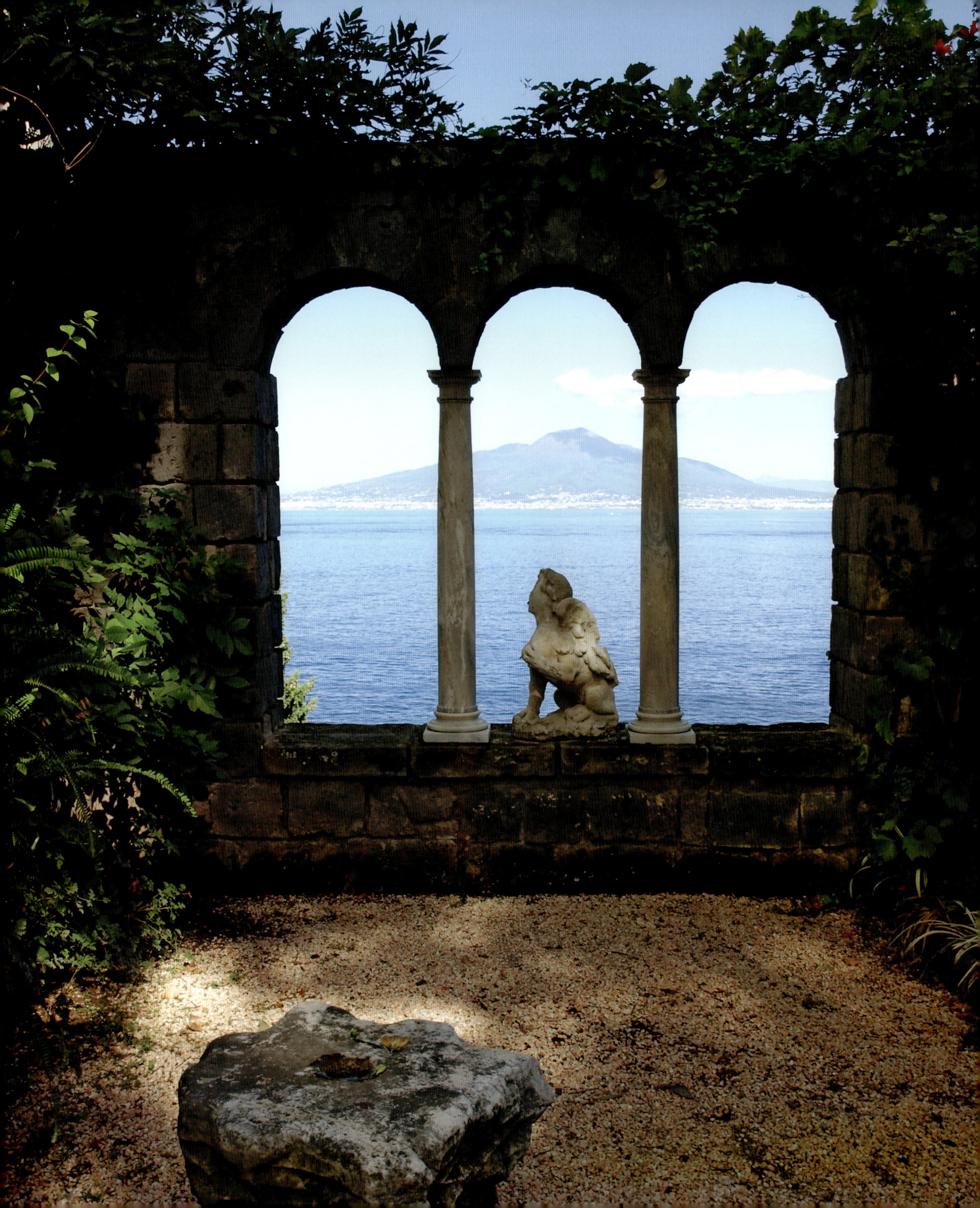

Konzipiert als *passeggiata archelogica* (archäologische Promenade), beginnt der Hauptweg durch den Garten mit dem Belvedere der Sirenen (links) und endet mit der Westterrasse (rechts) im Angesicht der omnipräsenten Vesuv-Kulisse als Vordergrund und Mittelpunkt.

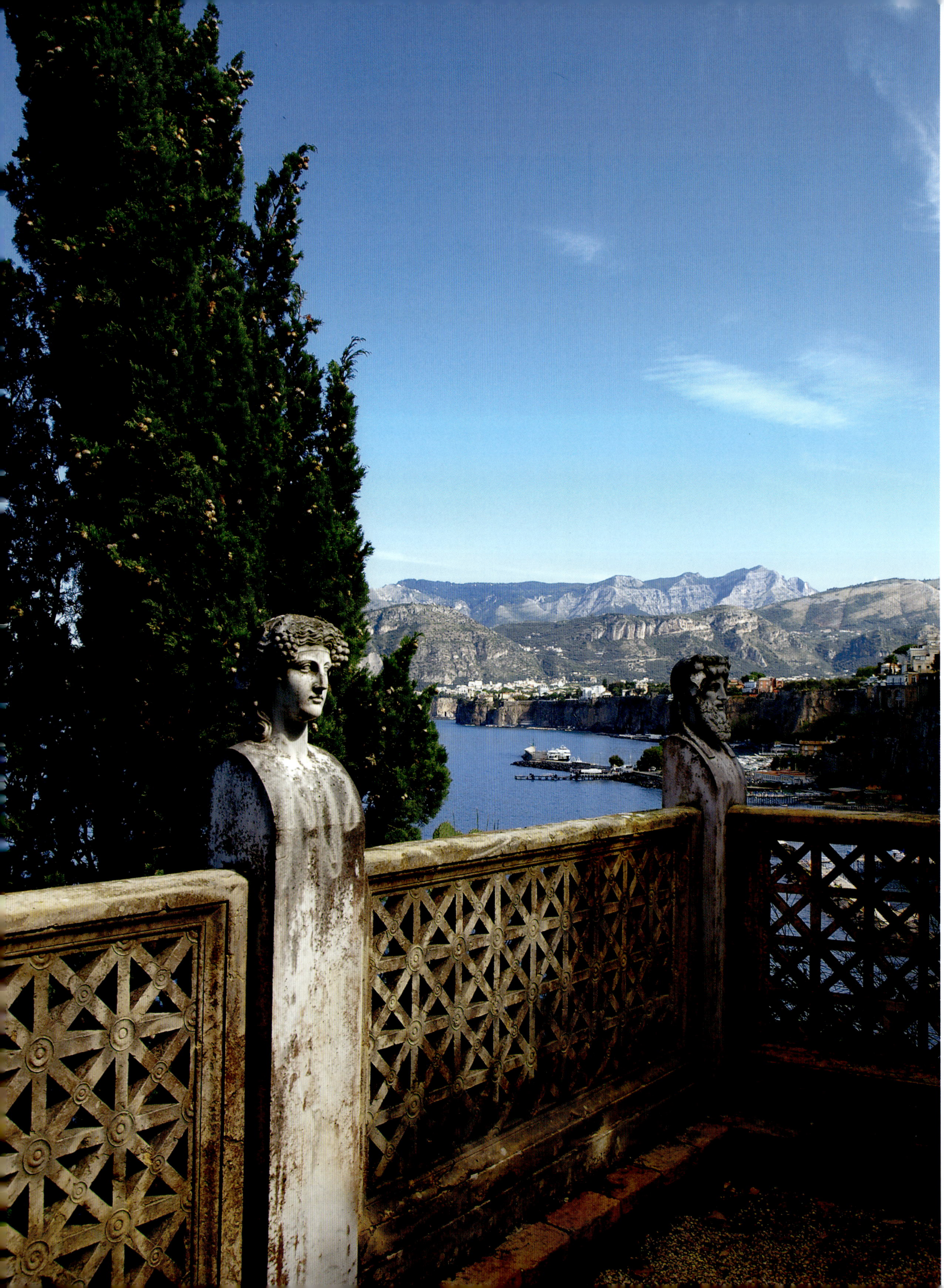

Links und rechts: Von Sir Lawrence Alma-Tadema eigens für Lord Astor geschaffen, schmücken Götterbüsten, etwa Merkur, Bacchus, Jupiter, Juno und Mars, die Brüstung mit Blick auf den Golf von Neapel.

steht der Lieblingsbaum der Besitzerin: ein *Erythrina christa-galli*, der im Mai und Juni leuchtend korallenrote Blätter trägt, weshalb sie ihn »Gartenknallfrosch« nennt. Dahinter sieht man ein gotisch anmutendes, in eine Mauer eingelassenes Tor und zu dessen beiden Seiten Nischen, die Skulpturen der Antike wie des Mittelalters, darunter einen heiligen Johannes und eine Madonna mit Kind, beherbergen. Von hier aus führt der Weg zum östlichen Gartenbereich, in dem ein Alkoven, nach dem Vorbild eines antiken *opus reticulatum*, die Kulisse für einen frühchristlichen Sarkophag bildet. Eine riesige Juno-Statue beherrscht diesen Bereich und erinnert daran, dass Astor sich nicht mehr für edwardianische Opulenz interessierte, vielmehr nun besonders für römische Monumentalität.

William Astor kehrte erst in gesetztem Alter nach England zurück, womöglich um seiner neuen Liebe, Lady Victoria Sackville-West, der Mutter von Vita, näher zu sein. Von 1905 bis etwa 1915 war Sorrent sein Shangri-La, das zu verschönern er nicht müde wurde. Anstelle des mittelalterlichen Klosters ließ er eine Marmorterrasse von solcher Großartigkeit errichten, dass ihre Vorgänger in Athen und jene in den Filmen Cecil B. DeMilles dagegen verblassten. Die Terrasse wurde zum Standort der Villa Pompeiana, Astors Nachbildung des Hauses des Vettii, das im Zuge der Ausgrabungen von Pompeji entdeckt worden war. An diesem Bau im Stil eines Lustschlosses hätte Alma-Tadema größten Gefallen gefunden, hätte er ihn nur je gesehen. Im Inneren erstrahlten die in den Farben des Abendrots bemalten Paneele und Wände, auf denen sich, dem pompejanischen Stil des 2. Jahrhunderts n. Chr. nachempfunden, Nymphen und Meereswesen tummelten. Die Villa ist heute Teil des eleganten Hotels Bellevue Syrene. Historiker mögen anführen, die Villa Agrippa Postumus sei schon seit langem verschwunden, doch angesichts dieser Hommage William Waldorf Astors für jenes Zeitalter kann man nur fragen: »Wirklich?«

Heute scheinen die Blüten im Garten der Villa Tritone zu lächeln, wann immer Rita Pane an ihnen vorübergeht, vor allem wenn sie die Tore schließt und auf der moosbedeckten Terrasse barfuß den Blick vom südlichen Ende des Anwesens auf Sorrents Marina Grande genießt. Die Moose bleiben selbst in den Wintermonaten grün, und Rita Pane meint, zum Besichtigen des Gartens gebe es nicht eine »richtige Zeit«. »Jeden Morgen empfinde ich eine neue ›beste‹ Zeit irgendwo im Garten«, sagt sie mit wissendem und liebevollem Lächeln.

Der Gesang der Sirenen
Li Galli, Positano vorgelagert

Wie eine Bildhauerin hat die Natur seit Urzeiten die Gestalt der sorrentinischen Halbinsel modelliert. Bizarre Vorgebirgsspitzen, sichelförmige Buchten und skulpturale Klippen zeugen von ihrem kraftvollen Gestaltungswillen. Hier, in den Bocche di Capri, die die zwei schönsten Buchten der Welt trennt, war für sie der ideale Ort, drei Felsen ins Meer zu schleudern: Li Galli. Diese Inseln scheinen sich wie geologische Puzzleteile zusammenzufügen oder wie Teile einer Henry-Moore-Plastik. Ungeachtet ihrer geringen Größe kommt ihnen im Reich der Sage immense Bedeutung zu, als Felsen der häufig in Dreizahl auftretenden Sirenen.

Man verlässt das Schiff in Erwartung eines ursprünglichen Strands, urweltlicher Felsen, einer Sandküste mit Scherben klassischer Amphoren und einem alten römischen Anker. Doch der Anblick jugendlicher Göttinnen, die, in ihren Bikinis alten Statuen gleich, von einer nahen Yacht ins Meer tauchen, bringt einen in die Gegenwart zurück. Heute sind die Sirenen nicht nur für eine wirkmächtige Erzählung gut, sie sind auch ein Symbol für Reisende, die in eine neue Heimat aufgebrochen sind.

Einer von ihnen war der Star des Ballets Russes (1914–1918), der Choreograph und Tänzer Léonide Massine, für den Li Galli das Paradies bedeuteten; über fünfzig Jahre kam er immer wieder hierher. Ihm folgte 1989 die russische Ballettlegende Rudolf Nurejew, der, offenbar gleichfalls dem Lockruf folgend, die Inseln zu seiner Wahlheimat machte. Die Schicksalsgöttin wollte es, dass der in Sorrent ansässige Hotelier Giovanni Russo, Besitzer des legendären Hotels Bellevue Syrene, 1996 von dem Verkauf des Nurejew-Nachlasses erfuhr: Mit dem Erwerb der Inseln machte er dem Namen seines Hotels alle Ehre.

Heute, wie in der alterslosen Antike, verzaubern Li Galli nach wie vor. Stets gefährdet durch die Launen der Natur, liegen die drei Inselchen wie Symbole vor der Punta Campanella der sorrentinischen Halbinsel. Das Trio besteht aus Gallo Lungo, der größten, geformt wie der Halbmond, der zierlicheren Brigante, aufgrund ihrer Felsform auch unter dem Namen Castelluccio bekannt, und der

Ob man Li Galli nun mit dem legendären Sitz der Sirenen oder der letzten Bleibe Rudolf Nurejews verbindet – die mit Aleppo-Pinien und *macchia mediterranea* (Macchia) bewachsenen immergrünen Inseln haben sich über die Zeiten hinweg kaum verändert.

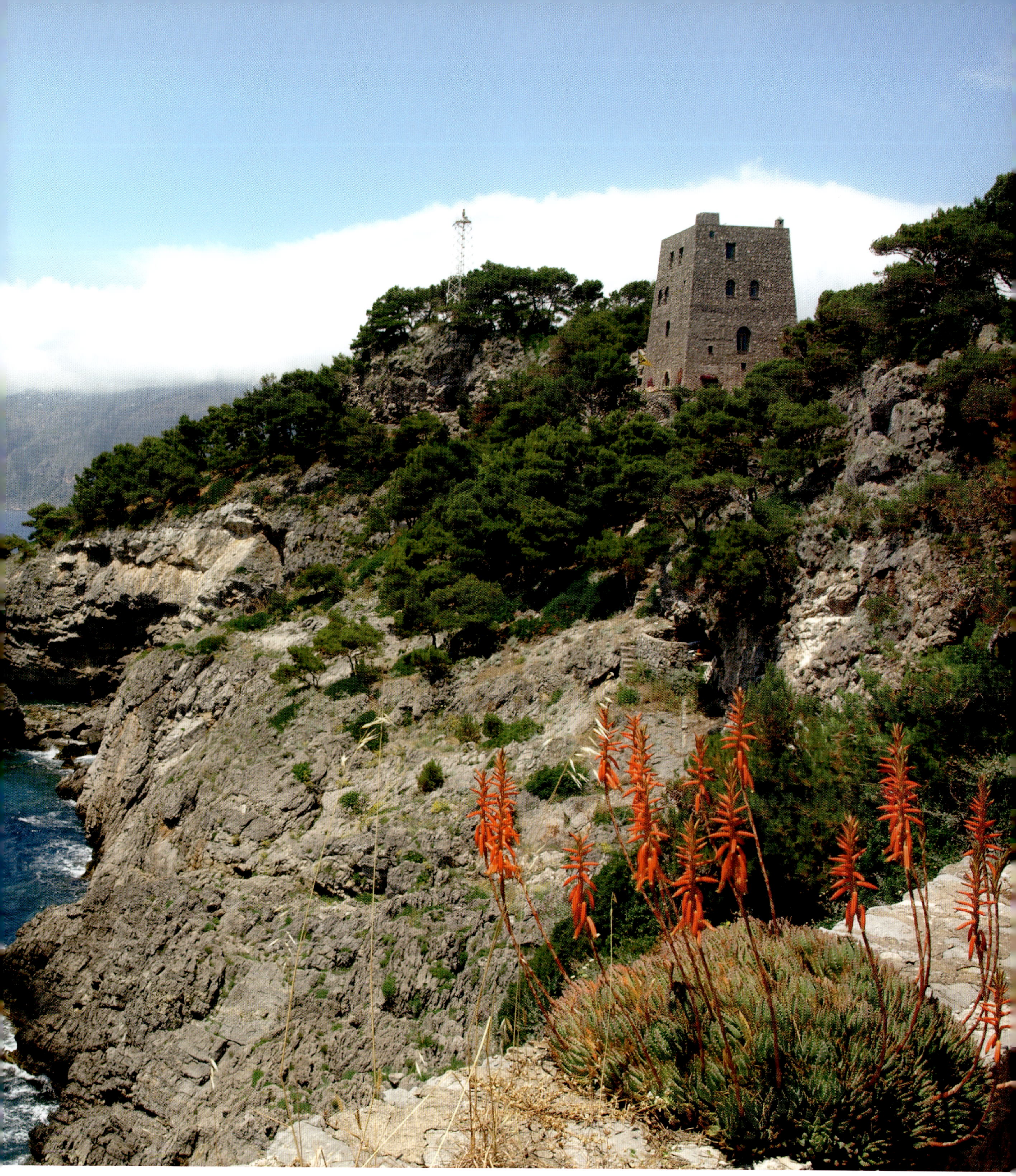

nahezu runden Rotonda. Fast könnte man sie für riesige Anker aus Stein halten, als drohte ohne sie das Festland seine Taue zu lösen, um davonzusegeln. So unvermittelt wie eine Oase in der Wüste, hier einer Wüste von *verdazzuro*, blaugrünem Wasser, ragen sie aus dem Meer, gleich einem Amalfi-Atoll. Der Punta Campanella wie ein Miniatur-Capri vorgelagert – das wahre Capri ragt wie die massige Gestalt des Felsens von Gibraltar am nahen Horizont auf –, sind sie klein genug, um der Einbildungskraft groß zu erscheinen. Die drei felsigen Inseln wirken, vom Festland aus betrachtet, wie eine einzige Insel, die von bestimmten Punkten aus an die Silhouette einer im Wasser liegenden Frauengestalt erinnert. Kein Wunder also, dass die Gruppe auch die Sirenusen heißt, da frühe Seefahrer sie für die Spukgestalt der berüchtigten Sirenen hielten.

Heute weiß man, dass die Sirenen-Sage aus der östlichen Mythologie stammt; mit phönizischen Händlern, die das westliche Mittelmeer erkundeten, kam sie nach Griechenland. Diese Händler legten auf der Fahrt von Ischia nach Positano häufig auf Li Galli an, zumal die Inseln den Ruf eines hervorragenden Ankerplatzes hatten. Neuen Erkenntnissen zufolge geht der Name Li Galli allerdings nicht, wie ursprünglich angenommen, auf das Wort für Hähne zurück, abgeleitet von der vor allem mittelalterlichen Vorstellung von den Sirenen als Harpyien (Sturmdämonen in Mädchengestalt, mit Vogelflügeln und Klauen), sondern vielmehr auf *gaoul*, das phönizische Wort für Schiff. Irgendwann im Mittelalter wurden Li Galli als Guallum bekannt, in dem der phönizische Name anklingt.

Zur Zeit der antiken griechischen Kolonie hieß die erste Siedlung auf dem Gebiet des nahegelegenen Neapels Parthenope, wie die Königin der Sirenen. Literarische Unsterblichkeit erlangten die Inseln in Vergils Epos »Aeneis«, jener Geschichte des Trojaners Aeneas, der auf seiner mythischen Reise zur Mündung des Tibers an der Amalfiküste vorbeikam. Kaiser Tiberius und sein Hofstaat sollen vom nahen Capri aus wiederholt zu den *isole* gesegelt sein, um herauszubekommen, ob sie den Gesang der Sirenen hören könnten, der wohl dem in Höhlen widerhallenden Wellenrauschen oder aber den Lauten der Seehunde, die sich in den Gewässern tummelten, geschuldet sein musste. In der Zeit des Heiligen Römischen Reichs dann teilten Kaiser Friedrich II. und König Robert von Anjou Li Galli in Lehensgüter auf und verwandelten den altrömischen Leuchtturm in eine Festung zu Abwehr der zunehmenden Angriffe von Plünderern.

Auf den süditalienischen Handelsstraßen hatten arabische Seeräuber und türkischer Freibeuter es immer wieder auf die mit Seide und Gewürzen beladenen Schiffe auf ihrem Weg von Konstantinopel nach Amalfi, 16 Kilometer südlich von Li Galli, abgesehen; und so entwickelte sich Amalfi zur ersten bedeutenden Seerepublik des hohen Mittelalters. Der Rückgriff auf den Sirenen-Mythos könnte ganz einfach Ausdruck der Panik gewesen sein, die die Seeleute erfasste, wenn sie die von Piraten bedrohten Wasserstraßen durch-

OBEN LINKS UND RECHTS: Der aragonesische Turm, im 15. Jahrhundert von den neuen spanischen Herrschern Neapels zum Schutz vor sarazenischen Piraten errichtet, wurde von dem Choreografen und Tänzer Léonide Massine in eine palastartige Residenz mit Tanzstudio verwandelt, ergänzt um eine Terrasse, die groß genug für Ballettaufführungen war. Oben Mitte: Blick von der Hauptterrasse auf Gallo Lungo, der größten der drei Li-Galli-Inseln, auf Brigante und Rotunda, die anderen beiden Stars dieser Felstrilogie.

kreuzen mussten. Diese Gefahr wuchs mit dem Untergang des Römischen Reiches, das auch die Vorherrschaft über die Meere verlor.

Die Inselgruppe Li Galli liegt in den oft windstillen Gewässern zwischen dem Golf von Neapel und dem Golf von Salerno. Zeugnis davon gibt Goethe (14. Mai 1787, »Italienische Reise«): Sein Schiff geriet auf der Rückfahrt von Sizilien nach Neapel bei Li Galli in eine derartige Flaute, dass die in diesem Gebiet heftigen Meeresströmungen es in den Untiefen von Li Galli fast zum Kentern gebracht hätten. Wo kein Wind die Segel bläht, glaubten die Schiffer die Sirenen der Galli-Inseln am Werk.

Die Sirenen erscheinen in der Salonmalerei des 19. Jahrhunderts verführerisch über meerumbrandete Felsen geneigt, in der Hand die Lyra, die Zimbeln schlagend, um sie verstreut Juwelen und menschliche Knochen, und sie inspirierten die Dichter, von John Milton (1608–1674) bis Hans Christian Andersen (1805–1875), dessen »Kleine Meerjungfrau« nach einem Kurzurlaub auf Capri entstand.

Der nach eigener Aussage »luckissimo« Giovanni Russo erwarb Li Galli 1996 aus dem Nachlass Rudolf Nurejews, der Jahre mit der Restaurierung der Inseln zugebracht und der Villa sowie dem aragonesischen Turm aus dem 15. Jahrhundert besondere Sorgfalt hatte angedeihen lassen. So waren die Innenräume mit wertvollen blauen Sevillaner Keramikfliesen des 19. Jahrhunderts ausgestattet worden, die an jene Zeit erinnern, als der sarazenische Einfluss am angevinischen Hof im nahen Neapel bestimmend war – Fliesen als solche waren unverzichtbar, weil die Seeluft jede Wandmalerei zerstört. Giovanni Russo jedoch war der erste, der die Leistungen Léonide Massines anerkannte, denn dieser hatte schließlich entscheidend dazu beigetragen, aus den drei Rohdiamanten Li Galli Juwelen zu machen.

Léonide Massine ist einem breiteren Publikum in der Rolle des Schuhmachers in »Die roten Schuhe« bekannt, dem 1948 gedrehten, preisgekrönten Tanzfilm, für den er auch das Titelballett choreographierte, getanzt von Moira Shearer. Sein legendärer Ruhm beruht auf seiner führenden Rolle in Diaghilews Ballets Russes; auch gibt es von ihm Choreographien zu neapolitanischen Themen, etwa »La Boutique Fantasque« (Der Zauberladen), »Insalata« oder »Pulcinella«. 1919 gastierte das Ballets Russes in Neapel, und Massine besuchte auch Positano – seine Begleiter waren Pablo Picasso und Jean Cocteau –, von wo aus er zum ersten Mal die Inseln zu Gesicht bekam. Sie hatten für ihn »die ganze Dramatik und Rätselhaftigkeit eines Gemäldes von Salvatore Rosa« – Grund genug, Li Galli 1922 zu erwerben.

Massines anfängliche Verschönerungsmaßnahmen erwiesen sich als enttäuschende, weil unerwiderte Liebesmüh. Freunde spotteten, das Land sei eine gärtnerische Herausforderung, tauglich bestenfalls für »Feigenbäume und Hasen«. Als Massine aber herausgefunden hatte, dass der Boden der Inseln ebenso fruchtbar ist wie der auf Capri, beschloss er, ihn urbar zu machen. Zunächst jedoch galt es, einen zähen Kampf mit dem *tramontana* auszufechten, der von den Lattari-Gipfeln des Festlands fegt. Dieser bitterkalte Nordwind richtete hunderte Kiefern, die er gepflanzt hatte, zugrunde, doch Zypressen, Feigenbäume und Wacholder gediehen. So griff er dann auf die in der Region heimischen Arten zurück, denn sie allein waren fähig, den Elementen zu trotzen. Bestens gediehen die in der *macchia mediterranea* (Macchia) heimischen Pflanzen wie sonnenliebende Rosmarin-Arten, Heiligenkraut (*Santolina*) und Lavendel, Pflanzen, die nicht gegossen werden müssen.

Massines Hauptinteresse galt dem Plateau, dem einzigen ebenen Flecken auf dem welligen Inselterrain; es lag in etwa gleichauf mit der Fassade der verfallenen römischen Villa und hatte einst als *xystus*, Allee der römischen Gartenanlage, gedient. Zuversichtlich pflanzte er Reihen in Form geschnittener Myrten- und Rosmarinsträucher. Er restaurierte vier 400 Meter lange Gartenterrassen – sie halfen das Gelände befestigen – auf der nach Norden ausgerichteten Rückseite der Insel, unterhalb des aragonesischen Turms und bepflanzte sie mit Weinstöcken aus Sizilien und Gemüse aus Gärtnereien in Rom und Florenz.

Von den Gebäuden restaurierte Massine als erstes den festungsartigen Turm, in dessen zweiter Etage er ein komplettes Tanzstudio mit einem Boden aus sibirischem Kiefernholz einrichtete. Sein nächstes Projekt, für das er den Rat Le Corbusiers einholte, war der Bau einer Villa auf dem Ruinenfeld des antiken römischen *domus*. Das Innere wurde mit einer eklektischen Zusammenstellung von maurischen Fliesen und Chippendale-Stühlen ausgestattet, um für so illustre Gäste wie die Komponisten Strawinsky und Hindemith den entsprechenden Rahmen zu schaffen. Trotz des glanzvollen Interieurs der Villa war das Wichtigste ein Schauspiel im Freien. Im Zwielicht pflegte Massine seine Gäste zu dem Portikus zu geleiten, der den Blick auf den Hauptgarten freigibt; von hier aus konnten die Anwesenden schweigend verfolgen, wie die Sonne am Himmel über Capri versinkt. Eine ganze Stunde lang wurde kein Wort gesprochen, bis die Sonne untergegangen war; dann erst begab man sich hinein, um festlich zu dinieren.

Die Hauptterrasse, einst Standort einer römischen Villa mit Garten, steht nun im Zeichen eines Brunnens mit blühenden Seerosen, den Rudolf Nurejew mit arabisch-hispanischem Fliesenornament versehen hat.

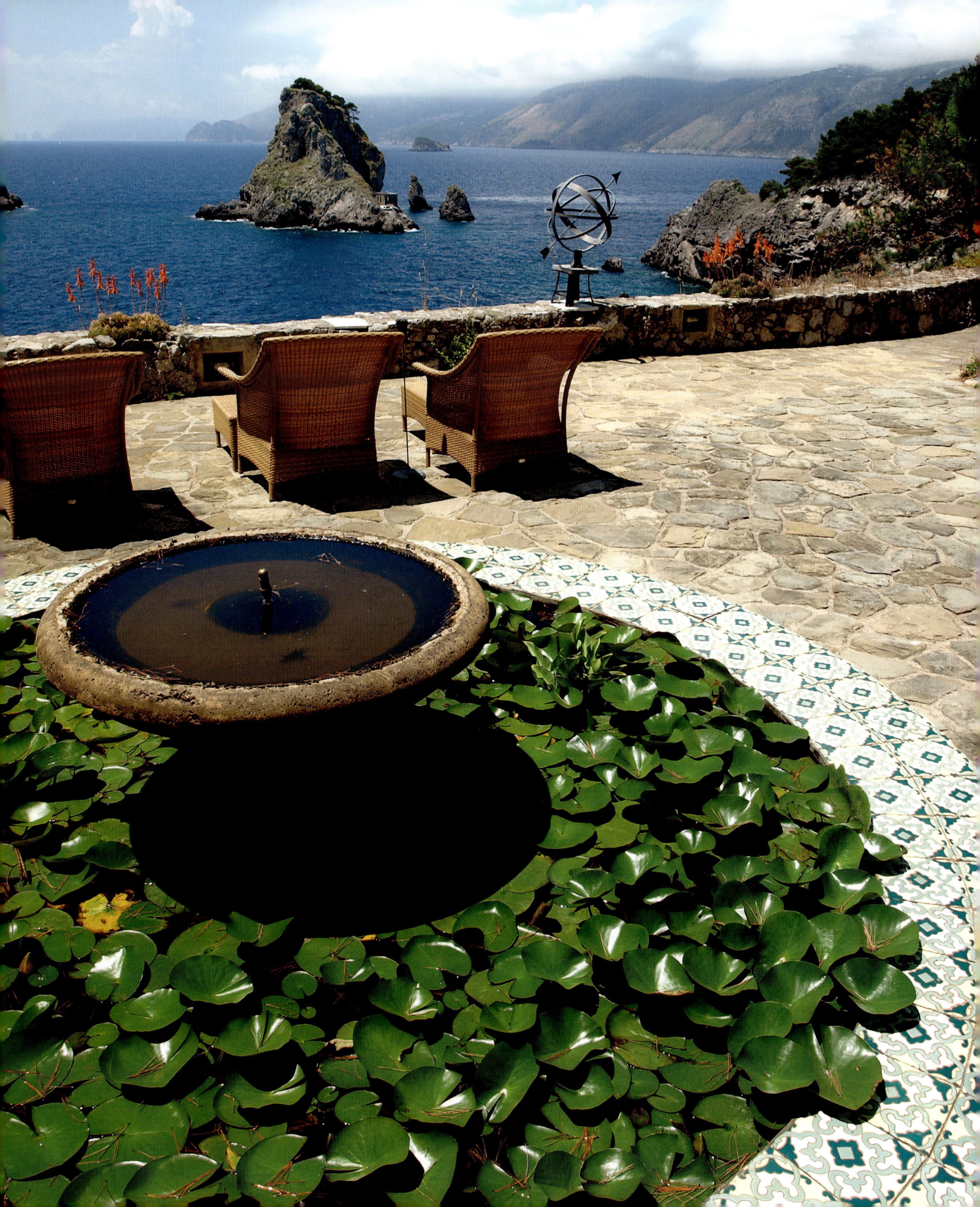

Stupendissimo (fabelhaft) ist das angemessene Wort für die filmreife Szenerie von Capri bis zum Capo Licosa am Ende der sorrentinischen Halbinsel – eine Landschaft, in der die Zeit, wie wir sie kennen, aufgehoben scheint; Odysseus könnte noch immer in diesen Gewässern segeln und sich hier noch immer wie zuhause fühlen. Wie vor tausenden von Jahren ist kein einziges Haus zu sehen. In der Tat war das einzige Gebäude, das jemals auf der Landspitze der Halbinsel stand, ein inzwischen verschwundener Athena-Tempel der alten Griechen, die für ihre Kultbauten die landschaftlich schönsten Orte wählten. Zum Glück wird dieses Gebiet für immer grün und unberührt bleiben, denn es wurde erst kürzlich zur Area Marina Protetta Punta Campanella erklärt, steht damit unter Naturschutz.

»In einer solchermaßen protegierten Landschaft sollte man auf gärtnerische Ansprüche weitestgehend verzichten«, sagt Giovanni Russo. »Dank der Entsalzungsanlage, die Rudolf Nurejew auf der Insel eingerichtet hat, hätten wir alles, was an exotischen Pflanzen

»Hier fühlen Sie sich in Homers Odyssee versetzt!« behauptet der gegenwärtige Besitzer Giovanni Russo, der diese Landschaft mit großem Engagement vor der Zersiedelung bewahrt. Zum Glück wird diese Aussicht grün bleiben, denn weite Teile der Punta Campanella stehen heute unter Naturschutz.

unter der Sonne wächst, einführen können – das Wasser ist nicht mehr das Problem. Aber ich meine, dieser Garten sollte *primordiale* (ursprünglich) bleiben. Allerdings erfordert es großen Aufwand, ihn ›natürlich‹ erscheinen zu lassen, zumal wir sorgfältig angelegte *giardinetti* (Gärtchen) aus Sukkulenten und Kräutern haben. Aber diese Inseln sollten mit der Natur verbunden bleiben, um eins mit dieser mythenumwobenen Landschaft zu sein. Man fühlt sich hier buchstäblich bei Homer zu Hause!«

Wie Massine und Nurejew empfindet Giovanni Russo Li Galli als Ort erhabener Ruhe. Massine mag zwar hierhergekommen sein, um der Stadt zu entfliehen, aber mit der Zeit wurde ihm die *isole* zu einer sprudelnden Inspirationsquelle. Hier konnte er die Choreographien für seine Ballette entwerfen und seine Bücher schreiben. In »My Life in Ballet« (1968) schreibt er, Li Galli hätten ihn dem einfachen Leben ein Stück nähergebracht, denn hier habe er eine Art spirituellen Frieden und eine Heiterkeit gefunden, wie nirgendwo zuvor. Es sei von Anfang an mehr als ein Rückzugsort gewesen, etwas in seinem Leben, was für ihn noch zu entdecken war.

Mit Souveränität und Umsicht hat Giovanni Russo berühmte Hotels geleitet; sein derzeitiges Hotel-Anwesen, Hotel Ville Tre Ville unmittelbar vor den Toren Positanos, war einst Franco Zeffirellis Domizil – man stelle sich nur die Ausstattung vor! Russo hatte somit jahrelang im Kreis von Berühmtheiten, umgeben von Glamour und Exklusivität, gelebt, was nirgends offenkundiger war als im Bellevue Syrene, Sorrents legendärem Luxus-Hotel, in dem er ein Leben *en majesté* führt, was beinahe wörtlich zu verstehen ist. Mit Fresken, an denen in den sechziger Jahren des 19. Jahrhunderts der einstige Bayernkönig Ludwig I. größtes Gefallen fand, und mit einem Ambiente, in dem sich Kaiserin Eugénie von Frankreich derart *chez soi* fühlte, dass sie anstatt der geplanten Woche drei Monate hier verbrachte, ist dieses Kleinod von Sorrent ein Traum aus venezianischen Kandelabern, Louis-Philippe-Brücken und Belle-Époque-Salons. Als Hotelier hat Russo sich nicht gescheut, den klassisch pompösen Interieurs mit modernen Glaskonstruktionen, künstlerischen Fotografien und hippen Schrankelementen reizvoll Spannung zu verleihen. Es ist überwiegend die sogenannte Schickeria, die es zum Ausspannen in die Gegend zieht. Wenn Giovanni Russo sich zu den Galli-Inseln aufmacht, dann nur, weil er »una semplicità della vita« (das einfache Leben) gleichermaßen zu schätzen weiß.

Höchste Achtung empfindet der Hotelier vor allen Einzelheiten, die dieses natürliche Kleinod ausmachen, was sich in der Übernahme der Verantwortung für den Naturschutz auf seiner Insel ausdrückt. Auch als Gastgeber ganzer Familien oder einzelner Freunde, etwa des Schauspielers Harrison Ford oder des Microsoft-Gründers Paul Allen, orientiert er sich stets am Vorbild der winzigen Blaurücken oder endemischen Eidechsen: »Wir alle sind Eidechsen. Das Zeitmaß des Lebens ist uralt, ruhig und langsam, und jeder muss wissen, wohin er sich zurückziehen kann.« Giovanni Russo geht in den Gemüsegarten im Schatten des aragonesischen Turms, wo er Zucchini, Auberginen und seine bevorzugten *cuore di bue* (Kirschtomaten) erntet. Nicht weit davon leben seine Tiere, auch die geliebte Eselin Rosina. Inneren Frieden findet er in einer kleinen Kapelle, der Miniaturausgabe einer griechischen Kirche, die er am südlichen Ende der Insel bauen ließ. Aber um sich so richtig »happissimo« zu fühlen, geht er im Meer tauchen. Die warmen und kalten Strömungen wirken so beruhigend wie belebend auf ihn, als wollten sie ihn den Zauber der Inseln spüren lassen. Vom Sirenen-Gesang eingelullt, fühlt er sich wie hierher verschlagen. Aber dann flüstert ihm immer wieder jene leise Stimme, als wollte sie Einspruch erheben, John Donnes Worte zu: »Kein Mensch ist eine Insel«, und weg ist er, zurück in Sorrent.

Das schöne Sorrent
Villa Silvana, Sorrent

Der schönste Ort der Erde« war Sorrent für Henri Stendhal (1783–1842), und selbst die gern und viel Reisenden von heute dürften ihm zustimmen. Sorrent, Italiens in verblassten Pastelltönen schimmerndes Zeugnis der Belle Époque, hat viele Kirchen im verspielten Stil des Rokokos, Bistros im Schatten tomatenroter Markisen und schmale Gassen, die an vergilbte Impressionen auf alten Fotos erinnern, einmal abgesehen von den omnipräsenten Blütenkuppeln üppiger Bougainvillea. Im Schutz des Lattari-Gebirges eingebettet in Orangen- und Zitronenhaine bietet Sorrent einen Blick auf den Golf von Neapel, der sich, allen Superlativen zum Trotz, seit den Tagen des Odysseus nicht annähernd beschreiben lässt. Wen sollte es also wundern, dass Scharen von Besuchern alljährlich in den vornehmen Hotels Logis nehmen, die sich an der Bucht wie auf einer Perlenkette reihen?

Ein paar wenige dürfen sich glücklich schätzen, hier das ganze Jahr über zuhause zu sein. Während an der berühmtesten Biegung der Bucht legendäre Luxushotels wie das Excelsior Vittoria und das Bellevue Syrene locken, findet sich verstreut auch eine Handvoll privater Villen. Eine von ihnen ist die Villa Silvana auf einer idyllischen Anhöhe unmittelbar über der Marina Piccola.

Hinter den Toren findet sich ein ausnehmend hübscher weißer Bau, in dessen imposanten Mauern um die Wende zum 20. Jahrhundert das amerikanische Konsulat untergebracht war. Die Auffahrt ist mit Palmen (*Washingtonia robusta*) und einer dichten Pflanzung von Oleander und Steineichen gesäumt, was aber gleichsam nur die Einführung zur Hauptvorstellung ist: denn erst wenn man um die Villa herumgeht, hat man die Bilderbuchaussicht auf den Golf von Neapel vor Augen. »In vertice Surrentino« beschrieb Publius Papinius Statius (40–96 n. Chr.) die Lage der Villa des Pollius Felix – deren Ruinen auf der nahen Campanella-Landspitze sind noch immer eine viel gerühmte Attraktion; das Anwesen der Villa Silvana sitzt auf dem Scheitel von Sorrents Tafelland, sein Garten umarmt gleichsam aber auch das steile, 90 Meter zum Meer abfallende Gelände, es ist das letzte Anwesen Sorrents, dem diese herrliche Lage noch vergönnt ist.

Als Silvana Pane d'Esposito das Anwesen 1970 erwarb, fand sie, dem Konsulat sei Dank, zu ihrer Freude ein weiträumiges, renoviertes Domizil vor. Im Gegensatz dazu waren die Obstgärten, Existenzgrundlage, als der Besitz noch als *masserie* (Bauernhof) genutzt wurde, sträflich vernachlässigt; offenbar war die Diplomatie nicht auf Orangen und Zitronen aus dem eigenen Garten angewiesen. Angesichts dessen wollte die neue Besitzerin ihre Energie nicht in Restaurierungsmaßnahmen investieren, sondern die Pflanzen ersetzen, nach einem anspruchsvollen Plan für einen Blumengarten nebst einzelnen Gehölzen, gerahmt von imposanten hohen Bäumen. Geduld gilt gemeinhin als Tugend, aber wer hätte dies einer leidenschaftlichen Visionärin nahebringen können? Immerhin war ihr bewusst, dass Mutter Natur sich nicht unter Zeitdruck setzen lässt, und da sie *pronto* (auf der Stelle) Ergebnisse sehen wollte, ließ sie bereits ansehnliche Bäume pflanzen. Als diese erst einmal an Ort und Stelle waren, konnte sich Silvana Pane d'Esposito auch mit kleineren Spezies begnügen, etwa den jungen Olivenbäumen aus dem Garten ihrer Mutter, die sie aus Schösslingen großzog.

Auf der Terrasse sitzend, können die Gäste den Blick nicht von der Bucht abwenden – ein Panorama, das durch die weiße klassizistische Balustrade und die Kamelien, die aus den Terrakottavasen quellen, noch imposanter wirkt; deren Blüten sind übrigens die einzigen Farbtupfer im Garten. »Es stimmt schon, meine Vorliebe gilt dem Grün,« meint die Gastgeberin. »Ich mag sie zwar alle, habe aber keine Lieblingsblume, Grün ist meine Farbe.« Dies bestätigen die zahllosen Pflanzen, die sich in den Gärten drängen und sich im Bereich der Klippen fast schon den Platz streitig machen, sodass das fast undurchdringliche Dickicht zu jeder Jahreszeit Schatten gewährt.

Derart hinreißend über der Bucht gelegen, erinnert der prächtige Garten der Villa Silvana an eines der bemerkenswertesten Naturwunder von Sorrent: seine farnbewachsenen romantischen Schluchten, die vollständig begrünt sind. Die schönsten unter ihnen, überwuchert von üppigstem Blattwerk, sind die Felsspalten, die Sorrents Tafellandschaft regelrecht perforieren. Einer Sage zufolge sind es Elfen-Verstecke, von den Sorrentinern Monacelli genannt. Silvana Pane d'Esposito hat noch nie eines dieser Elfenwesen zu Gesicht bekommen, die Einladung in ihren Garten stehe aber nach wie vor.

Auf einer Anhöhe Sorrents präsentiert sich die Villa Silvana über dem Golf von Neapel, umgeben vom üppigen Grün der Zwergpalmen, Kamelien und Pelargonien.

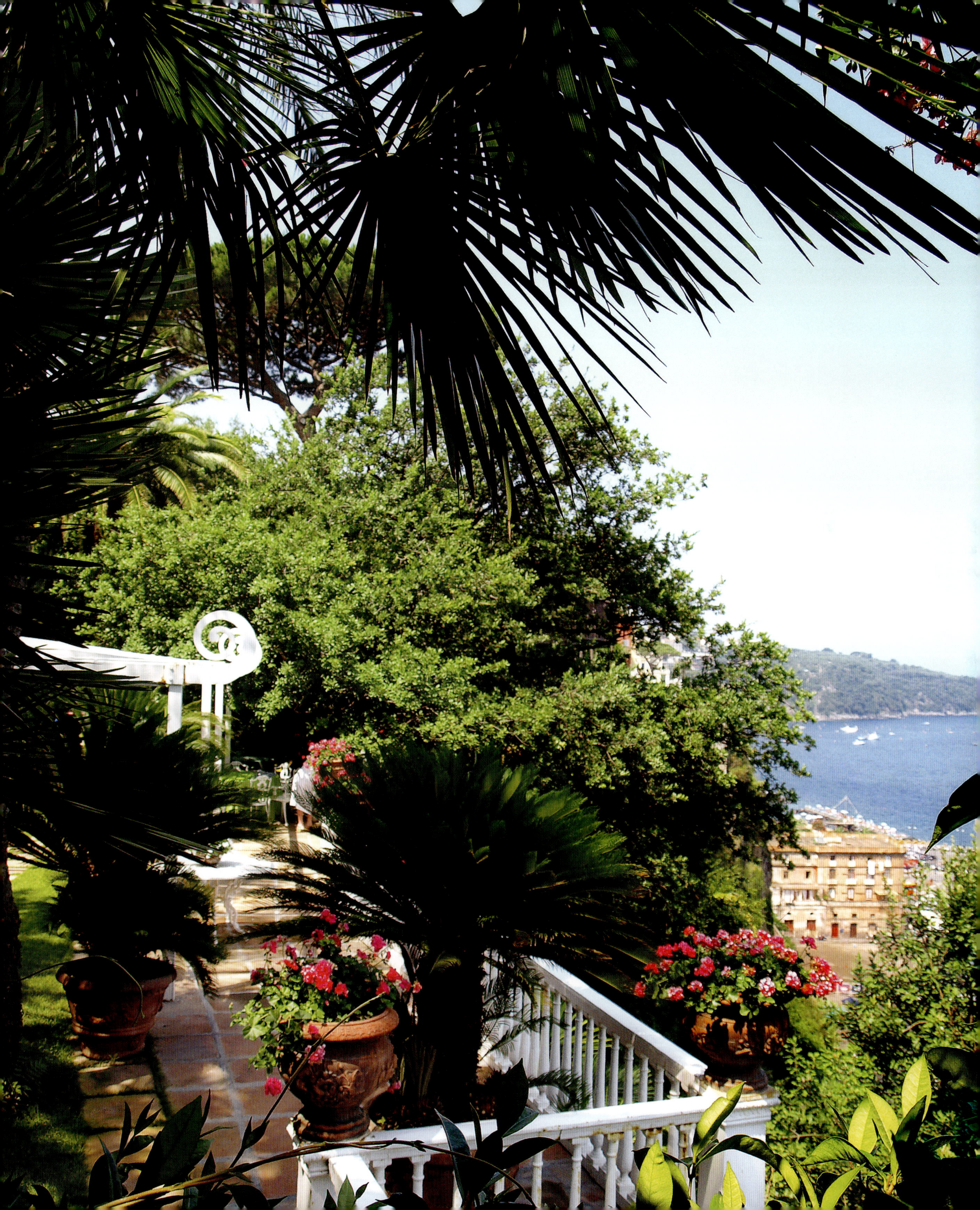

Links: Der Garten entspricht im Wesentlichen einem fünfstöckigen Belvedere mit Blick auf den Golf von Neapel, verbunden über eine im Zickzack verlaufende Treppe, die durch eine Laubengalerie, vorbei an mit Wildem Wein (*Parthenocissus tricuspidata*) begrünten Felswänden, hangaufwärts führt. Oben: Die Hauptterrasse bietet einen Ausblick, der die Gäste zum Schauen, Nichtstun und Verweilen einlädt. Rechts: Die Treppe hinunter zum Wasser wirkt wie ein dicht begrünter Laubengang, der immer wieder mit einem dramatischen Blick auf den Golf überrascht.

In Schlangenlinien führt der Weg über fünf Terrassenebenen; die schmalen, schräg abfallenden Gartentreppen ahmen die *vicoletti* nach, jene abschüssigen Felspfade, die sich über zahlreiche Hügel in der Umgebung Sorrents ziehen. Wer hinaufklettern möchte, sollte schwindelfrei sein, da immer wieder akrobatische Verrenkungen erforderlich sind, um unter dem Dickicht der Zweige hindurchzuschlüpfen oder behutsam um Palmwedel herumzugehen, die den Weg blockieren. Steigt man auf der Klippenseite ab, geht man durch einen prächtigen Arkadengang, dessen Säulen den Blick auf die Bucht zu rahmen scheinen. Und schon rückt ein Balkon mit Tischen und Stühlen ins Blickfeld, wenn auch nicht ganz, denn noch verbirgt er sich hinter schattenliebenden Pflanzen und winzigen Farnen, die in ihrem ungezügelten Wachstum eine grüne Laube bilden, deren Atmosphäre der Unbekümmertheit typisch süditalienisch ist. Zwischen dem Laub taucht immer wieder das faszinierende Panorama der Bucht auf. So ist der Garten auf seinen fünf Ebenen ein Belvedere mit großartigem Ausblick. Gäste und die Familie, Silvanas Schwestern Rosa und Rita, Herrinnen von Sorrents ältesten Herrschaftshäusern, der Villa Rosa und der Villa Astor, freuen sich immer wieder aufs Neue an der verführerischen Schönheit der Villa Silvana. Das Panorama bezeichnete Heinrich Schliemann einst als »den schönsten Blick der Welt«, ein Paradies, wie geschaffen zum Schauen, Entspannen und Verweilen.

Ein königliches Domizil
Parco dei Principi, Sant'Agnello

Seit langem schon gilt Sorrent als *piccolo paradiso*, mit wohltuender Wärme zum Sonnenbaden einladend, getaucht in den Duft von Orangenblüten und gefächelt von einer sanften Brise, die vom Golf von Neapel heraufweht. Die Vorstellung von der sorrentinischen Halbinsel als Paradies geht auf das 16. Jahrhundert zurück, auf Torquato Tasso (1544–1595), Sohn der Stadt Sorrent. Ihm war die natürliche Üppigkeit der Landschaft Anregung, die unglücklich Liebenden Rinaldo und Armida in seinem Epos »Das befreite Jerusalem« in prächtige Gartenszenerien zu versetzen. Die Bildungsreisenden des 19. Jahrhunderts wie Lord Byron, der Duke of Wellington, Sir Walter Scott oder Johann Wolfgang von Goethe verfielen gleichsam dem Zauber der Landschaft, und Sorrent wurde endgültig zur Bühne der romantischen High Society. Binnen kurzem entstanden überall auf der Halbinsel Herrschaftssitze mit eindrucksvollen Gärten. Leider wurde auch Sorrent überzogen von palastartigen Hotelanlagen, denn das Corps der Reichen, der Khans, Shahs und Royals, sollte standesgemäß logieren können. Heute schieben sich die Urlauber zu Tausenden durch Sorrent, viele auf der Suche nach der einst paradiesischen Traumwelt unter Palmen, die sich inzwischen kaum noch erahnen lässt.

Und doch erwacht Sorrents Vergangenheit als Garten Eden an dem einen oder anderen Ort zu neuem Leben, man denke nur an den bezaubernden Flecken Sant'Agnello, der von der Piazza Tasso in der Stadtmitte in einer halben Stunde zu Fuß zu erreichen ist, dennoch Welten davon entfernt liegt. Dort, im historischen Parco dei Principi, gehen alle Träume vom lieblichen, sonnenverwöhnten Sorrent in Erfüllung. Hinter einem schmiedeeisernen Tor und undurchdringlichem Grün verbirgt sich dessen bestens erhaltener Garten. Reich wie Krösus müssen jene gewesen sein, die den Park zu dem Füllhorn seltener Pflanzenarten machten, das wir heute vorfinden – in diesem Fall waren es ein Angehöriger der bourbonischen Königsfamilie und später ein russischer Adliger. Hoch oben auf den Klippen mit Blick auf den Golf von Neapel und einen vor sich hinbrütenden Vesuv, verkörpert diese Ode an die Romantik noch immer das Idealbild der Naturschönheit des 19. Jahrhunderts.

Rechts und gegenüber: Errichtet im Umkreis der Villa Poggio Siracusa über der Bucht, wurde das Anwesen 1792 als Rückzugsort für den Grafen Paolo-Leopoldo di Siracusa entworfen, einen Cousin des Königs von Neapel aus der Bourbonenlinie.

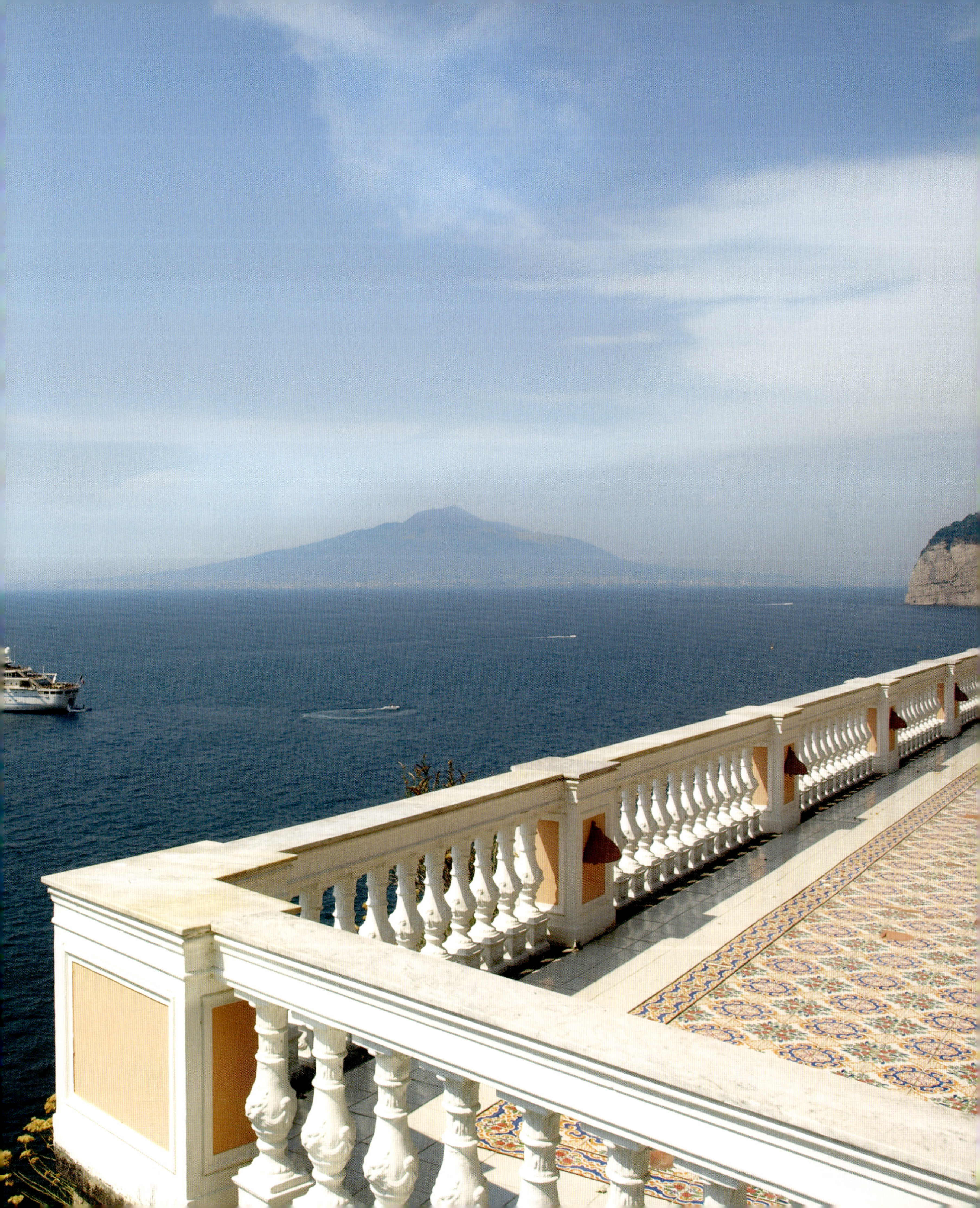

Unter dem Laubdach hunderter exotischer Bäume, durchzogen von verschlungenen, schattigen Pfaden, mit grünen Nischen hinter jeder Wegbiegung, ist dieser Garten wie geschaffen, die Zeit zu vergessen. Er wurde um einen klassizistischen Liebestempel der Göttin Venus angelegt, den der erste Besitzer des Parks, Graf Paolo-Leopoldo di Siracusa errichten ließ, ein aus dem Geschlecht der Bourbonen stammender Cousin Ferdinands IV., König von Neapel.

Das Anwesen wurde dem Grafen urkundlich übertragen, nachdem die vorherigen Besitzer, die Jesuiten, auf Befehl des Königs aus Italien vertrieben worden waren. Der Graf zögerte nicht, den alten Gemüsegarten des Cocumella-Klosters in einen Lustgarten zu verwandeln und weitere Veränderungen auf dem Gelände vorzunehmen, insbesondere mit dem Bau einer herrschaftlichen Villa am Rand der Klippe, dekoriert mit frohlockenden Amoretti, zierlichen Balustraden, königlichen Wappenschilden und Fußböden aus Capodimonte-Porzellan.

Er errichtete einen eleganten *tempietto* an der Stelle, an der einst die »Blume der ewigen Liebe« spross. Die Geschichte dazu reicht zurück ins frühe 18. Jahrhundert, als Bruder Zaccaria, ein Mönch des Klosters, von einer Mission in den peruanischen Anden die »Pflanze des Eros«, wie er sie nannte, mitbrachte; er setzte sie in die Erde, allerdings außer Sichtweite des Paters Superior. Als er von den Eigenschaften dessen schwärmte, was wir als Kokain kennen, wurde der Mönch als Ketzer zum Schweigen gebracht; bald darauf starb er, wie man sagte, eines »ekstatischen Todes«.

In der Absicht, solche Geschichten zu bannen, schmückte der Graf den Park im Umkreis des *tempietto* mit vielen seltenen Pflanzen und einer majestätischen Allee von *Washingtonia*-Palmen. Er wollte damit dem jungen Edelfräulein, dem seine ganze Liebe galt, einen angemessenen Auftritt ermöglichen; doch musste er erfahren, dass seine geliebte Tania auf der Heimreise von einem Besuch in Russland gestorben war; vor lauter Kummer verlor er den Verstand. Die Romanze hatte so ein Ende, aber der tragischen Liebe wurde mit dem marmornen Liebestempel ein Denkmal gesetzt, das heute rosa und violettblaue Hortensien umspielen, am schönsten im Hochsommer und frühen Herbst.

Oben links: In unmittelbarer Nähe der Rokoko-Villa befindet sich der elegante Brunnen, der an des Grafen tragische Romanze mit einem russischen Edelfräulein erinnert. Oben: Der Brunnen ist von den pfeilförmigen Blättern von *Colocasia esculenta* umgeben. Rechts: Prächtige Magnolienbäume geben den Gästen Schatten, daneben bewundernswerte Palmen (*Phoenix canariensis*). Folgende Doppelseite: Voller Optimismus nur die glücklichen Stunden zählend, gab Graf Paolo Leopoldo den Liebestempel in Auftrag, der heute von spektakulären Hortensien (*Hydrangea*) eingerahmt ist.

PARCO DEI PRINCIPI 125

126 DAS LAND DER SIRENEN

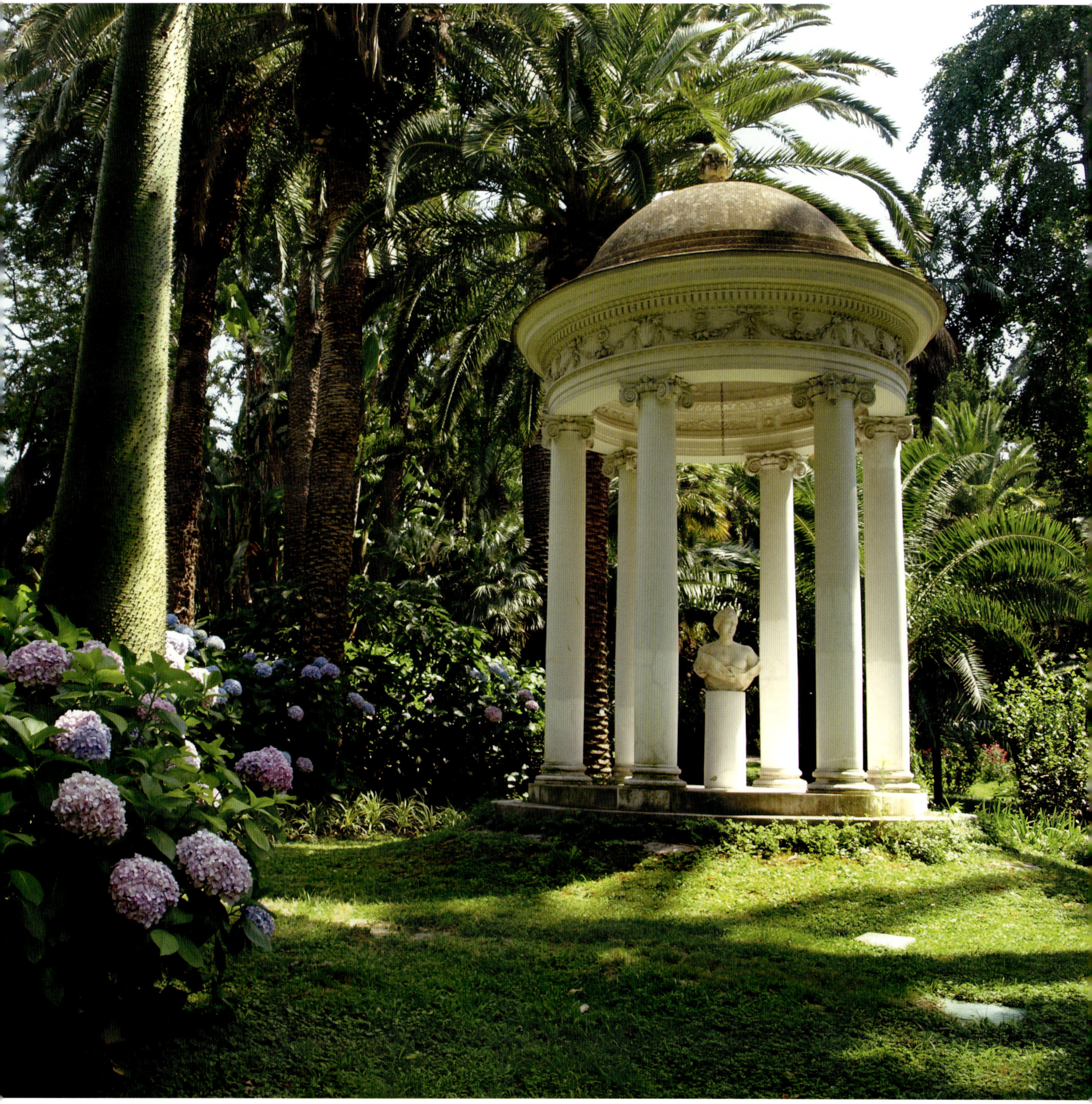

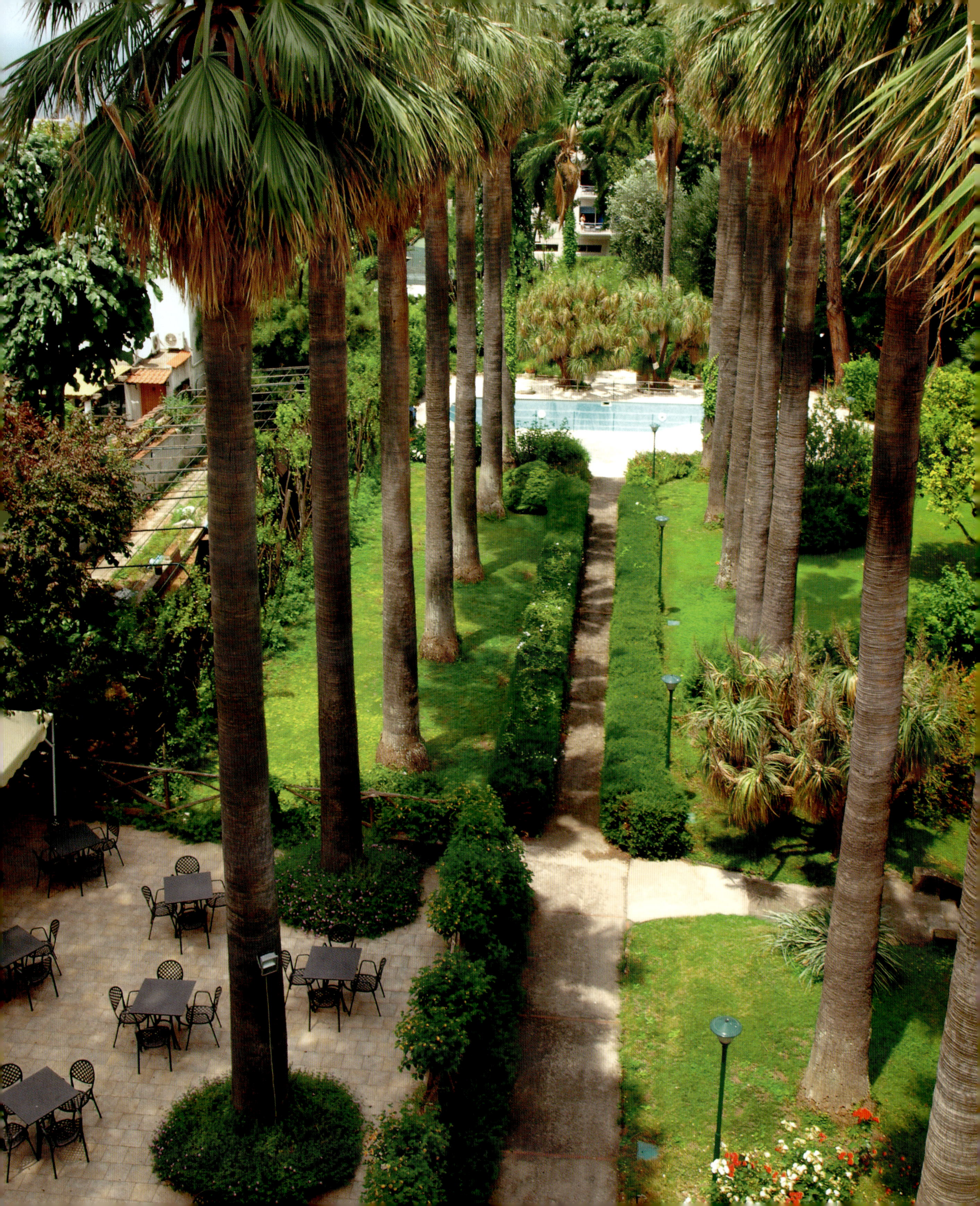

Wie alle Blütenpflanzen erhalten auch die Hortensien Schatten, denn die Bäume lassen durch ihr dichtes Blätterdach nur so viel Sonne, wie diese vertragen können. Exotische Spezies wie *Jubaea spectabilis*, *Araucaria bidwillii* und *Chamaerops humilis* ragen über den beiden Hauptwegen des Parks auf, der Viale dei Cavalieri und der Viale delle Felci (*felci* heißt Farne), die einladend durch den Garten hinunter zur Aussichtsterrasse mit Blick auf die Bucht führen. Von diesen größeren Wegen zweigen Pfade ab und geleiten die Besucher wie von selbst weiter, auch wenn die verwunschenen Ecken im Schatten von *Syagrus romanzoffiana*, *Pachypodium lamerei* und *Cocculus laurifolius* die Zeit vergessen machen. Einer dieser Wege führt zum Ponticello dell'Amore, der einen aus einem Schwanenteich kommenden Bach überspannt, der wiederum in eine Grotte aus dem 19. Jahrhundert fließt. Eine Inschrift an der Brücke enthält Zeilen aus einem Gedicht von Napoleons erster Liebe, Désirée, die dieses Tälchens oft aufsuchte. Auf dem Weg zum kurz gehaltenen Rasenteppich in der Nähe trifft man auf seltene Pflanzen, die schon Désirée gesehen haben mag: *Phoenix reclinata*, *Ginkgo biloba* und *Agathis dammara*.

Als Garibaldi in der Geschichte Italiens erschien, flohen die Bourbonen, und des Grafen Villa verwahrloste. Jahrzehnte später wurde das Anwesen an eine der russischen Adelsfamilien verkauft, die ihre frostige Heimat gegen die Wärme Sorrents tauschen wollten. Gerade noch rechtzeitig, um dem Besitz wieder Leben einzuhauchen, trat also 1885 ein zweiter Krösus in Erscheinung, Fürst Konstantin Gortschakow, ein russischer Adliger, der Verbindungen zum Zaren hatte. Er wiederum vererbte die Villa Elena, einer seiner Töchter.

Die junge Dame hatte extravagante botanische Vorlieben; sie mied die heimischen Arten und gab Unsummen für exotische Pflanzen wie *Podocarpus totara*, *Liriodendron tulipifera*, *Cocculus laurifolius* und *Platanus orientalis* aus. Ihren Eigensinn bezahlte sie allerdings mit herben Verlusten, denn insbesondere viele der aus Russland importierten Birken hatten unter den so ganz anderen klimatischen Standortbedingungen keinerlei Überlebenschance. Währenddessen war ein regelrechter Wettstreit zwischen der Fürstin und Lord William Waldorf Astor entbrannt, der gerade das luxuriöse Ambiente seiner am anderen Ende der Stadt gelegenen Villa Tritone gestaltete – jeder wollte die seltensten Exemplare haben.

In diesem Konkurrenzkampf behielt die Fürstin die Oberhand, und schon bald war die Umgestaltung der Gartenanlagen der Villa Gortschakow abgeschlossen, der Besuch ein absolutes Muss. Zu besichtigen gab es einen Wald von exotischen Bäumen, mit blaublühenden *Agapanthus*-Stauden überzogene Hügel und Beete mit einer verschwenderischen Fülle afrikanischer Mohnblumen (*Papaver orientale*). Am 1. April 1893 stellte die Fürstin ihre Gießkanne ab, um die Wiedereröffnung der Villa zu feiern. Unter den Festgästen waren Alexandra von Hessen, die künftige Zarin Russlands, Prinzessin Maud, die bald Königin von Schweden werden sollte, der Herzog von York und spätere Georg V. von England sowie weitere gekrönte Häupter. Die Festgesellschaft zog durch den Park, ein Glas Rosen-Wodka in der einen Hand, eine Schale Kaviar-Cannelloni in der anderen, und alle waren einig: das Ergebnis der Verwandlung war großartig.

Hauptziel der derzeitigen Besitzer des Hotels Parco dei Principi ist es, die Geschichte des Gartens, im Grunde ein *jardin-musée*, zu bewahren. Gärtnerisch verantwortlich für das Anwesen ist ein Vater-Sohn-Team mit insgesamt fast fünfzig Jahren Berufserfahrung. Nach der Blüte im Juni nehmen die beiden alljährlich gründliche Schnittmaßnahmen vor und dämmen auch das gelegentlich zügellose Wachstum der Palmen ein (sie haben viele Palmen vor dem *Rhynchophorus-ferrugineus*-Käfer gerettet, von dem diese Bäume zurzeit in weiten Teilen Kampaniens befallen sind). Zwar sieht sich das Team vor allem in der Pflicht, die Pflanzenwelt zu erhalten, aber wenn es nottut, nehmen sie auch größere Veränderungen vor; so tauschten sie den zum Hotel gehörenden historischen Wintergarten – dessen Rosensammlung war der salzhaltigen Seeluft zum Opfer gefallen – gegen einen Swimmingpool aus.

Die beiden Gärtner genießen es, das *temps-perdu*-Ambiente der Anlage zu erhalten. Der Park bildet ein hinreißendes Umfeld für den weiß-blau leuchtenden Neubau des Hotels von Gio Ponti aus dem Jahr 1961 – und einen einzigartigen Kontrast. Wer das Glück hat, hier als Gast zu weilen, kommt in den Genuss zweier Welten: den eines schnörkellos der Moderne verpflichteten Gebäudes und den einer Neorenaissance-Villa, umgeben von Gartenanlagen, die die Patina der Vergangenheit bewahren und in ihrer Ruhe und Schönheit vom Paradies kaum übertroffen werden dürften.

Eine prächtige Fächerpalmenallee (*Washingtonia robusta*) führt zum Swimmingpool, der einst als Schwanenteich für den Grafen erbaut wurde.

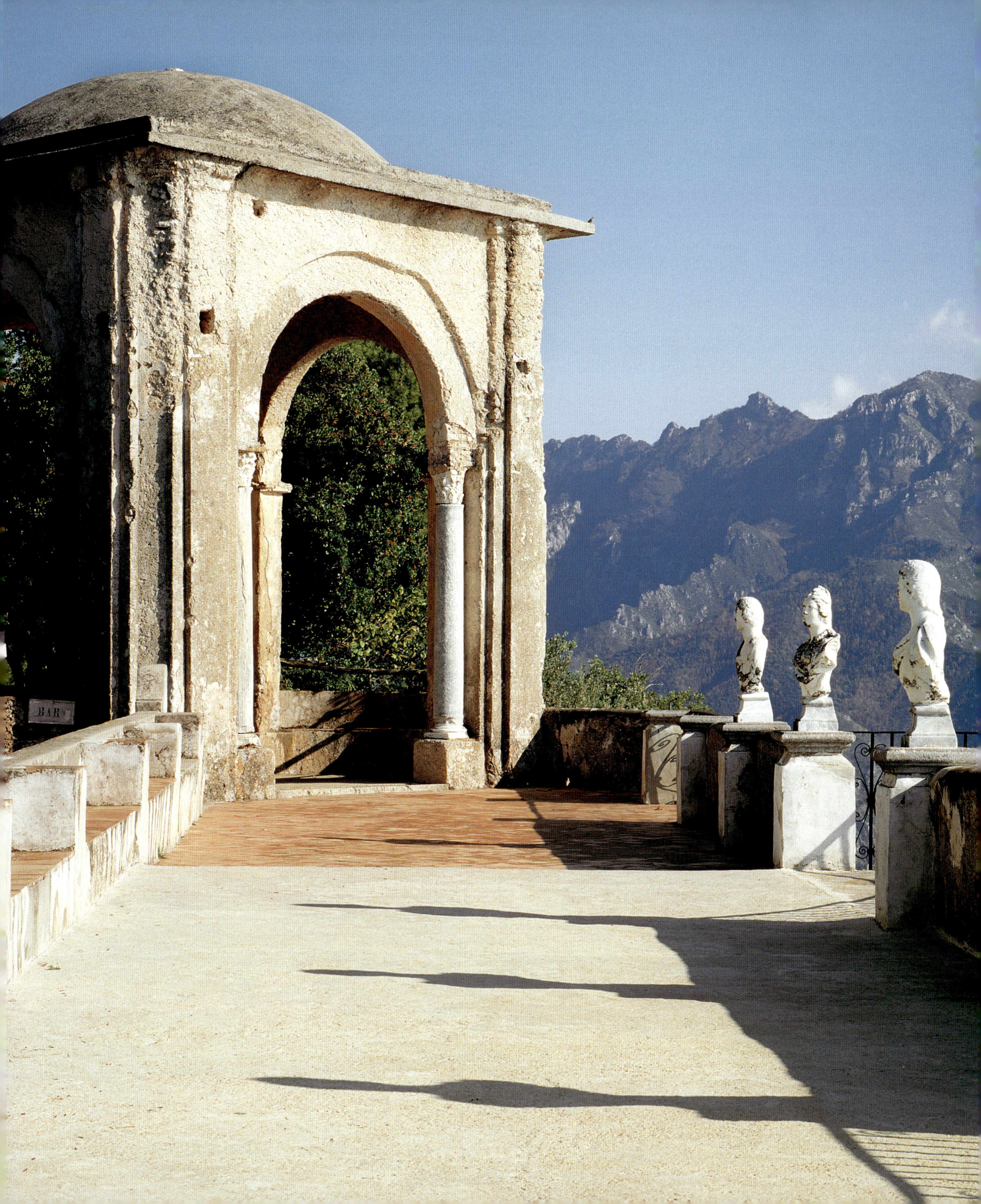
BAR

4

La Divina Costiera
Die Amalfiküste

La Dolce Vista
Il San Pietro, Positano

Kühles Wasser kitzelt die Zehen, perlender Weißwein verwöhnt den Gaumen, und das leise Blütenraschlen der Bougainvillea dringt an das Ohr, wenn man sich über den azurblauen Swimmingpool beugt. Wie weggewischt sind die finstern Gedanken, die gelangweilt aufgeworfenen Lippen, die Alarmbereitschaft von gestern. Wie im Märchen kann die gute Fee in mancherlei Erscheinung auftreten, hier vor Ort übernimmt diese Rolle das prächtige Hotel Il San Pietro in Positano. Es liegt in 340 Metern Höhe auf einem Felsvorsprung über der Bucht von Positano und bietet einen einzigartigen Blick. Von einem Logenplatz auf der Hotelterrasse überschaut man so gut wie die ganze Stadt: Häuser mit leuchtend sorbetfarbenem Verputz, Wange an Wange an den zum Meer abfallenden Steilhang geschmiegt, vor einem Hintergrund von Palmen, deren Wedel sich in ständiger Bewegung als Silhouetten vor dem Himmel abzeichnen, darunter ein dichter Flickenteppich aus Bougainvillea, *Dichondra* und Fuchsien, die um einen Platz am Hang kämpfen.

In seiner geradezu abenteuerlichen Lage nimmt San Pietro heute die Stelle einer Kapelle aus dem 18. Jahrhundert ein, die auf jenen Ort verwies, an dem das Fischerboot des heiligen Petrus erstmals italienischen Boden berührte, wie die Legende sagt. Angenommen, der Heilige setzte heute seinen Fuß auf das felsige Ufer, er würde es nicht wieder erkennen: verschwunden ist die zerklüftete Felsfassade, die ihn einst begrüßte, entstanden sind an ihrer Stelle terrassierte Gärten, die den Hängenden Gärten von Babylon an Schönheit nicht nachstehen dürften. Es sind die eleganten Gärten des San Pietro, die nahezu den gesamten Hügel mit Blumenrabatten in unzähligen Farbschattierungen von Muschelrosa über Ultraviolett, Safrangelb bis Orchideenblau überziehen und das Hotel gleichsam in ein gigantisches Blütenbouquet verwandeln.

Das heute als architektonisches Wunder dieser Küste gerühmte Hotel hat Carlo Cinque, der Pionier unter den Hoteliers von Positano, in den frühen sechziger Jahren des 20. Jahrhunderts ins Auge gefasst. Ihm schwebte zunächst eine Privatvilla vor, in die er sich von seiner Arbeit im Hotel Miramare – er hatte es 1934 eröffnet – im Zentrum der Stadt zurückzuziehen gedachte. Raum und Licht

Beinahe schwebend über der Bucht von Positano und bepflanzt mit einer Vielzahl von Orchideenarten, ist die große Terrasse einer der glanzvollsten Orte der Welt.

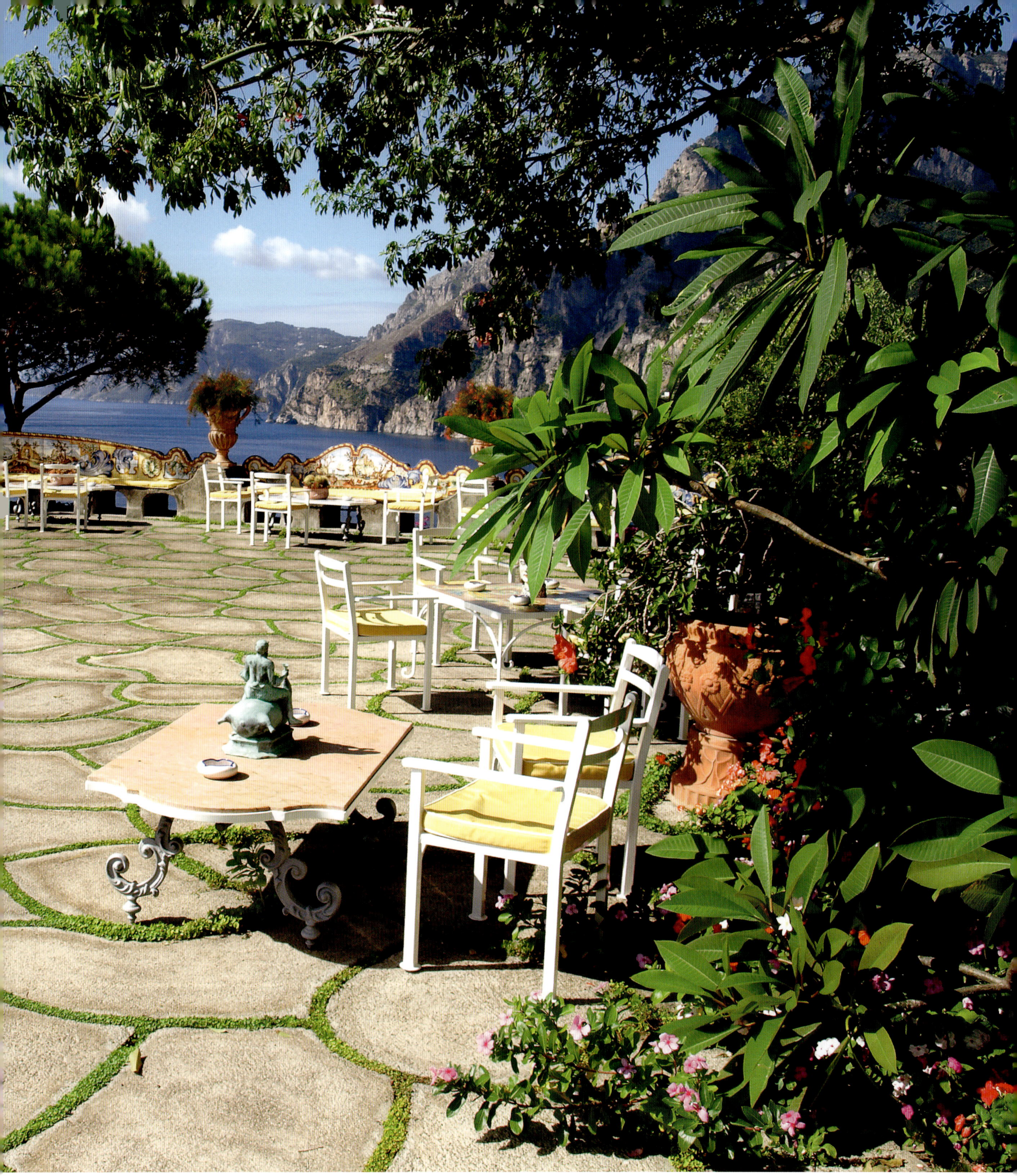

waren in der eng an den Berg geschmiegten Stadt Mangelware, doch auf der Spitze einer Klippe, 3 Kilometer südlich, im Distrikt Laurito, wo die Felsen am schroffsten sind, sollte er beides finden. Binnen kurzem errichtete er ein kleines Haus mit Garten, das er nach und nach um weitere Räume und Terrassen ergänzte, alles einfühlsam auf die Landschaft abgestimmt. Das Ergebnis war unerwartet vielversprechend, sodass die Idee, das private Domizil in ein Hotel umzuwandeln, Gestalt anzunehmen begann. Carlo Cinque machte sich an die Arbeit und trieb das Projekt voran: Im Verlauf von acht Jahren wurde mit viel Dynamit der Fels gesprengt, um ihn in den folgenden drei Jahren wieder zusammenzusetzen. Virginia Attanasio Cinque, seine Nichte und heute Besitzerin des Hotels, erinnert sich: »Carlino fuhr unzählige Male mit seinem Boot in die Bucht hinaus, um herauszufinden, wie er den San-Pietro-Hügel aushöhlen, bepflanzen und formen sollte.«

Als das Hotel Il San Pietro in den späten siebziger Jahren offiziell eröffnet wurde, präsentierte es sich mit zweiunddreißig Gästezimmern, gestaffelt über einem Dutzend Felsvorsprünge und mit Balkons versehen, über die sich Kaskaden von Bougainvillea ergießen, als eine Art Miniatur-Positano. Sehr schnell hatte es das Ansehen als Nonplusultra, und die Stammgäste, die auf Schönheit und Entspannung rundum zählten, fanden in diesem komfortablen Quartier alles im Überfluss: Suiten mit Betten, deren Kopfende mit goldverbrämten barocken Altaraufsätzen versehen waren, bemalte Schränke im Stil des 18. Jahrhunderts und handgearbeitete Vietri-Fliesen sowie ein Küstenrestaurant, das über einen Lift im Fels erreichbar war, wo der verwöhnte Gast mit Champagner und Rosmarin-Risotto dinieren konnte. Genießer bevorzugten die Suiten mit Armaturen in Faunsgestalt, die als Wasserspender immer für eine Überraschung gut waren, ein Jux, der nur noch übertroffen wurde von dem »Zimmer ohne Nummer« mit der lebensgroßen Statue eines Eunuchen, dessen kunstvoll geformtes Organ Wasser verspritzen konnte (auf Wunsch ließ sich die Wölbung mit einem Union Jack verhüllen). Es sollte nicht lange dauern, bis sich ein Kreis illustrer Gäste hier einzufinden pflegte, etwa Prinzessin Caroline von Monaco, die Rockefellers, Rudolf Nurejew, Gregory Peck, Barbra Streisand, der König von Jordanien, Giovanni Agnelli oder Julia Roberts..

Die liebsten Gäste waren für Carlo Cinque aber die Blumen. Auf derart beschränktem Raum, eingeklemmt zwischen der Küstenstraße (Amalfi-Drive) und dem Klippenrand, musste er auf die Wirkung der Blütenpflanzen setzen, nicht etwa auf Rasenflächen, Hügel und Senken. So gehört der Garten an der grandiosen Terrasse vor der Hotel-Lobby zu den schönsten in Blau- und Rottönen leuchtenden Flecken dieser Welt. Begonien, Rosen, Jasmin und Hibiskus

LINKS: Von der großen Terrasse zur Hotellobby gelangt man auf einem Weg, den farbenfrohe Fleißige Lieschen (*Impatiens*) säumen. *Dichondra* wächst zwischen den Platten des Wegs. OBEN: Ein unübersehbarer Blickfang ist in den oberen Innenhöfen der aus China stammende *Hibiscus*.

in allen Schattierungen des Regenbogens bilden ein Farbenspiel, das an üppige Beete mit Kapuzinerkresse, Glockenblumen und Prunkwinden stößt. In einer Ecke nicken rosa-, weinrote und weiße Oleander neben den Trompetenblüten der *Datura suaveolens*. Nicht weit davon entfachen blutrote Fuchsien, kombiniert mit rosavioletten und weißen Petunien, ein Feuerwerk der Farben, und Mohnblumen in allen Orange- und Magentarot-Schattierungen rahmen den Blick auf Positano. Eine zentrale Stelle nimmt die spektakuläre *Chorisia speciosa* ein, die sich von Juni bis August mit Wolken lilarosa Blüten schmückt, ganz ähnlich jenen der *Iris orientalis*. Jede große Show hat ihren Höhepunkt, in San Pietro sind es tanzende Kaskaden sonnenverwöhnter Bougainvillea, die über jeden Balkon und jeden Weg fallen. »Selbst an regnerischen Tagen ist die Welt hier niemals grau, sondern immer und überall bunt wie im Farbfilm«, meint Virginia Cinque lächelnd.

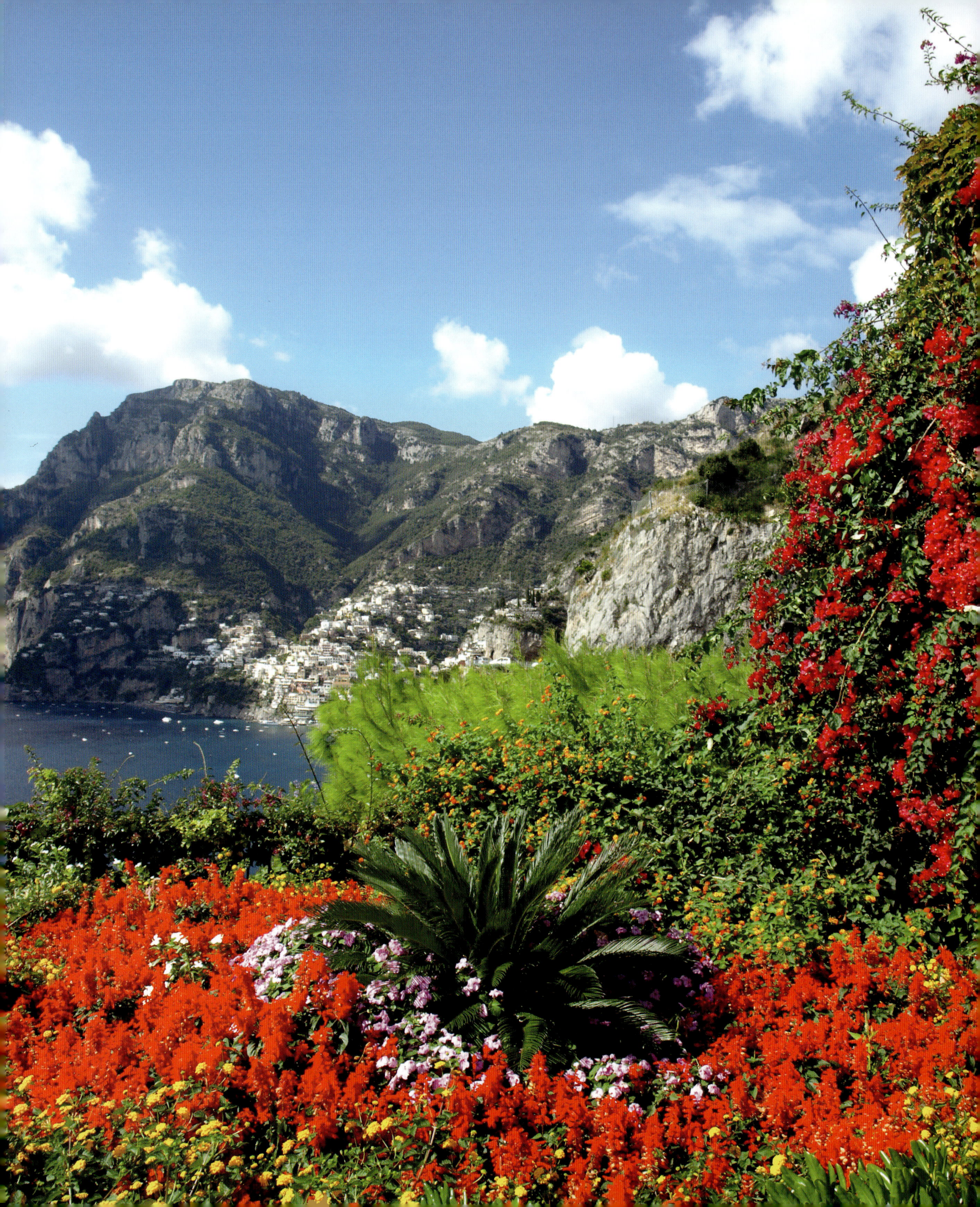

»Carlo gärtnerte bereits ökologisch, bevor sich alle Welt darüber Gedanken machte«, fährt sie fort. »Er lehrte mich, die Blumen zu liebkosen, sie nicht einfach aus der Erde zu reißen.« Um sein kleines Eden zu schaffen, erstellte er eine Liste der Pflanzen, die in Positano wachsen, denn er wollte jeder gefährdeten Art eine sichere Heimat geben. Und um überhaupt einen Garten anlegen zu können, wo vorher nur blanker Fels war, kaufte er Erdaushub von Bauprojekten in Positano, in der festen Überzeugung, dass »Erde wertvoller als Gold ist«.

Da nicht genügend Boden vorhanden war, um auch nur anzufangen, sann Cinque auf Wege, wie sich die Natur in den Innenraum holen ließe. Er bohrte Mauern, Decken und Fußböden an und ließ Reben und Kletterpflanzen gezielt durch die Öffnungen ranken. In einem Zimmer ist die ganze Decke von einem ausladenden *Ficus benjamina* überzogen. In vielen Salons klettert *Philodendron pertusum* die Wände hinauf. Um die Säulen der Lobby ranken Girlanden von Bougainvillea, deren üppig verzweigte Triebe im Zusammenspiel mit den großen Fensterfronten die Anmutung eines riesigen Gewächshauses geben. Und als Gewächshaus dient das Hotel tatsächlich, wenn es von Dezember bis Februar seine Pforten schließt, denn sämtliche eingetopften Gewächse, all die pflegeaufwendigen

Links: Die obere Terrasse ist über und über mit Salbei (*Salvia splendens*) bewachsen, zu dem sich rote und gelbe Wandelröschen (*Lantana camara*) gesellen als Rahmen für die Sagopalme (*Cycas revoluta*) in der Mitte. Im Hintergrund sieht man Positano. OBEN: Die berühmten Majolia-Bänke, geschaffen von den Fratelli Stingo – Anregung waren die Majolika-Bänke im Chiostro delle Clarisse in Neapels Santa Chiara –, werden unterbrochen von Terrakottavasen, die jeden Sommer ein anderes Blütenarrangement zeigen: hier im Jahr 2009 das Zigarettenblümchen (*Russelia equisetiformis*) aus Mexiko.

Blütenpflanzen und anspruchsvollen Farne, werden hier vorübergehend eingelagert. In diesem Reich der frostempfindlichen Pflanzen zwischen antiken Statuen und vergoldeten Antiquitäten überlegt man sich, ob das San Pietro, nüchtern betrachtet, eher eine grüne Oase oder ein Skulpturenpark ist. Mit einem Funkeln in den Augen erinnert sich Virginia Cinque, dass »Carlo sich während der Wintermonate einbildete, die Pflanzen machten ihm Vorwürfe wegen ihrer Isolation; so sprach er dann aufmunternd mit ihnen, bis die Gäste wieder eintrafen.«

Das Hotel ist von einem grünen Hang umgeben, an dem Virginia Cinque einen Gemüsegarten angelegt hat, Jahrzehnte, bevor das Wort Nachhaltigkeit im Garten Einzug hielt. Dieser Gemüsegarten

Unten: Sukkulenten aus Nordamerika wachsen in Töpfen auf den Tischen der großen Terrasse. Rechts: Blick auf die Bucht von Positano, im Vordergrund ein Zitronenbaum.

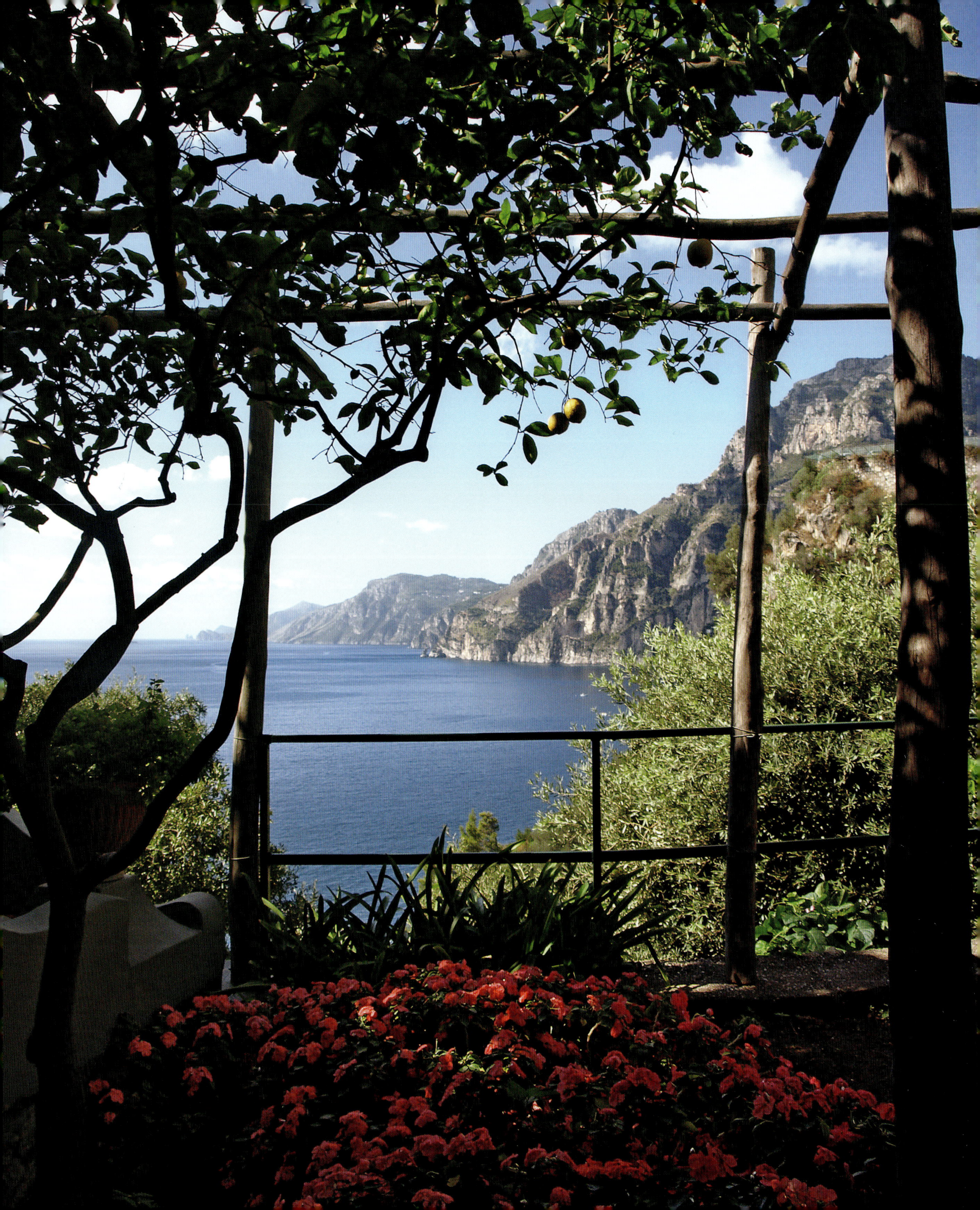

liegt auf fünf gewaltigen Terrassen der Klippenseite, auf denen Tomaten, Auberginen und Kräuter (reichlich mediterrane Myrte, Basilikum und Rosmarin) wachsen – sie kommen den glücklichen Gästen des mit einem Michelin-Stern ausgezeichneten Restaurants San Pietro zugute.

Den Ruhm des Hotels San Pietro macht jedoch nach wie vor das unvergleichliche Schauspiel aus, die lange Festspielzeit der Blüten, denn schon um ihretwillen kommen die Gäste immer wieder. Die herrlichen Majolika-Bänke auf der großen Terrasse sind für sie gleichsam ein Klippen-Hochsitz über dem Wasser. Auf die Idee, mit diesen berühmten Bänken eine feste Einrichtung zu schaffen, war Carlino Cinque gekommen, als er es irgendwann satt hatte, nach jedem Regen die Kissen auf den Terrassenstühlen auszuwechseln. In Erinnerung an den bezaubernden Majolika-Kreuzgang der Kirche Santa Chiara in Neapel, erteilte er den Fratelli Stingo den Auftrag für elf Bänke mit Fayence-Malereien maritimer Szenen im Stil des 17. Jahrhunderts. Auf ihnen sitzen heute oft Gäste mit einem Glas des typischen Hausgetränks in der Hand, einer erfrischenden Mischung aus Zitronensaft, Mineralwasser und Mandelsirup, die den geheimnisvollen Namen, »Elefantenmilch« trägt als Hommage an den Hotelgründer Carlino Cinque.

OBEN LINKS: Zusammenstellung von Bougainvillea und Hibiskus, wie sie an den Balkonen vieler Gästezimmer im Hotel San Pietro wachsen. OBEN RECHTS: Selbst der Zugangsweg ist ein extravagantes Blumenarrangement. RECHTS: Alle Gäste können hier das Panorama von Positano genießen, was sonst nur einer Handvoll Privilegierter von den großen Suiten (rechts) aus vergönnt ist, deren Balkons oft verschwenderisch von Begonien, Jasmin, Kapuzinerkresse und Oleander einfasst sind.

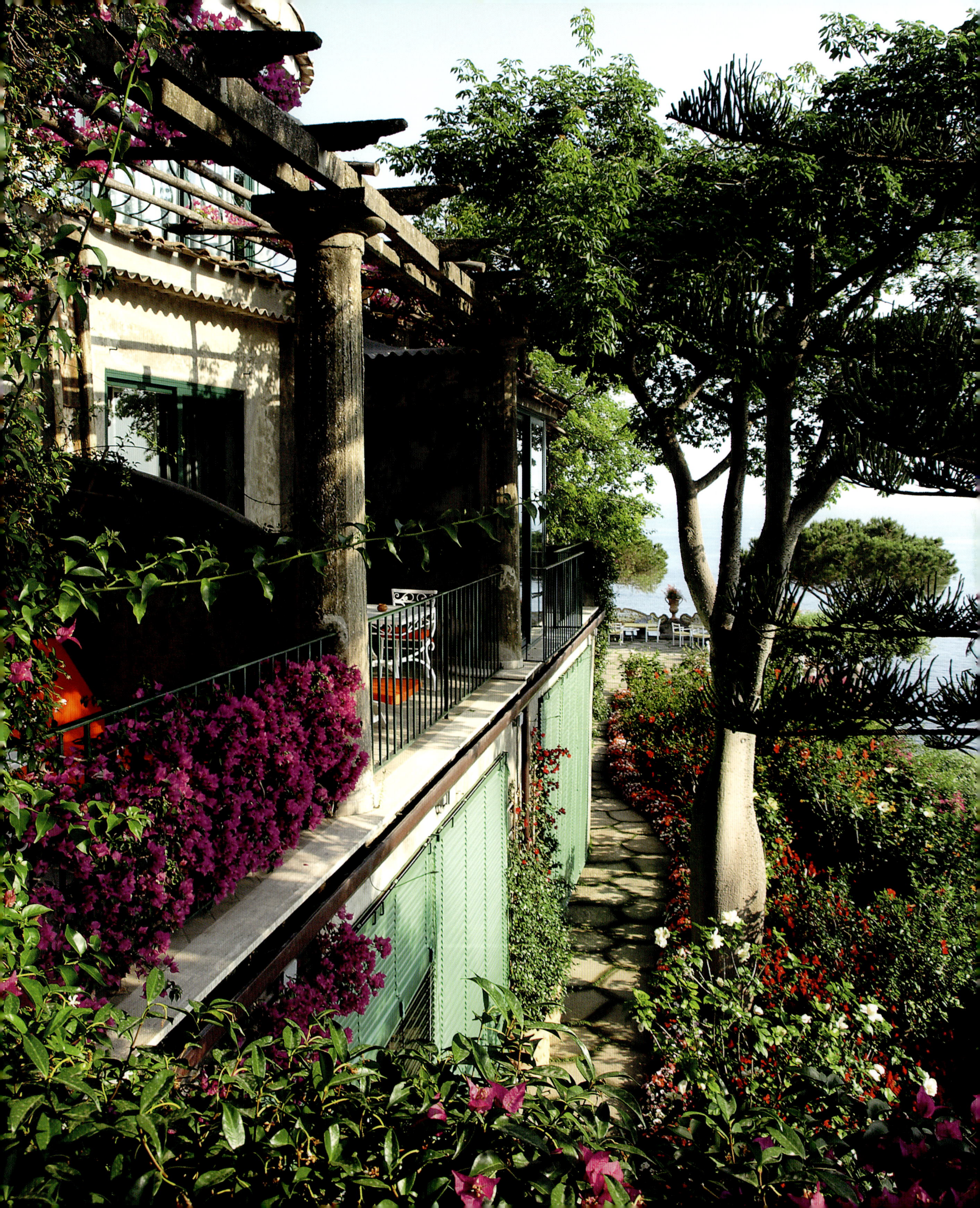

Blütenfieber
Palazzo Murat, Positano

»Der italienische Garten lebt nicht für seine Blüten«, schrieb die Schriftstellerin Edith Wharton (1862–1937) in »Italian Villas and their Gardens« (1904). »Seine Blüten leben für ihn, sie sind eine späte und spärliche Dreingabe zu seiner Schönheit, eine beiläufige Zier, die als ein Effekt von vielen zu seiner zauberhaften Gesamtwirkung beiträgt.«

Edith Wharton hätte die Verwendung des Wortes beiläufig wohl noch einmal überdacht, hätte sie je den Hofgarten des Palazzo Murat in Positano besucht. Dieses Versailles des 18. Jahrhunderts im beeindruckenden Stil des neapolitanischen Barocks wird Luigi Vanvitelli zugeschrieben, der auch den großen Palast in Caserta, nördlich von Neapel, entwarf. Tritt man durch das Eingangstor, gelangt man in einen Innenhof, der Dreiviertel der farbenprächtigsten Blumen der Welt zu beherbergen scheint. Mit einer Palette, die selbst die der französischen Impressionisten in den Schatten stellen würde, bietet dieser sonnendurchflutete Garten ein wahres Feuerwerk der Blüten.

Geißblatt und Passionsblumen ergießen sich über die alten Palastmauern. Jasmin und Strelitzien breiten sich, einer bunten Decke gleich, über den Steintreppen aus. Verschwenderisch üppig klettert der Jasmin an Spalieren. Girlanden der Kapuzinerkresse ziehen sich von Balkon zu Balkon. Und überall leuchtet das intensive Pink der Bougainvillea; erstaunlich üppig überzieht sie Torbögen, schlingt sich zwischen den Terrassen hindurch und breitet sich wie ein Dach über der Altstadt von Positano aus – der Palazzo Murat hat sich zu einem wahren Tempel der Bougainvillea entwickelt. Als wäre das noch nicht genug, steht im Mittelpunkt einer der schönsten Bäume der Welt: *Chorisia speciosa*, ein Baum, der allein schon höchste Bewunderung hervorruft. Die Italiener nennen ihn *paloboraccio* (trunken umfallend), weil er, wie der Hibiskus, seine riesigen bonbonrosafarbenen Blüten gleich nach dem Erblühen wieder abwirft.

Anschaulicher könnte der Blütenreichtum nicht zeigen, wie die Natur Farben zu kombinieren versteht, ohne dass alles zu grell würde. Für leidenschaftliche Blütenliebhaber – und angesprochen sind hiermit Tausende – bedeutet ein Gartenbesuch hier reine Hochstimmung. »Mag der Tag auch noch so grau sein – was macht das schon?« sagt Marilu Attanasio, die mit ihrem Mann Mario den Palazzo Murat in eines der bewundernswertesten Luxushotels Italiens verwandelt hat. Als ihr Blick auf die farbenprächtigen Bougainvillea-Katarakte fällt, meint sie: »Glauben Sie mir, trübe Wintertage kennen wir hier praktisch nicht, denn hier herrscht beinahe das ganze Jahr über Sommer.«

Die Ursprünge des Gartens lassen sich Jahrhunderte zurückverfolgen, und doch ist der Garten, wie alles, was wächst, »unvollendet«. Fast jede Woche sind Veränderungen im Gang: So werden Pflanzen von einem Bereich in einen anderen versetzt, Obstbäume in Lücken gepflanzt und das erste Mal *Solidago* 'Fireworks' integriert. Die Besitzerin ist ununterbrochen am Experimentieren, oder, in ihren Worten: »Man muss sich verlieben, bevor man heiratet.«

Marilu Attanasio ist im Palazzo Murat aufgewachsen. Ihr Großvater Giacomo emigrierte, wie ein Großteil der Bevölkerung Positanos, zu Beginn des 20. Jahrhunderts nach Amerika. Zu Besitz gekommen, kehrte er in seine Heimatstadt zurück, fand seine Frau Concette und erwarb 1905 für seine größer werdende Familie den Palazzo. »Großvater pflanzte alles außer Blumen«, erinnert sich die Enkelin. »Sein Garten bestand zur Hälfte aus Gemüsebeeten und zur anderen Hälfte aus einem Weinberg; wir pressten die Trauben in den *saloni* im ersten Stock des Palazzos. Blumen galten als kostspielig und hatten nichts darin verloren; sie benötigten viel zu viel Wasser, ein Luxusgut in dieser Ecke der Welt. Damals kaufte auch niemand Tomaten, Kartoffeln oder Zucchini; man pflanzte sie selbst an.« In den fünfziger Jahren übernahmen die Erben Giacomos das Anwesen, und der Palazzo wurde zum Hotel.

Unmittelbar im Zentrum von Positano, für Paul Klee die einzige Stadt, die um eine vertikale Achse, nicht um eine horizontale angelegt sei, hat der Palazzo Murat vergleichsweise extravagante Voraussetzungen: reichlich Platz. In einer Stadt, deren Häuser, bauklötzchenartig aufeinander getürmt und ineinander verschachtelt, die steilen Hänge der Monti Commune und Sant'Angelo erklimmen, sitzt der Palazzo an zentraler Stelle auf einem nahezu flachen, 3 Hektar großen Grundstück im Schatten der Kuppel von Santa Maria Assunta, die über Positanos Spiaggia Grande schwebt.

Zur Zeit des Umbaus der Kirche im 18. Jahrhundert benötigten die Benediktiner zusätzlich Klosterräume, und das war die Geburts-

Der Palazzo Murat hat sich zu einem wahren Heiligtum der Bougainvillea entwickelt. Hier zeigt er sich zwischen Kaskaden von *B. spectabilis*, die Mauern, Balkons und Terrassen überziehen.

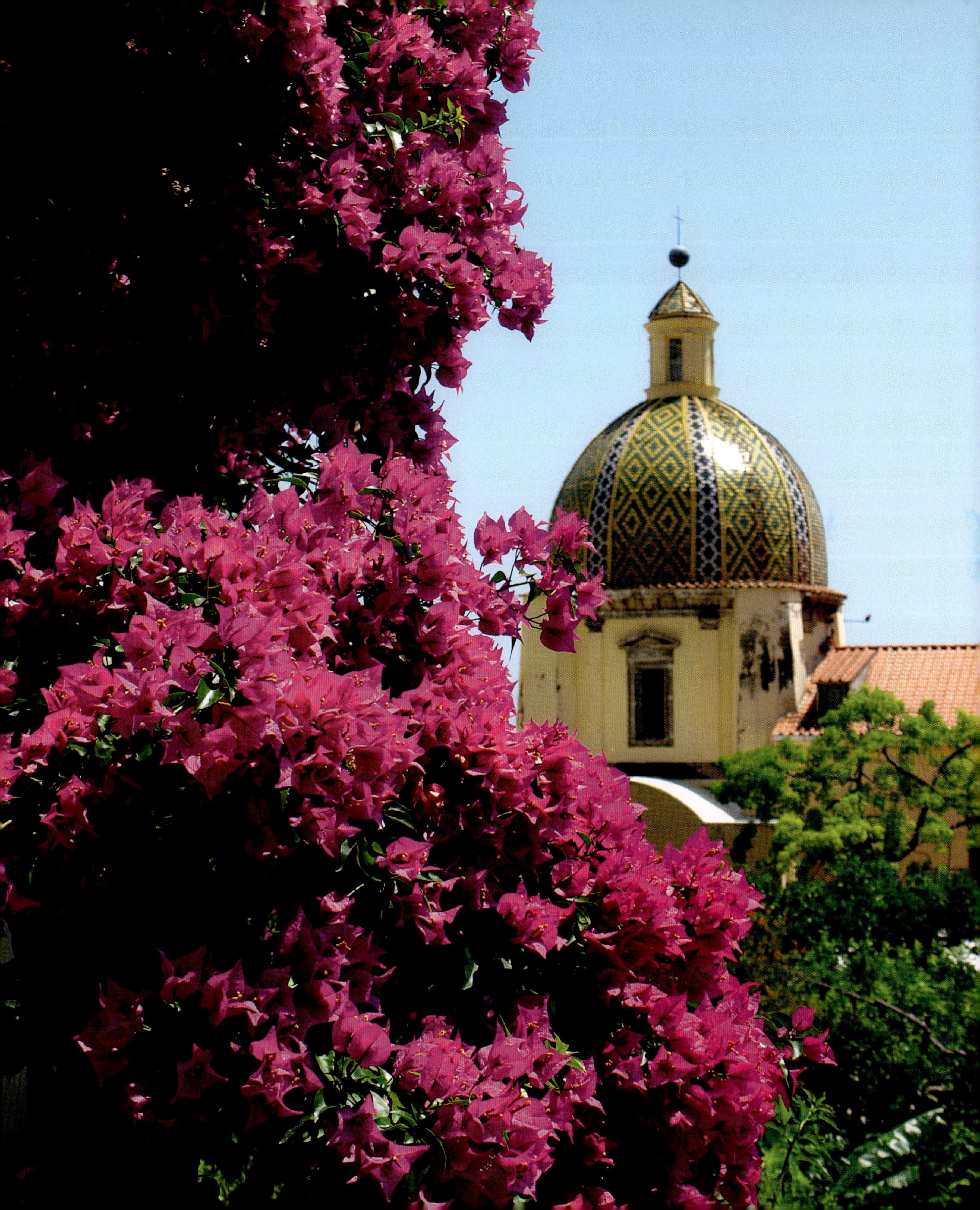

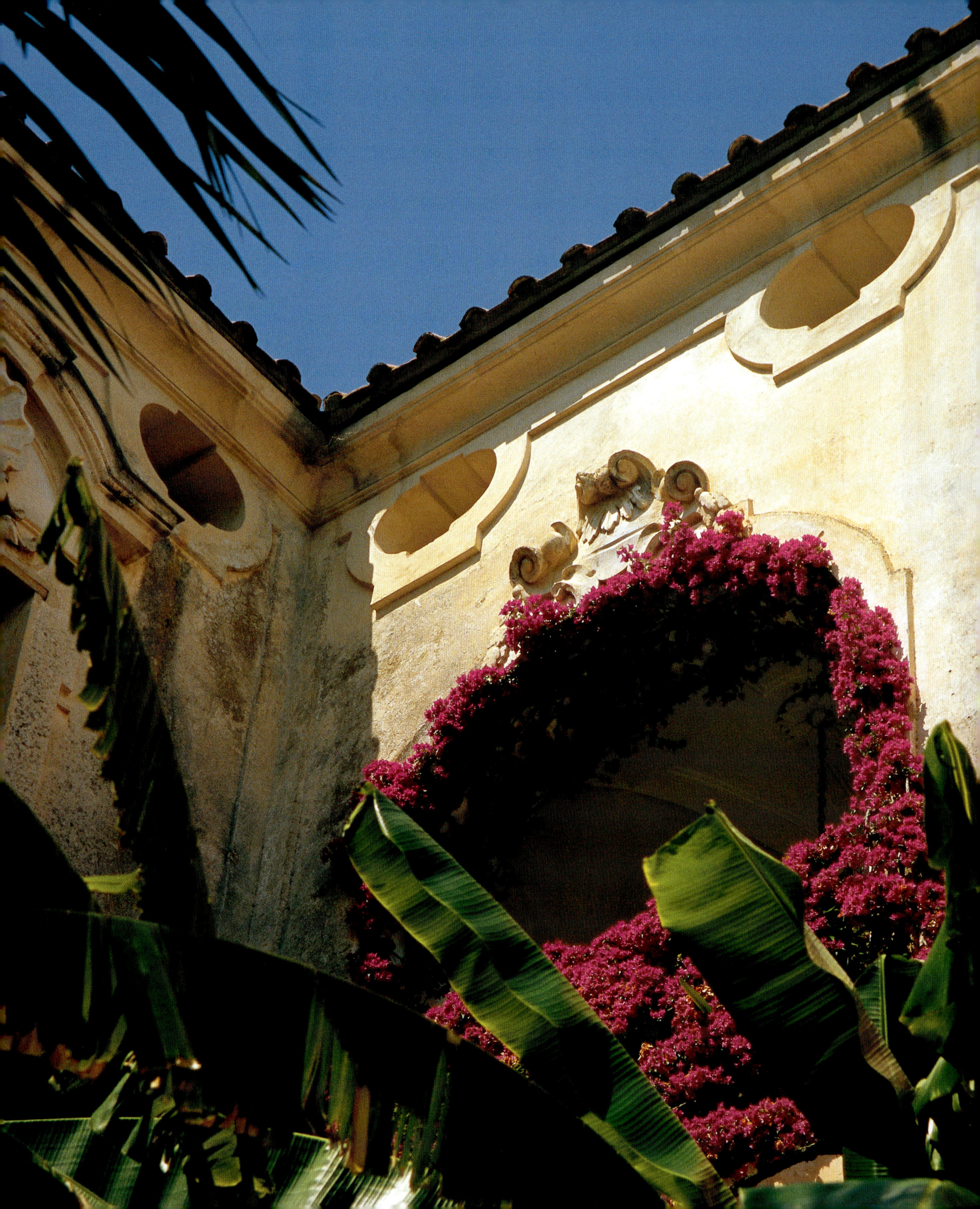

stunde des Palazzo. Vanvitelli (bzw. sein Atelier) errichtete für die Mönche eine Art architektonisches Paradies; an diese Ära erinnern einzig noch die von Pilgern in die Balkonbrüstung geritzten Jakobsmuscheln, Zeichen der Pilgerschaft. Das Kloster muss geradezu einschüchternd gewirkt haben, inmitten der Fischerhütten des Küstenorts. Als Joachim Murat, Napoleons Schwager, 1808 König von Neapel wurde, galt eine seiner ersten Amtshandlungen der Auflösung diverser religiöser Orden. Da er ohnehin ein Refugium suchte, in dem er und seine Gemahlin Caroline Bonaparte den Anstrengungen der Regierungsgeschäfte und der sengenden Hitze Neapels entfliehen konnten, machte er den Palazzo zu seinem *pied à mer*, zu einer luxuriösen Dépendance mit Brokat-Tapisserien des Empire an den Wänden und opulenter Möblierung. »Gioacchino« Murat erwies sich eher als Geck denn als Kriegsheld (es wurde ihm nachgesagt, mit nackter Brust in die Schlacht zu reiten, wenn er nicht eine seiner mit Goldtressen verzierten Uniformen trug); innerhalb

LINKS: Das aus dem 18. Jahrhundert stammende Klostergebäude wirkt überaus festlich mit seinem Girlandenschmuck von Bougainvillea, deren Blütezeit von Mai bis Dezember reicht. Die *Sanderiana*-Arten des Palazzo Murat blühen das ganze Jahr über und erfordern daher regelmäßigen Schnitt, der in der Regel von einem Bildhauer aus dem nahen Praiano vorgenommen wird. OBEN: Der Blick auf Positano zeigt den Garten des Palazzo Murat als grünes Zentrum des Orts. FOLGENDE DOPPELSEITE LINKS: Der obere Innenhof des Palazzo-Murat-Gartens führt hinunter zu einem tiefer gelegenen Parterre, dem ehemaligen Obstgarten des Klosters, der heute mit Blütenpflanzen, Kräutern, Gemüse und Obst bepflanzt ist, die mit köstlichen Gerichten auf den Tisch des renommierten Restaurants kommen. FOLGENDE DOPPELSEITE RECHTS: Eine der einzigartigen Vietri-Büsten aus Terrakotta, die den unteren Garten säumen.

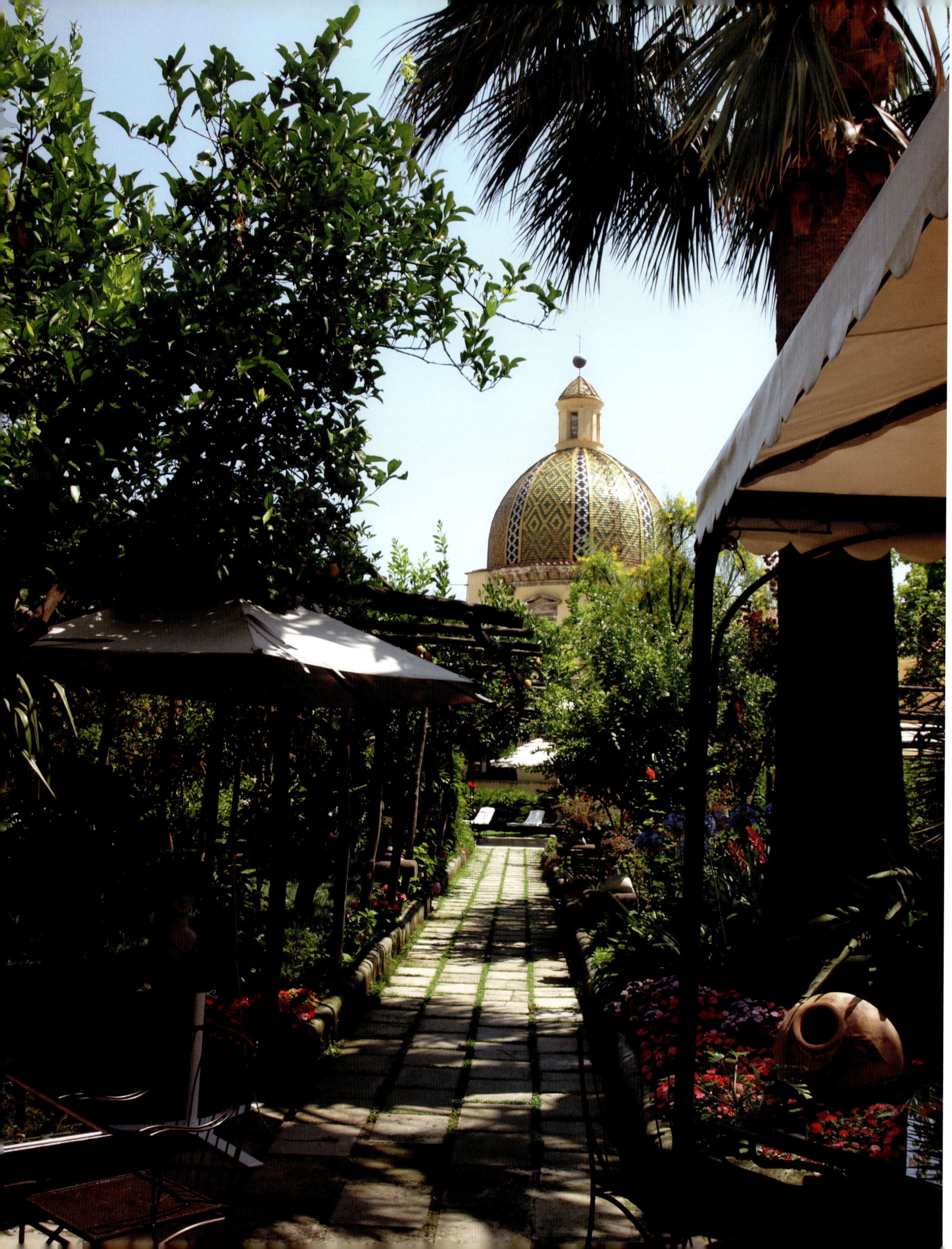

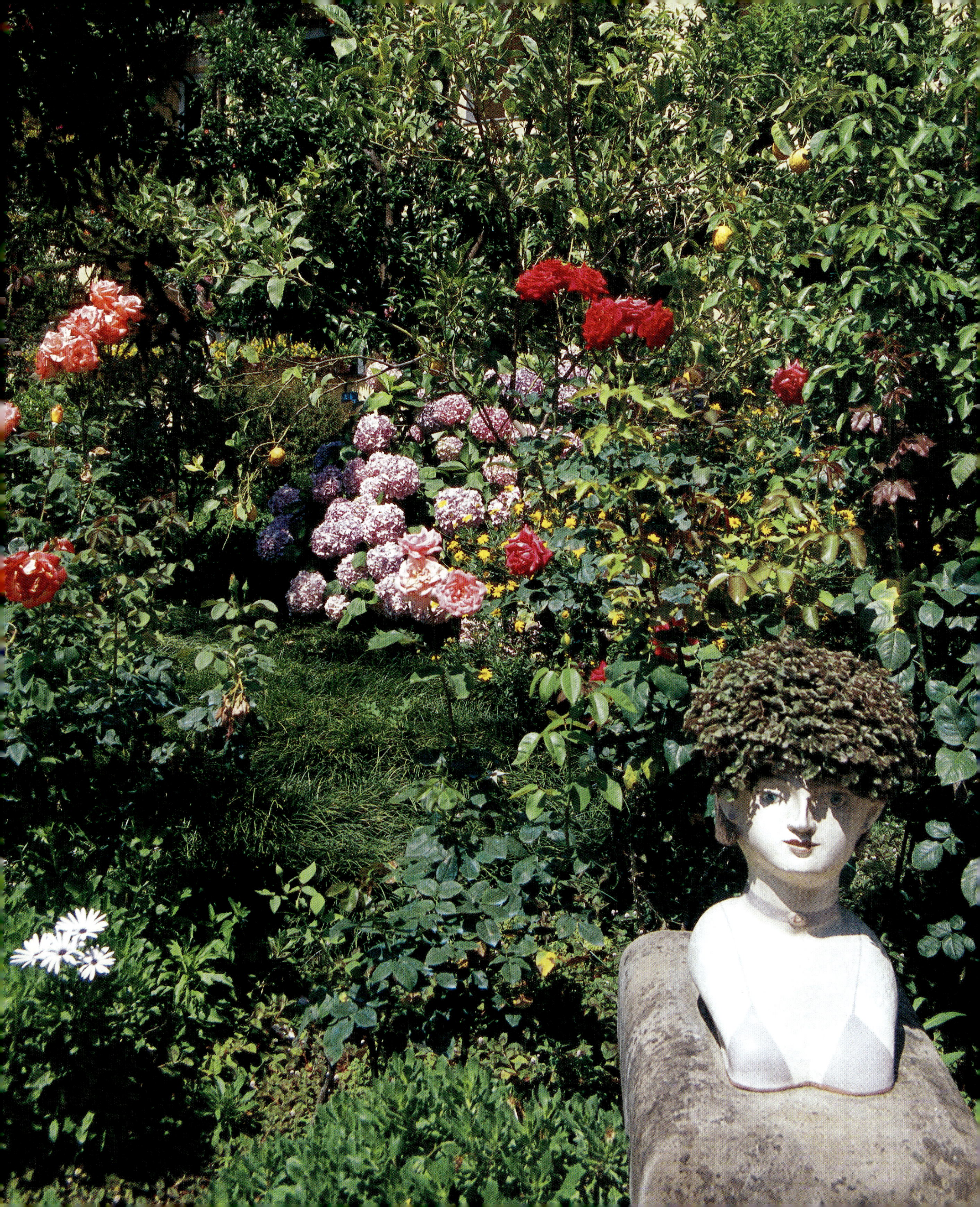

von fünfzehn Jahren waren seine französischen Streitkräfte aus Neapel vertrieben und seine Träume von einem neapolitanischen Königreich ausgeträumt. Am 13. Oktober 1815 wurde er von einem britischen Exekutionskommando standrechtlich erschossen.

Heute nehmen die Broker der Wall Street, die Deadline-Sklaven und andere Workaholics aus demselben Grund Zuflucht im Hotel Palazzo Murat wie einst der König von Neapel: um wie die Fischer zu leben, zumal in Positano die Fischer dank der erstaunlichen Schönheit der Natur schon immer wie Könige lebten.

Marilu Attanasio erzählt von ihrem Garten: »Man könnte ihn für einen pflegeintensiven Garten halten. In Wirklichkeit aber braucht er wenig Zuwendung, denn seine fantastischen Pflanzen wachsen und blühen wie von selbst, eine nach der anderen. Schlimm ist nur, dass es im Juli und August mörderisch heiß sein kann. Wir waren schon einmal versucht, den Blumen mehr Wasser zu geben als unseren Gästen! Doch ließ sich das Problem lösen, indem wir die unterirdischen Zisternen des Anwesens sanierten. Die ersten Grabungen für diese Zisternen gehen auf die Römerzeit zurück, als das Stück Land Teil einer riesigen *villa marittima* war, die durch den Ausbruch des Vesuvs im Jahr 79 n. Chr. zerstört wurde. Jahrhunderte lang wurden die Zisternen dann als Weinkeller genutzt. Wir haben sie wieder in Wasserspeicher umgewandelt, um uns ausreichende Reserven zu sichern, selbst an *giornati torridi*, den heißesten Tagen.«

Der Boden ist so fruchtbar, dass in einem Jahr gedeiht, was andernorts fünf Jahre braucht – Grund genug, die Hälfte des Gartens für den Anbau von Obst und Gemüse, Einträgliches also, zu nutzen: alte Kartoffelsorten, 'Rampicante'-Zucchini, 'Roma'-Tomaten und 'Fire Candle'-Rettiche sowie die Früchte der Obstbäume wie Feigen, Guajaven, Zitronen, Orangen, selbst eine Ananas-Guajave (*Acca sellowiana*). Die Köstlichkeiten landen letztlich auf den Tischen des renommierten Restaurants Al Palazzo. Der Gemüsegarten liegt unmittelbar neben dem Restaurant, und wenn man die berühmte Dessertspezialität des Hauses, grünes Basilikum-Eis mit *fragoline di bosco* (Walderdbeeren), fein verteilt in einem moussierenden Gelee aus rotem Perlwein, bestellt, kann man die Lücken sehen, in denen Basilikum und Erdbeeren eben noch standen. So sieht Nachhaltigkeit aus, wenn auch auf sehr hohem Niveau. »Harte Arbeit? Die Gartenarbeit kostet mich wahrscheinlich weniger Zeit als der Einkauf in einem Supermarkt«, entgegnet Marilu Attanasio lachend.

Im Hof des Palazzos scheint eines der bekanntesten Prachtexemplare von Bougainvillea in Italien die Mauern zu erklimmen.

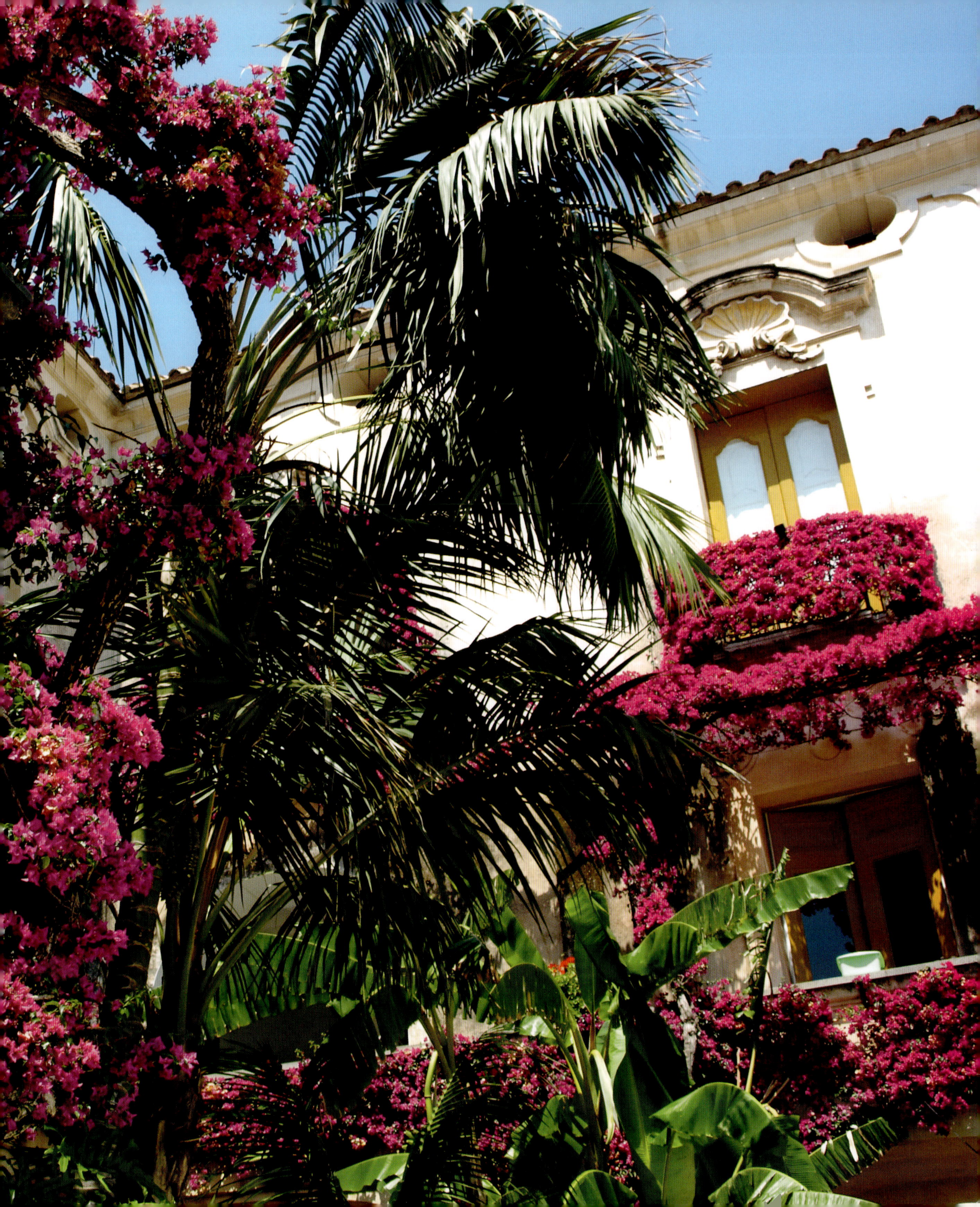

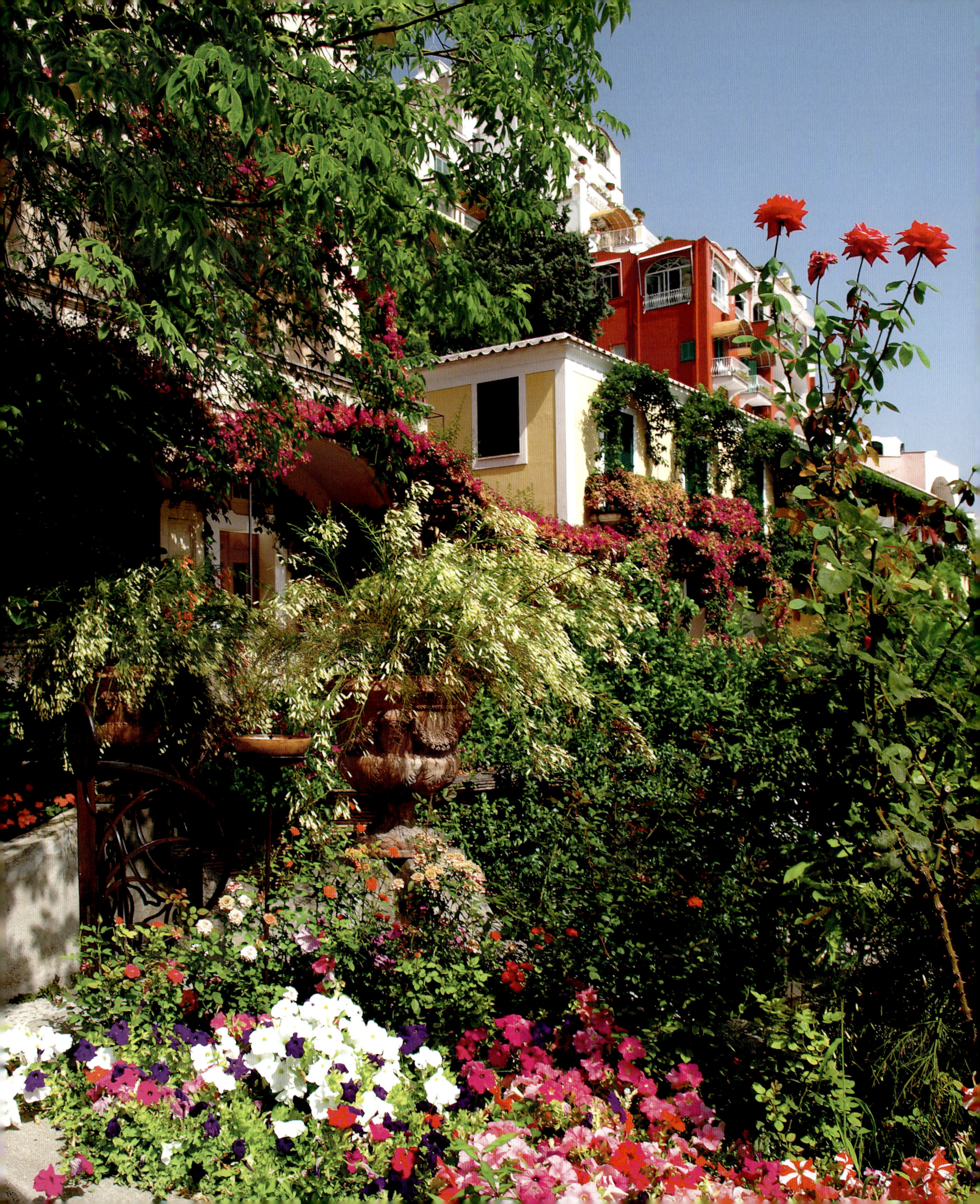

Tatsächlich aufwendig zu pflegen sind lediglich die berühmten Bougainvillea-Spezies. »Die Sanderiana-Arten, die wir hier haben, blühen das ganze Jahr über, aber, an einem gewissen Punkt angelangt, erfordern sie einfach einen ›Haarschnitt‹.« Mit diesem Schnitt wird ein Bildhauer aus dem nahen Praiano beauftragt. »Er verpasst ihnen genau die richtige *potatura* (Schnitt), in der Regel im Juli, wenn die Pflanzen dazu neigen, *secca* (trocken) zu werden. Er entfernt sämtliche dürren Blätter von den Trieben, die daraufhin fröhlich weiterblühen bis Weihnachten, und dann binden wir daraus gern Gestecke und Kränze.«

Folgt man dem Gartenweg nach oben, erkennt man zwei Ebenen. Die obere ist die Blüten-Terrasse. Steinstufen führen zur unteren und zurück zum Restaurant; von hier aus gelangt man im Schatten von Obstbäumen zum Gemüsegarten, der mit einer bunten Mischung von Aloen und Agaven, Sukkulenten und Kakteen gesäumt ist, eine Augenweide, wohin man auch blickt! Die akkuraten Reihen köstlicher Blattsalate und Flaschenkürbisse daneben sind überaus malerisch, lassen den Gedanken gar nicht aufkommen, ob Gemüse nun nützlich oder ästhetisch ist.

Von ihrem letzten Urlaub in Thailand hat Marilu Attanasio eine Ingwer-Art mitgebracht, die riesige rote Blüten hat. »Es ist keineswegs eine so exotische Pflanze, wie man annehmen sollte: Man denke nur an den roten Jasminbaum (*Frangipani*), der heute in fast jedem italienischen Garten vertreten ist, ursprünglich aber aus Siam kam.« Auf Reisen hat Marilu Attanasio grundsätzlich ihr Messer dabei. »Ich halte immer Ausschau nach Neuem«, sagt sie. »Nur durch ständiges Verändern und Neuordnen kommen wir unserem Ideal allmählich näher. Auch mag ich Veränderung, Perfektion im Grunde nicht so recht.« Sie feilt immer wieder an ihren Pflanzenkombinationen, wohl wissend, dass ihr Garten immer im Werden begriffen sein wird. Darin folgt sie den Fußstapfen ihrer Mutter. »Mama liebte diesen Garten, sie war von sieben Uhr früh bis fünf Uhr abends hier draußen bei der Arbeit.« Und sie selbst? »Meine Hände mögen Ihre Frage beantworten.« Angesichts von so viel Zuwendung und Liebe, verwundert es nicht, dass der Garten des Palazzo Murat ein Hort üppigsten Wachstums und blühender Schönheit ist.

LINKS: Petunien und Rosen sind nur zwei der leuchtenden Blüten, die den Garten des Palazzo Murat zu einer Augenweide machen. RECHTS: Amphoren finden sich überall im unteren Garten, sie erinnern die Gäste an das antike Römische Reich, bis auf das die Geschichte des Palazzo zurückgeht.

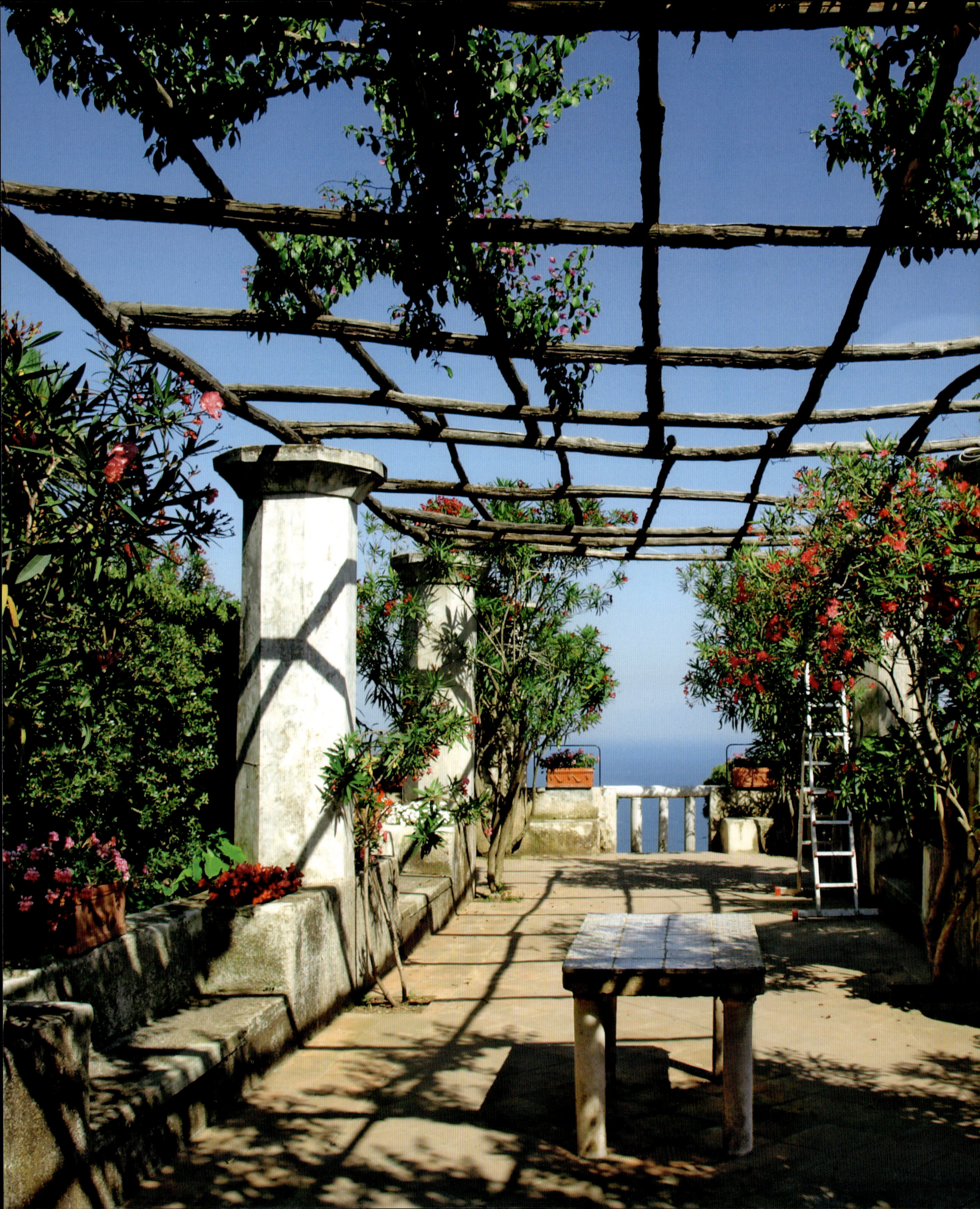

Die Blume und die Herrlichkeit
Villa Rufolo, Ravello

Sie brauchen nur auf die obere Terrasse der Villa Rufolo zu treten, und Sie haben einen Ausblick, der die Farbe Blau ein für alle Mal definiert. Wie ein himmlischer Farbschleier zieht sich dieses Blau hin, soweit das Auge reicht. Seine perlende Transparenz lässt das Panorama des Golfs von Salerno fast plastisch hervortreten, von den zum Greifen nahen Kuppeln der Kirche Santissima Annunziata bis zu den fernen Ufern des antiken Paestums – ein Blick, der dem Garten, einem der großartigsten Gärten Italiens, fast die Schau stehlen könnte. Mehrere Gartenterrassen, die an einem Ausläufer des Monte Cerreto hängen, als wollten sie sich in das 425 Meter tiefer liegende Meer stürzen, bringen, einem Amphitheater gleich, dieses stupende Panorama zur Geltung, in dem Himmel und Meer eins zu werden scheinen. Wo sich das ganze Paradies vor Ihren Augen entfaltet – die unzähligen Farbschattierungen hat man schon oft als »die blaueste Aussicht der Welt« umschrieben –, scheinen dahintreibende Wolken die einzige Verbindung zum Kosmos zu sein. Selbst in einer Gegend, in der derartige Erlebnisse alltäglich sind, lässt dieser Blick von traumhafter Schönheit niemanden unbeeindruckt.

Es verwundert kaum, dass die Familie Rufolo – Boccaccio erwähnt später Lorenzo (Landolfo) Rufolo in einer Novelle des »Decamerone« – diesen Adlerhorst für den Bau ihrer Villa wählte. Mit einem arabisch-normannischen Turm, maurischen Arkadengängen und Gärten, einem Papst angemessen – Papst Hadrian IV. soll laut einer Legende einige der alten Rosengärten eingerichtet haben –, beeindruckte die Villa Rufolo noch jeden.

Unsterblichkeit erlangten die Gärten im Frühjahr 1880 mit der Ankunft Richard Wagners. »Klingsors Zaubergarten ist gefunden!« frohlockte er beim Anblick der opulenten Glyzinen. Er verbrachte den Abend in der Villa und spielte den zweiten Akt des Parsifals auf einem verstimmten Klavier, begleitet nur von seinem mächtigen Ego und einem heftigen Gewitter. Nachdem er das Instrument eine ganze Nacht über bearbeitet hatte, in der die Blitzschläge des *tempesta* den Takt vorgaben, stürmten die Einheimischen in den Saal und erklärten den Komponisten für *pazzo*, schlichtweg verrückt.

Im Zuge der Restaurierung durch Sir Francis Neville Reid in den fünfziger Jahren des 19. Jahrhunderts erhielt die obere Terrasse eine Pergola, die heute mit Oleander, scharlachrotem Salbei und Bougainvillea bewachsen ist.

Zu so einer Äußerung würde sich heute niemand mehr hinreißen lassen, denn in den letzten achtzig Jahren ist die Villa Rufolo zum Schauplatz eines der erfolgreichsten Musikfestivals Italiens geworden, des alljährlichen Festivale Musicale di Ravello. Heute finden im Rittersaal oft Bachkonzerte statt, die Wagner-Terrasse dient regelmäßig den orchestralen Huldigungen an den Komponisten.

Die Familie Rufolo war durch den Handel mit Marokko und Nordafrika zu Reichtum gekommen. Um Kalifen und Könige standesgemäß empfangen zu können, wollte sie in ihrer Heimatstadt Ravello eine Residenz für rauschende Feste errichten. Um diese Zeit galt die Stadt bereits als das Bel Air der Amalfiküste, entsprechend hochnäsig war das Auftreten gegenüber den weniger attraktiven Nachbarstädten Atrani und Amalfi, die weiter hügelabwärts liegen. Mit der Bebauung des antiken Pendolo-Quartiers auf der Klippenseite folgten die Rufolos dem Vorbild der amalfitanischen Aristokraten, die, durch den Mittelmeerhandel vermögend geworden, der drückenden Schwüle in der *kasbah*-artigen Enge ihrer Vaterstadt gern entflohen, um das ländlich luxuriöse Leben in Ravellos frischer Bergluft zu genießen.

Formen aus Marokko und Nordafrika prägten den Stil der Zeit; sie hatten im Sizilien des 13. Jahrhunderts Eingang gefunden. Die Insel unterstand damals noch, wie auch Neapel, dem französisch-normannischen Hof; hier war der sarazenische Zauber, den die Mauren während der zwei Jahrhunderte ihrer Herrschaft entfaltet hatten, noch prägend. Es sollte nicht lange dauern, bis Amalfi, Teil des Königreichs Beider Sizilien, den normannisch-maurischen Mischstil begeistert aufnahm. In Amalfi, der damals »reichsten Stadt der Welt«, kreuzten sich nicht nur die Handelswege, sondern auch die künstlerischen Strömungen. Zeugnis davon legt die mächtige Kathedrale mit ihrem Glockenturm ab, der unter dem einem maurischen Turban nachempfundenen Dach eher an ein Minarett als an einen *campanile* erinnert. Die Rufolos selbst unterhielten Geschäftsbeziehungen zu vielen arabischen Händlern, und so ist die Verwendung sarazenisch-maurischer Stilelemente in ihrer Villa kaum überraschend. Zwischen 1270 und 1280 schufen sie einen »arabo-orientalischen« Bau, einen weitläufigen Komplex mit Festhallen, Pavillons und Innenhöfen, mit »mehr Räumen, als das Jahr Tage zählt«, wie ein mittelalterlicher Chronist es ausdrückte.

Der Aufstieg des Geschlechts der Rufolo war vor allem Ravellos ausgesetzter Höhenlage zu verdanken, die Sicherheit vor den Invasionen maurischer Piraten bot, wie sie die Küstenstädte rundum fürchteten. Eine andere Gefahr ließ sich nicht so leicht bannen. Der tiefe Konflikt zwischen der amalfitanischen Bevölkerung und den französisch-normannischen Herrschern, die von Neapel aus regierten, verschärfte sich. Im näheren Umkreis zogen sich die führenden

OBEN: Oleanderzweige umspielen mit ihrer leuchtenden Blütenpracht die Exedra der oberen Terrasse. RECHTS: Der Schatten der Bougainvillea wirkte schon immer verlockend auf die Gäste der Villa, von Boccaccio bis Wagner – alle ließen sie sich zum Verweilen auf der oberen Terrasse einladen.

Köpfe Ravellos den Zorn des Dogen von Amalfi, ihres mächtigsten Nachbarn, zu, als sie sich auf die Seite der angevinischen Herrscher, nicht auf die der Amalfitani schlugen, was zu politischem und territorialem Streit führte. 1086 erlitten die Streitkräfte des Dogen eine vernichtende Niederlage, als ein Drahtzieher des angevinischen Hofes, Graf Roger, seine politischen Beziehungen nutzte (ändern sich solche Dinge denn nie?) und Ravello zum angevinischen Bistum unter der Zuständigkeit Papst Viktors III. erklärte. Amalfi hatte keine Wahl, es musste die Herrschaft der Kirche anerkennen. So war Ravellos Unabhängigkeit von Amalfi zwar gesichert, allerdings richtete sich nun die wachsende Missgunst der Amalfitaner als kollektives Ressentiment gegen die führende Familie von Ravello, die Rufolos, und ihren angeblich ausschweifenden Lebenswandel.

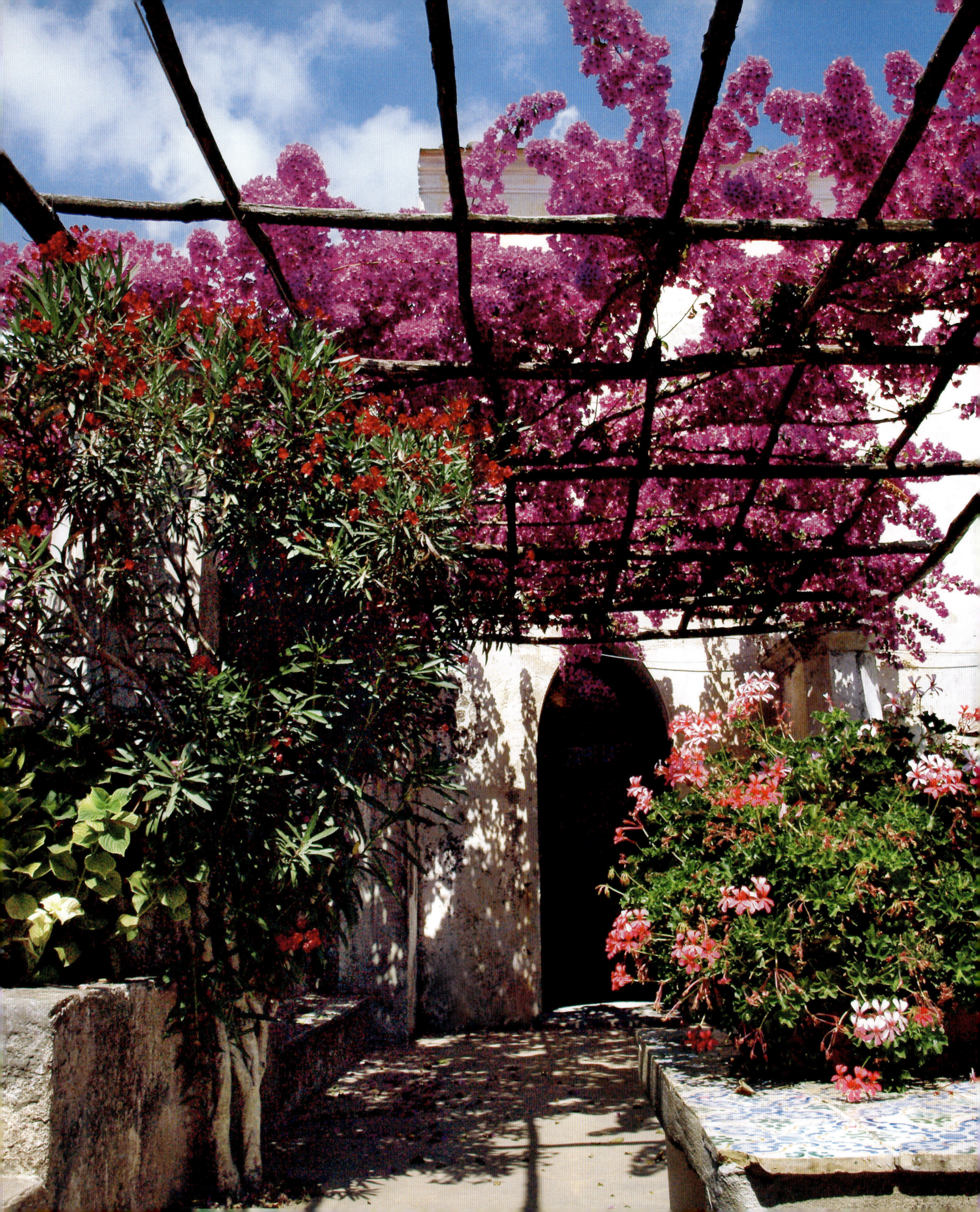

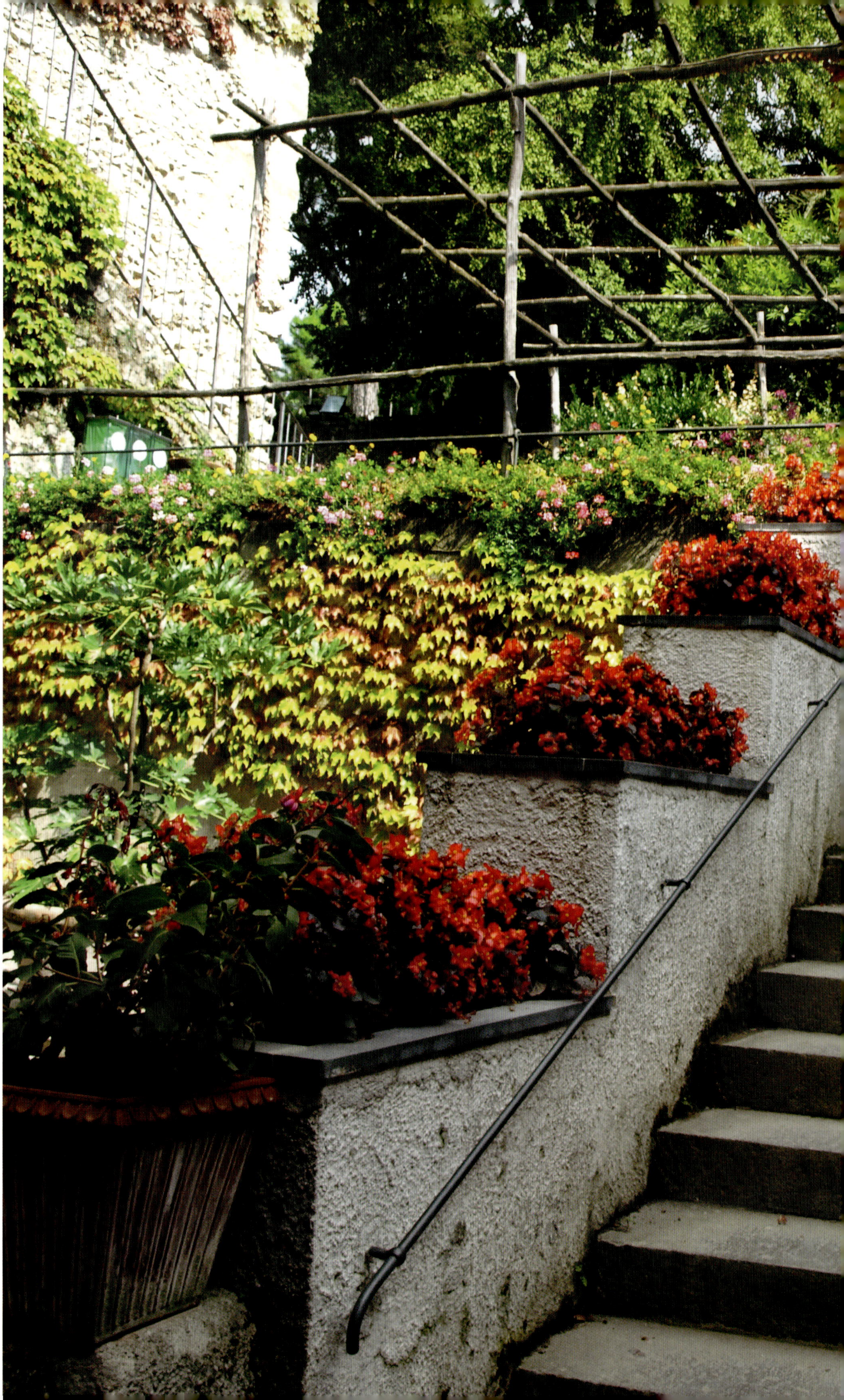

Diese Treppe, von Trögen mit scharlachrotem Salbei begleitet, verbindet den Maurischen Hof mit der oberen Terrasse.

Für diese Auffassung mag es Anhaltspunkte gegeben haben. So wurde erzählt, dass Karl II. zu einem Festmahl nach Marmorata, der Küsten-Residenz der Rufolos geladen war, und Rufolo nach dem Essen scheinbar achtlos, aber für alle sichtbar, die Silbertabletts ins Meer geschleudert habe (schlauerweise hatte man vorher Netze im Wasser ausgelegt, die sie auffingen). Wesentlich später, im Jahr 1585 spricht der Geschichtsschreiber Giovanni Battista Bolvito von mit Halbedelsteinen besetzten Fayencen geflügelter Kreaturen am Eingangsturm zur Villa. Wie die unermessliche *richesse* (Pracht) des Château Vaux-le-Vicomte vierhundert Jahre später einen missgünstigen Ludwig XIV. den Erbauer Nicolas Fouquet ins Gefängnis werfen ließ, so hatte die Villa Rufolo auf die angevinischen Monarchen, Karl I., König von Sizilien, und den Kronprinzen Karl von Salerno (später Karl II.), die Wirkung, dass sie rotsahen oder grün vor Neid wurden. Sie wurden zu Gegnern der Familie Rufolo. 1283 spitzte sich der Konflikt zu, als Karl gegen Matteo und Lorenzo Rufolo, Vater und Sohn, den Vorwurf der Korruption erhob, auf Drängen der Amalfitani, die erbost waren über Steuerforderungen, die bewaffnete Ritter der Rufolos unter Schikanen eintrieben. Beide Rufolos wurden zum Tod verurteilt (Matteo überlebte), und Karl soll gesagt haben: »Um Saatgut zur Reife zu bringen, muss ein gewissenhafter Bauer seine Felder öfter mal von Dornen befreien.«

Überlieferungen wie diese fielen bei Boccaccio auf fruchtbaren Boden, sie lieferten ihm reichlich Stoff für den »Decamerone« (1353). Am zweiten Tag der 4. Novelle lässt Boccaccio die schöne Lauretta die Geschichte eines gewissen »Landolfo« Rufolo von Ravello erzählen; man weiß inzwischen, dass er die Ereignisse um die Familie Lorenzo Rufolo darin verarbeitet hat. Im Mittelpunkt steht ein junger Mann, der, nicht zufrieden mit seinem Reichtum, diesen zu verdoppeln versucht und sich damit letztlich um fast alles, was er besaß, bringt, auch um sein Leben. Dieser junge Mann wird nach dem Verlust seines gesamten Geldes infolge von Handelsspekulationen auf Zypern zum gewissermaßen erfolgreichen Seeräuber, doch seinen Gewinn rauben ihm verbrecherische genuesische Händler auf hoher See. Vor Korfu ist er kurz vor dem Ertrinken, die Arme krampfhaft um ein Holzkästchen geklammert, wird aber von einer Dienstmagd gerettet. Das Kästchen ist, wie könnte es anders sein, mit kostbaren Steinen gefüllt. Mit diesen Edelsteinen, die er in seinem Gürtel verbirgt, schlägt sich der gerettete Seeräuber über die adriatische zur apulischen Küste durch, um schließlich mit weit größerem Besitz denn je nach Ravello zurückzukehren.

Mit einigen dieser Details hat sich Boccaccio nicht weit von der Wahrheit entfernt. Das Vermögen, das die Rufolos als Bankbevollmächtigte der angevinischen Könige anhäufen konnten, haben sie durch Handel um ein Vielfaches vermehrt. Mit Getreide und Bau-

OBEN: Der lange Zeit Torre Maggiore genannte normannische *campanile* aus dem 14. Jahrhundert wurde in Wagner-Turm umgetauft, nachdem der Komponist 1880 in der Villa Rufolo zu Gast gewesen war. RECHTS: Die Säulen der oberen Terrasse blicken herab auf die geometrischen Blumenbeete der unteren Terrasse, die in jedem Jahr Schauplatz zahlreicher Konzerte des Musikfestivals von Ravello ist.

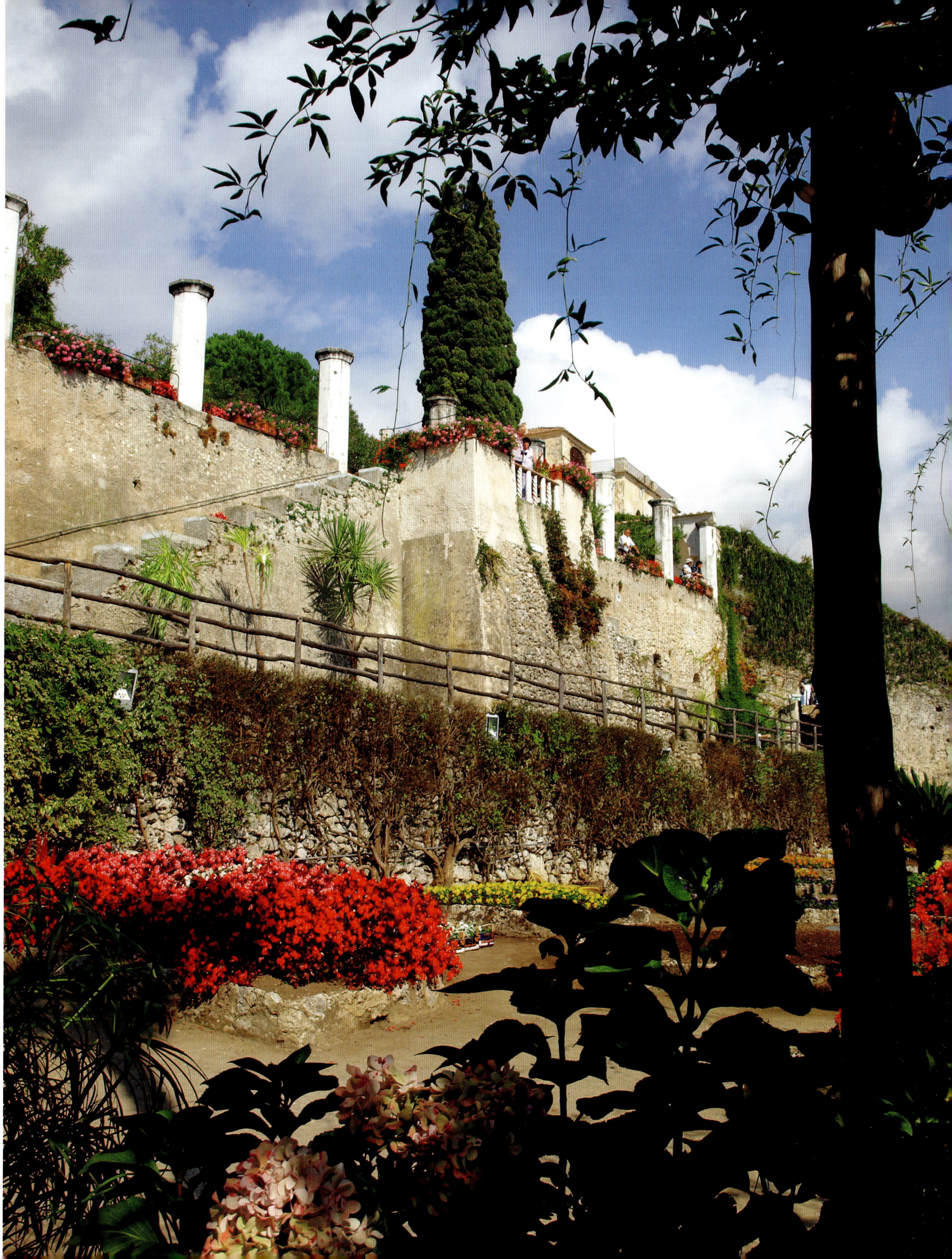

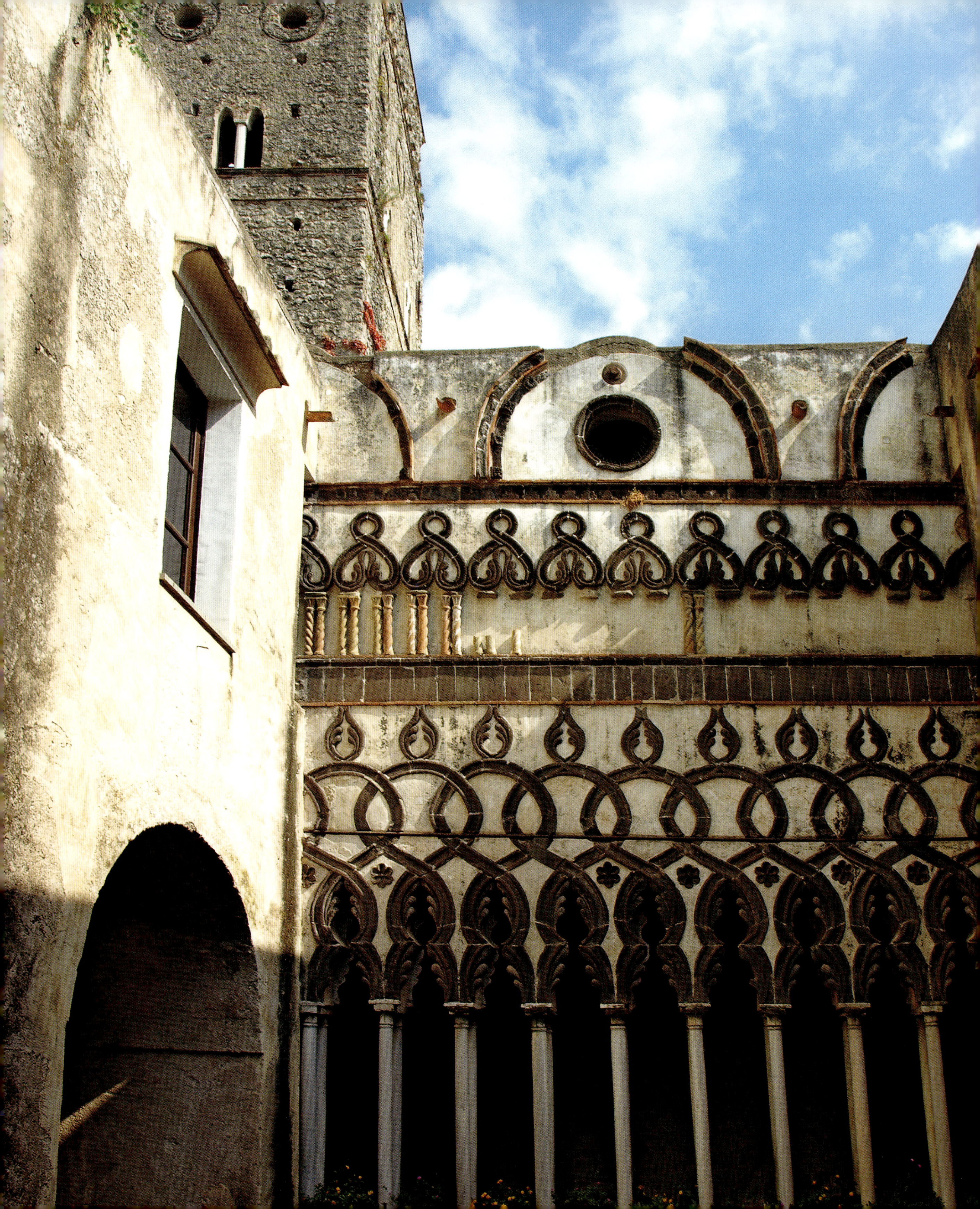

holz beladene Schiffe hatten so ferne Ziele wie Córdoba, Kairo oder Konstantinopel und kehrten mit den feinsten Seiden und seltenen Gewürzen beladen wieder zurück. Im Zuge ihres gesellschaftlichen Aufstiegs zählte die Familie binnen kurzem vier Bischöfe zu ihren Angehörigen sowie den Bankier Matteo Rufolo, dessen finanzkräftiger Arm so weit reichte, dass er die Krone Karls II. von Anjou als Pfand verwahrte. Laut einer Urkunde der Ehrenrechte und Privilegien spendete Nicola Rufolo, Vater von Matteo und Großvater von Lorenzo, 1272 der Kathedrale von Ravello eine mächtige Kanzel mit Mosaikschmuck und einen Tabernakel, Werke, die zu Italiens bedeutenden Kunstschätzen des Mittelalters gehören. Weil Hochmut aber meist vor dem Fall kommt, konnte dieser Akt gemeinnütziger Großzügigkeit nicht verhindern, dass die Familie in Ungnade fiel, was mit Beschuldigungen der Korruption anfing, auf die Gefängnis stand, und mit der Exekution Lorenzos endete.

Dank seiner Liebesverbindung mit Maria d'Aquino, Tochter von König Robert von Anjou – im Decamerone ist sie in der Gestalt der Fiammetta verewigt –, hatte Boccaccio Zutritt zum inneren Zirkel des angevinischen Hofes und reiste mit der Entourage zu einem Festmahl in die Villa Rufolo. Man kann sich vorstellen, wie entzückt und entrüstet zugleich die französischen Normannen auf den exzessiven Prunk reagierten; ihr eigener Verhaltenskodex verbot luxuriöse Prachtentfaltung wie in der Villa Rufolo rigoros.

Und doch waren das bunte Geflecht arabischer, sizilianischer, byzantinischer und normannischer Elemente und die Tausend-und-eine-Nacht-Pracht der üppigen Seidentapisserien und Brokate, der mit goldenen und azurblauen Mosaiken besetzten Kuppeln und der Stühle mit Elfenbeinintarsien rein nichts im Vergleich zum alles übertrumpfenden Luxus der Villa Rufolo mit ihrem prachtvollen Garten. In einem Land, in dem Wasser zu jener Zeit wertvoller als alles war und wie ein Schatz an den jeweils Höchstbietenden verkauft wurde, war der Garten so weitläufig, dass sich in den Porzellankrügen für die entsprechenden Wasserreserven vermutlich vierzig Diebe hätten verstecken können. Die arabische Zivilisation hat vielerlei Genussgüter nach Italien gebracht, neue Gewürze für Bankette, Webteppiche, Holz-Kredenzen und neuartige Arzneien,

Links: Im maurisch-sizilianischen Cortile Moresco (Maurischen Hof) aus dem 14. Jahrhundert tafelten einst türkische Sultane und angevinische Könige. Rechts: Majestätische Zypressen verleihen dem Blick über den Golf eine gewisse Dramatik. Folgende Doppelseite links: Über gewaltigen Spitzbögen liegt die normannische Halle der Kavaliere; auch sie ist in den Sommermonaten Ort von Konzerten. Folgende Doppelseite rechts: Das Parterre des unteren Gartens zeigt im Lauf des Jahres ganz unterschiedlich bepflanzte Blumenbeete; hier blühen gerade Pelargonien, Begonien und Studentenblumen (*Tagetes.*)

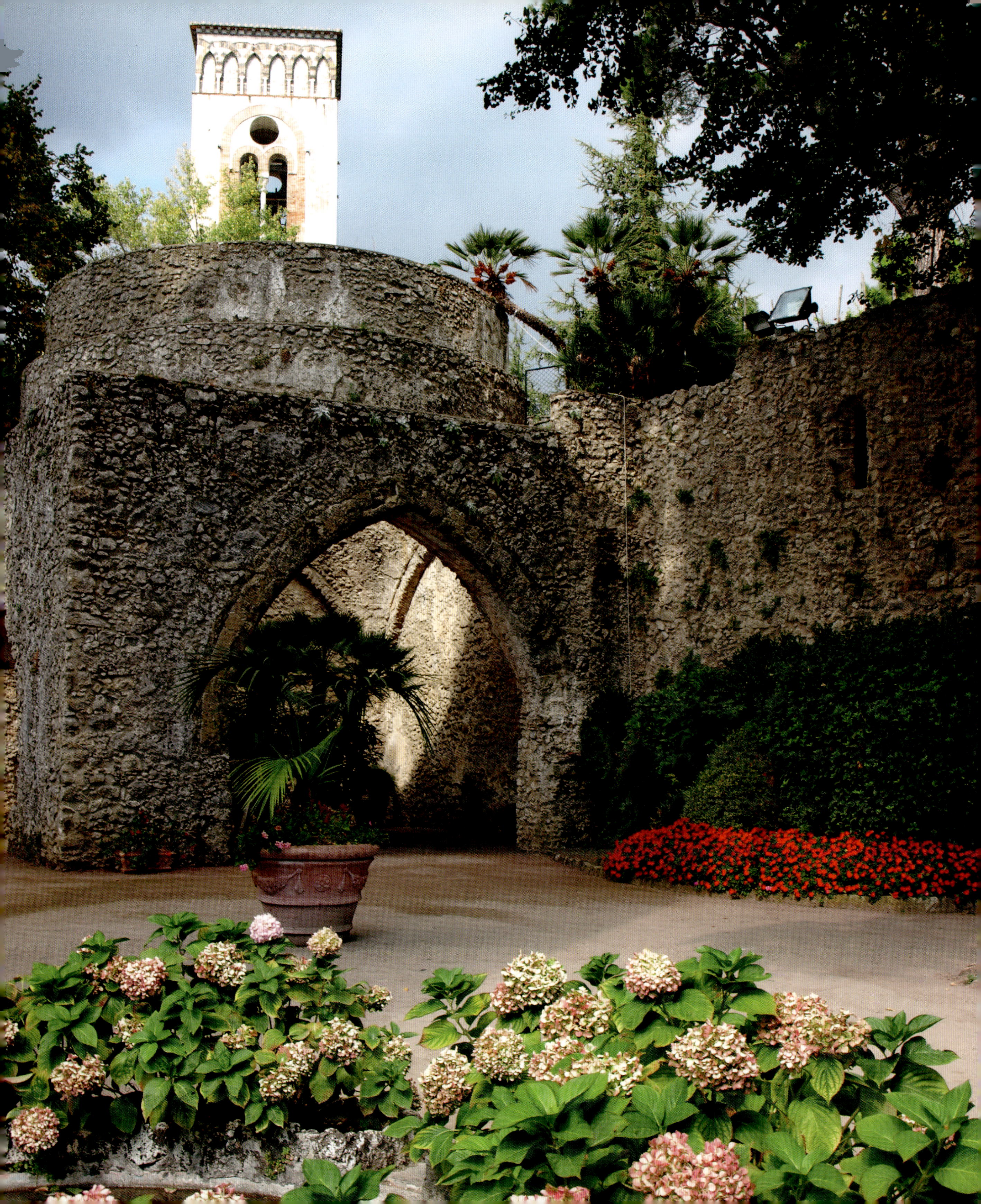

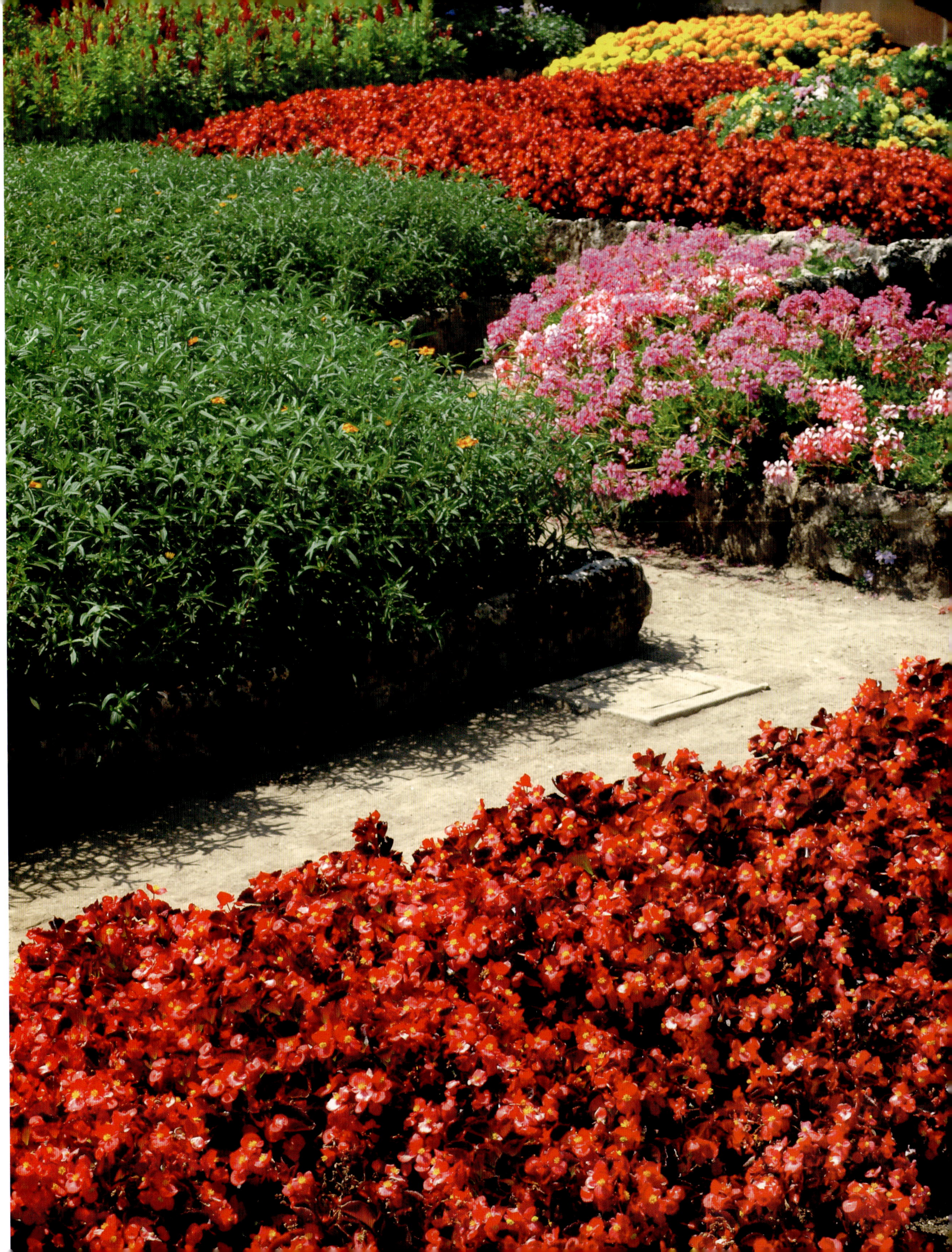

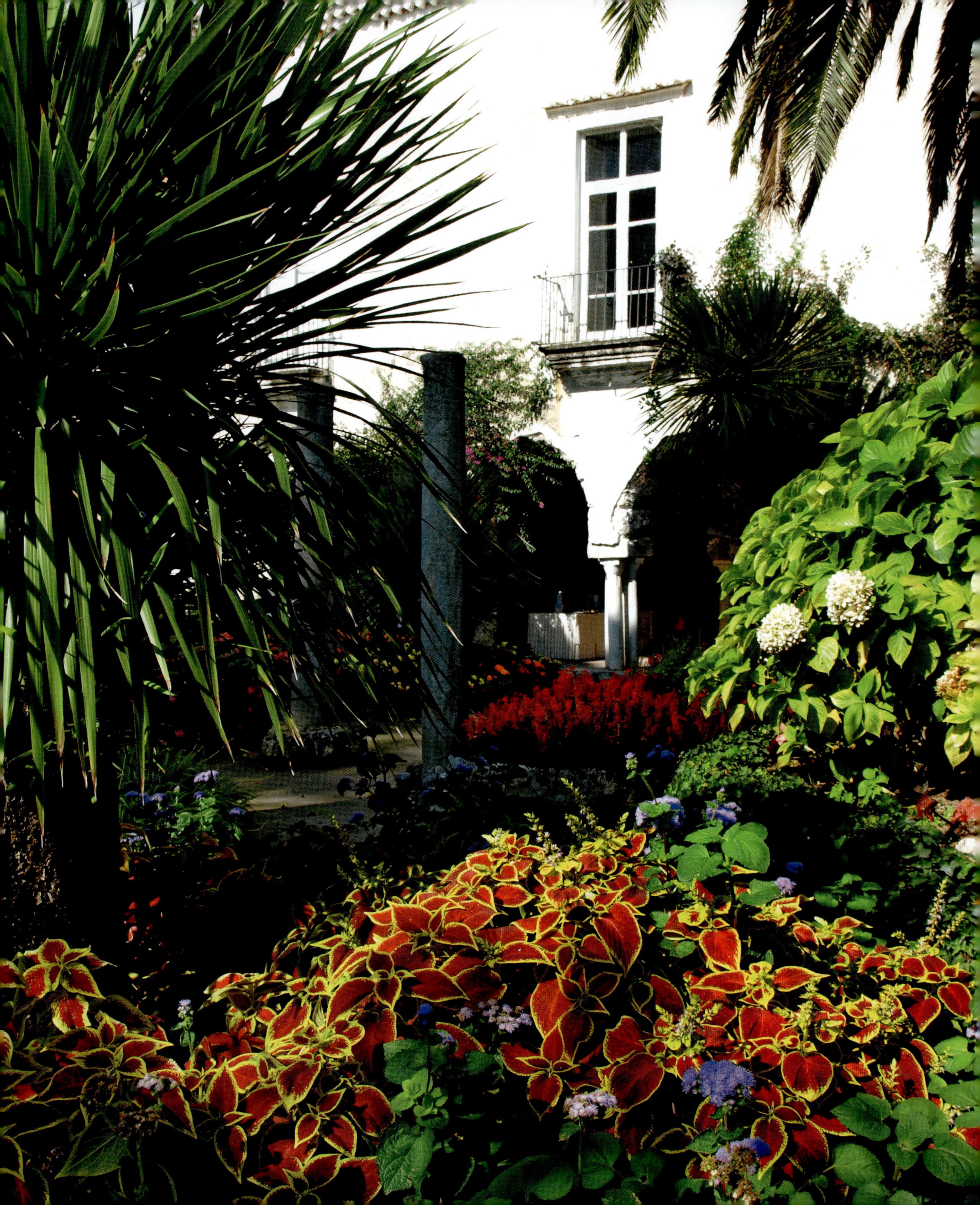

die die Wissenschaft revolutionierten; dennoch dürfte der populärste Import der Garten gewesen sein, dessen Ursprünge in der *pairidaeza*, den umschlossenen Parkanlagen des antiken Persiens, lagen. Die Villa Rufolo ist ein Musterbeispiel für die »grüne Revolution« aus dem islamischen Bereich, die in Italien und Spanien auf so fruchtbaren Boden fiel – man denke nur an die Alhambra und die Generalife-Gärten in Córdoba, von den Mauren derselben Epoche angelegt. Das magische Spiel von Licht und Schatten, die Loggien, Terrassen und Innenhöfe gehen zurück auf die Verbindung von Außen- und Innenräumen, wie man sie aus persischen Gärten kennt.

Ein kurzer Spaziergang über die Terrassen am Hang gibt einen Eindruck vom Gesamtentwurf: einer Folge von Gartenräumen, Blumenparterres, Rasenflächen, Teichen und heckengesäumten Wegen. Auf der oberen Terrasse finden sich ausgedehnte Laubengänge mit hexagonalen Steinsäulen, die an den Wuchs hoher Zypressen erinnern sollen (bekanntlich ein Gruß aus der persischen Stadt Schiras). Auf der unteren Terrasse bietet ein ausgedehntes Blumenparterre mit roten, rosa und orangefarbenen Blüten ein Bild ungezügelter Farbenfreude. Und überall wechseln sich diese blühenden Terrassen ab mit Gewölben, die kühl genug sind, um die gnadenlose Sonne Amalfis erträglicher zu machen. Nirgendwo ist dies besser gelungen als in dem berühmten Cortile Moresco, dem maurisch-sizilianischen Säulenhof der Villa.

In der Mitte der unteren Terrasse findet sich, gleichsam als Verweis auf die geniale Baukunst der Mauren – ihre Architekten schufen zahllose Fontänen, Wasserbecken, Dämme und Aquädukte, wie sie in Sizilien und Spanien noch immer erhalten sind –, ein rundes Wasserbecken in Anlehnung an den islamischen *chahar-bagh*, den viergeteilten persischen Garten. Diese Anlage war an das weitläufige Bewässerungssystem angebunden, das den Garten speiste und auch die Thermalbäder der Villa versorgte – eine weitere Übernahme aus der islamischen Sphäre. Zu beiden Seiten des Beckens liegen Blumenbeete, deren Farben und Muster an einen lebendigen türkischen Teppich erinnern. Früher standen überall auf dem Anwesen herrliche Palmen. Ein Großteil von ihnen wurde entfernt

LINKS: Hohe Palmen, mittelalterliche Säulen und üppig blühende Samtnesselarten (*Coleus*) bilden einen Blickfang im Parterre vor den Arkaden des Bankettraums. RECHTS: Sich immer wieder verändernde Blütenbeete machen die untere Terrasse das ganze Jahr hindurch zu einem Fest der Farben. FOLGENDE DOPPELSEITE LINKS: In der äußersten Ecke der Terrasse vor dem Bankettraum ergeben Beete von Fleißigen Lieschen (*Impatiens*) einen reizenden Winkel im Garten. FOLGENDE DOPPELSEITE RECHTS: Nur selten gerät die Bucht von Salerno aus dem Gesichtsfeld – irdische Paradiese bieten häufig auch Ausblicke aufs Wasser.

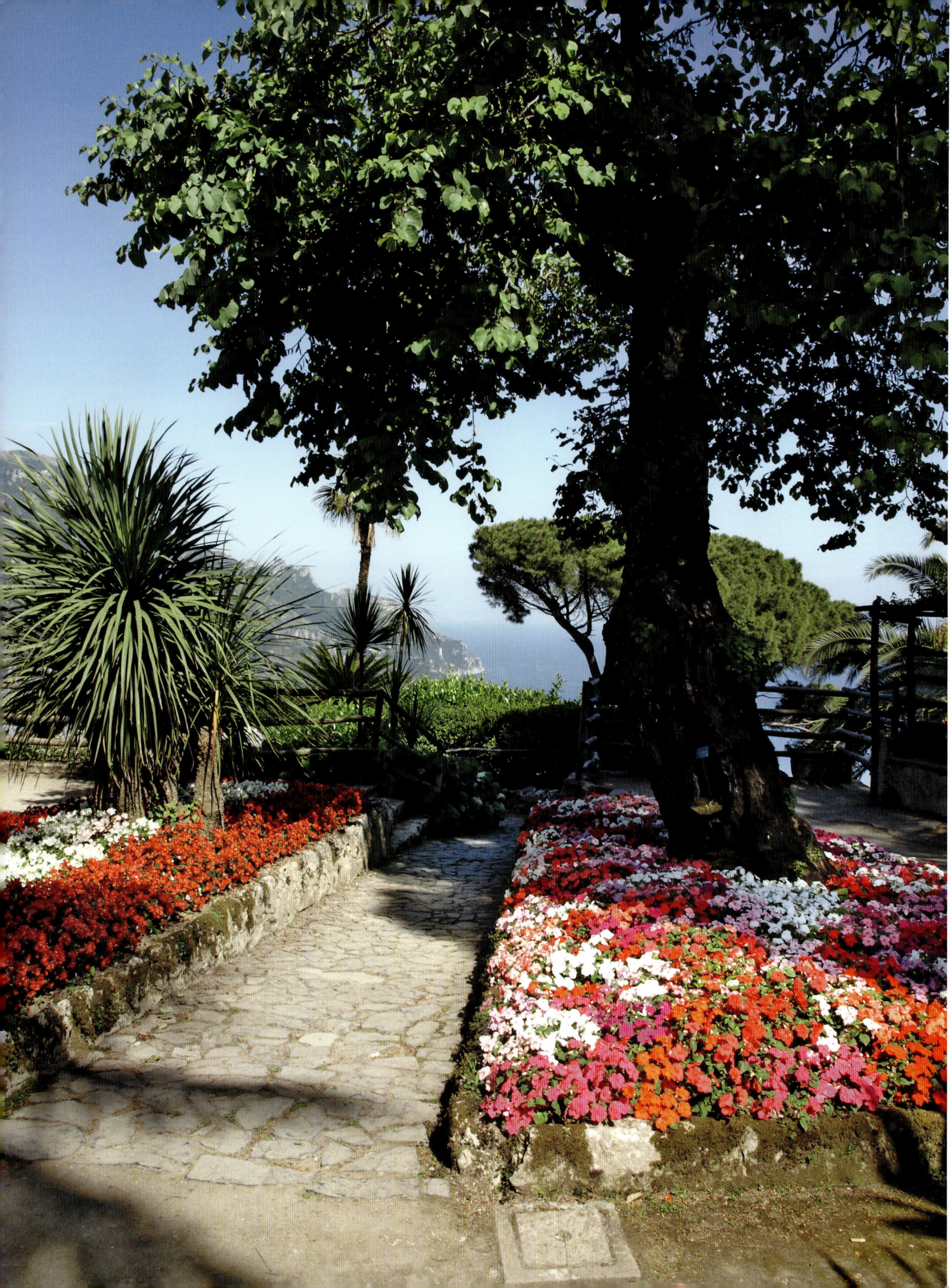

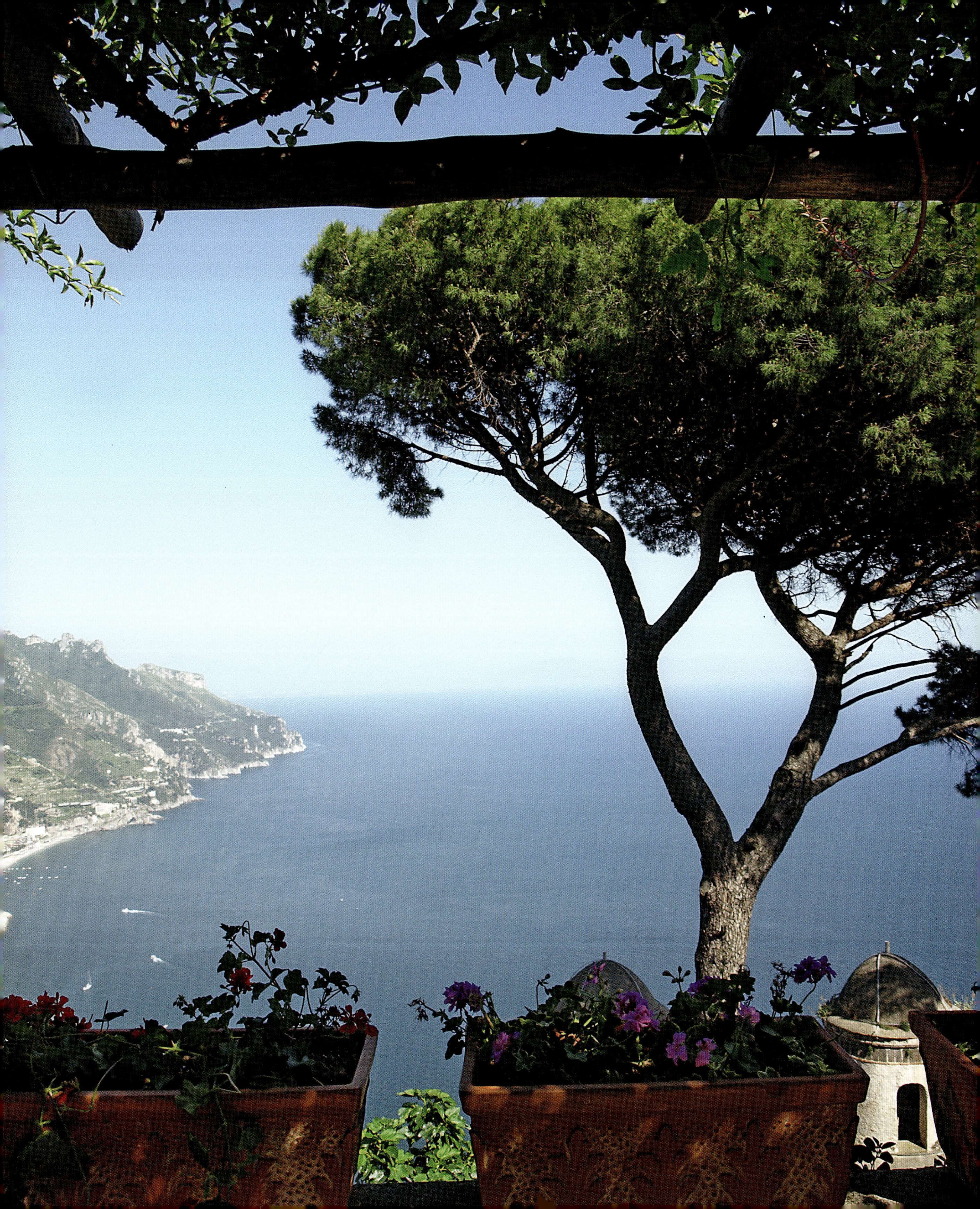

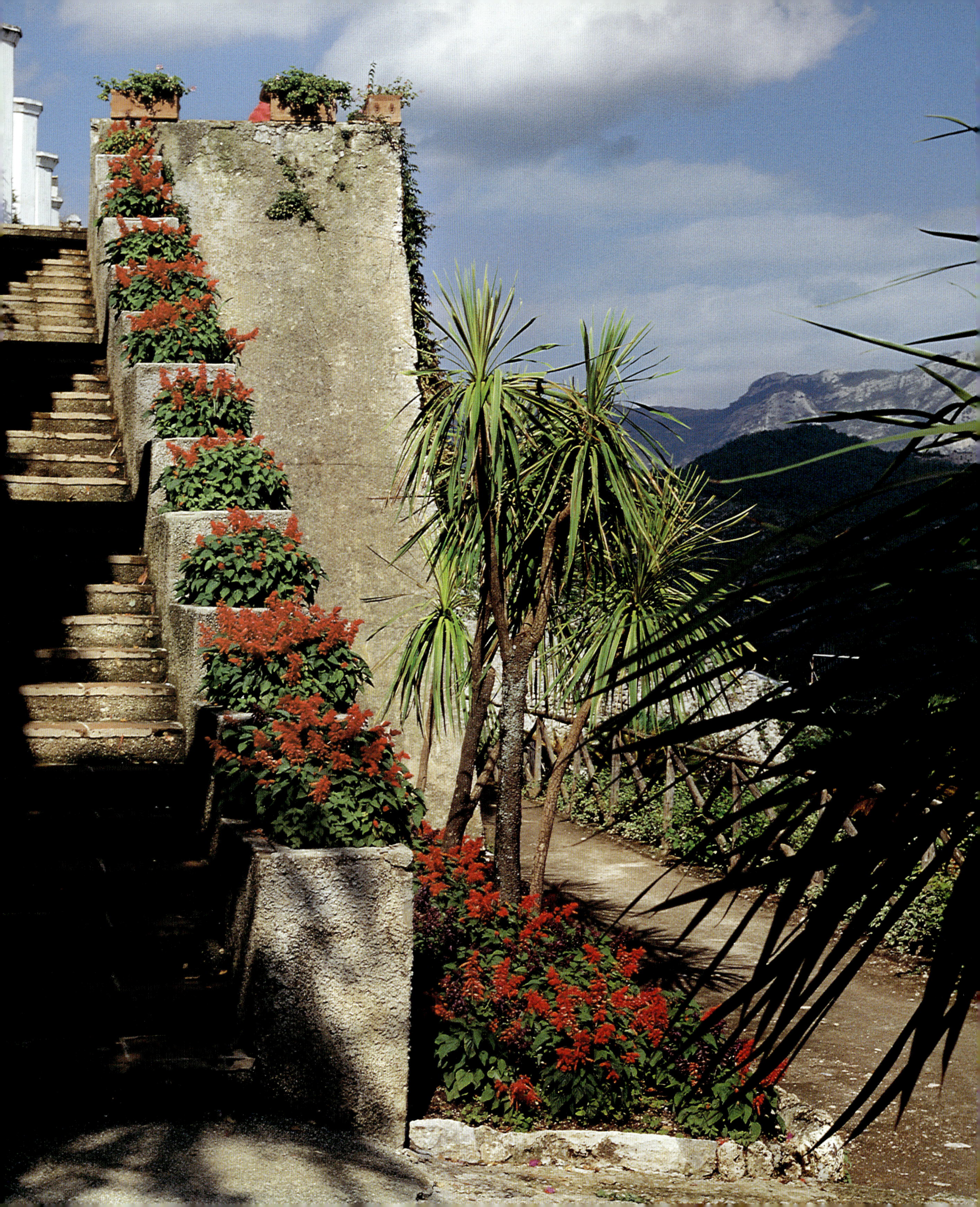

Links: Flammend roter Salbei begleitet die majestätische Treppe vom unteren in den oberen Bereich des Gartens. Oben: *Salvia splendens* findet sich auch auf verschiedenen anderen Gartenparterres.

oder weitgehend gekappt, als das Musikfestival ins Leben gerufen wurde, aber im Cortile Moresco zeichnen sie sich noch ab als Teile der berühmten, in Stein gemeißelten Ornamente.

Heute bietet der Chiostro Moresco, halb mittelalterlicher Kreuzgang, halb Aladin-Palast, einen malerisch-melancholischen Anblick, zumal sein bröckelndes Gemäuer ohne die einstige Begrünung nackt erscheint. Der desolate Zustand ist eine Erinnerung daran, dass Ravellos ruhmreiche Tage gezählt waren, als im 14. Jahrhundert Pisa zu einer bedeutenden Seemacht aufstieg, im 15. Jahrhundert dann die Rivalitäten verfeindeter Familien überhandnahmen und im 17. Jahrhundert schließlich die Pest ausbrach. Als Ravello 1804 in die Diözese Amalfi integriert wurde, war die Bevölkerung von ehemals weit über dreißigtausend Einwohnern auf ein paar Seelen zusammengeschrumpft und die Villa Rufolo in einen Dornröschenschlaf versunken.

Aber wie im Märchen stieß auch hier 1851 ein schöner Prinz auf die Villa und küsste sie wach, zu neuer Blüte. Dieser Prinz, auf den die Villa nur gewartet zu haben schien, war der Schotte Sir Francis Neville Reid, Erbe einer der größten Brauereien Britanniens, der sich auch als Amateur-Archäologe und Botaniker betätigte. Reid (1826–1892) war dem Zauber Süditaliens auf seiner Grand Tour verfallen. Nach dieser Bildungsreise ließ seine Gesundheit derart zu wünschen übrig, dass er ganz nach Neapel übersiedeln wollte, was er 1845 dann auch tat. Er ließ sich in der Villa Gallotti nieder, einem der großartigsten Küstenanwesen in Neapels herrlichem Gebiet um Posillipo; begleitet wurde er von seiner Tante, Lady Mary Gibson-Carmichael, deren Mann, Sir Thomas, eine Stütze der italo-britischen Kolonie in Neapel war.

Als Reids Gesundheit wieder hergestellt war, es ihm weder an Zeit noch an Geld mangelte – seine Frau Sophie war eine Tochter des wohlhabenden Sir William Napier –, machte er sich mit seiner Frau in den Süden von Amalfi, nach Ravello auf, angezogen von dem, was über den ungewöhnlichen Schauplatz erzählt wurde. Als sie erfuhren, der Marchese d'Afflitto wolle die verfallende Villa Rufolo verkaufen, griffen sie umgehend – man schrieb das Jahr 1851 – zu. In den folgenden Jahren restaurierten sie höchst engagiert Ravellos einzigartige Patrizierresidenz und machten sie wieder zu einem *paradiso*. Die Reids waren da schon in bester protestantischer Tradition als Wohltäter der Gemeinde aufgetreten. Sie ließen Ravellos baufällige Denkmäler instand setzen und die Fahrstraße von Atrani neu befestigen; wichtig war auch ein 1863 in die Wege geleitetes Bewässerungsprojekt, das über ein Aquädukt Wasser vom Dorf Scala auf einem nahen Hügel nach Ravello führte. In Erinnerung an das erfolgreiche Unterfangen wurde auf der Piazza Vescovada, dem Marktplatz, ein Springbrunnen errichtet, in unmittelbarer Nähe des Hauptzugangs zu Reids neuem Domizil. Die Restaurierung der Villa wurde dem kunstsinnigen Michele Ruggiero übertragen, der sich später als Leiter der Ausgrabungen von Pompeji einen Namen machte.

Etwas Wasser genügte, und schon erblühte die Villa Rufolo wie eine Rose. Die Reids vertrauten die Gärten dem ortsansässigen Luigi Cicalese (1852–1932) an, Vater von zwölf Söhnen und sechsundzwanzig Jahre jünger als sein Auftraggeber. Cicalese war passionierter Amateurgärtner und leidenschaftlicher Fotograf – Reid hatte ihn in die Kunst eingewiesen –, bald schon stieg er zum *capo giardiniere* (Obergärtner) auf und wurde schließlich Bürgermeister von Ravello. Sir Francis behielt allerdings die Fäden der gesamten

Restaurierung in seiner Hand; die erhaltene Korrespondenz zwischen ihm und dem Gärtner zeugt von einer warmherzigen und kooperativen Beziehung.

Der leidenschaftliche Botaniker Reid kehrte von jeder Reise mit einer seltenen oder exotischen Pflanze zurück. Interessanterweise machte er einen der interessantesten Funde unmittelbar vor seiner Villa: eine Varietät von *Crocus imperati*, fortan auf den Namen *var. reidii* getauft, eine Pflanze mit intensiv rosaroter Blüte, beheimatet in den Lattari-Bergen nördlich von Ravello. Dem Botaniker war klar, wie wichtig ein Herbarium für die systematische Erfassung der Schätze seines Gartens gewesen wäre, doch hatte er mehr Interesse an den seltenen exotischen Pflanzen in seinem Gewächshaus. Bei Bäumen indes war ihm der Seltenheitswert weniger wichtig, er zog es vor, Sorten zu wählen, die seinen Idealvorstellungen von einem Garten entsprachen. Zu den Arten, die noch immer im Umkreis der Villa gedeihen, gehören *Gingko biloba* und Palmen wie *Phoenix canariensis*. Höchst sehenswert ist das Exemplar einer Schirmkiefer (*Pinus pinea*), die vor der Bucht und den Kuppeln der Santissima Annunziata auf Millionen von Postkarten und Reiseprospekten verewigt ist.

Dass sich bei der Rekonstruktion des Rufolo-Gartens kaum Spuren des ursprünglichen Anwesens fanden, war für Reid zunächst eine Enttäuschung. Doch sollte gerade das sich als Segen entpuppen, denn so hatte er bei der Gestaltung des neuen Gartens freie Hand, er konnte seiner romantischen Ader folgen und, dem Zeitgeist entsprechend, an maurische Vorbilder anknüpfen. Dies entsprach dem Orientalismus des 19. Jahrhundert, der im Bewusstsein der Öffentlichkeit in tausenden von Ölgemälden aufleuchtete, mit türkischen Harems, rauchgeschwärzten marokkanischen Kasbahs und palmenbeschatteten Wüstenoasen. Derartige Stimmungsbilder fanden Unterstützung in Edward Fitzgeralds (1809–1883) Nachdichtung der »Rubaʿijat« des persischen Dichters Omar Chajjam (1851). Reid wusste, dass Ravellos Klima, auch das kulturelle, ein gewisses Maß an Prunk vertrug – *gaudiness* ist das Wort seines protestantischen Pastors dafür –; so versuchte er, im Bereich der unteren Terrasse mit flirrend bunten Blüten wie Stiefmütterchen und Bergenien einen *giardino islamico*, einen maurischen Garten, anzulegen, doch das Parterre ist unverkennbar viktorianisch geprägt und weniger der Alhambra nachempfunden als den Teppichbeeten, die im heimischen England wieder einmal en vogue waren. In seinen Augen verdienten, ja, forderten Italiens südliche Götter oder, besser gesagt, das milde Klima eine überzeugend romantische Theatralik, die er so erfolgreich entwickelte, dass Richard Wagner sich angeregt sah, den Garten der Villa Rufolo als Vorlage für eine Schlüsselszene des »Parsifals« zu nutzen.

Wagner hatte die Komposition der Oper gerade abgeschlossen und suchte nach Anregungen für die Inszenierung und Bühnenausstattung. Aus Verdruss über die Regierung Bismarcks hatten er und seine Frau Cosima beschlossen, das Jahr 1880 großenteils als *viaggiatori* (Reisende) in Italien zu verbringen. Sie trafen im Januar des Jahres in Ravello ein und blieben die folgenden sieben Monate in der Hauptstadt Kampaniens – »Neapel ist meine Stadt«, schrieb Wagner. Drei Tage nach dem 67. Geburtstag des Komponisten, fuhren er, Cosima und der russisch-deutsche Opernregisseur Paul von Joukowsky mit dem Zug von Neapel nach Amalfi. Cosima vermerkt in ihren Tagebüchern unter dem 26. Mai 1880, dass sie nach einem fröhlichen Frühstück nach Ravello hinauffuhren, dessen Schönheit unbeschreiblich sei. Nach einem Mittagessen im Hotel Palumbo – Richard und Cosima hatten große Sympathie für die Frau des Besitzers, eine Schweizerin – besuchten sie die Villa Rufolo, deren malerischem mittelalterlichem Zauber Wagner sofort erlag. In seiner exotischen Gestaltung, mit seinem betörenden Duft entsprach der Garten bis ins Detail der Kulisse, die der Komponist für Klingsors Garten suchte. Als ihm Paul von Joukowsky Freilicht-Skizzen des Gartens vorlegte, betraute er ihn auf der Stelle mit der Inszenierung des »Parsifals«. Im Überschwang seiner Entdeckung, schrieb Wagner »Klingsors Zaubergarten ist gefunden« in das Gästebuch des Hotels Palumbo – sein Namenszug allein nimmt eine halbe Seite ein. Am folgenden Tag fuhr die Gesellschaft zurück nach Neapel, und der Rufolo-Garten wurde für die Premiere des »Parsifals« im Juli 1882 auf der Bühne in Bayreuth nachgebildet.

Was Klingsor als Zauberer für Parsifal bedeutet, war Luigi Cicalese für die Villa Rufolo, der, gemäß Wagner, diese *deserto* in einen *giardino di delizie* verwandelt habe – ein wahres Kunstwerk war in den Jahren nach Reids Erwerb der Villa entstanden. Und heute erstrahlt die Villa Rufolo wie eh und je in üppiger Blütenpracht, was einem Team von Gärtnern unter der Führung ihres Direktors Secondo Amalfitano zu verdanken ist. Vincenzo und Giovanni, verwandt mit den letzten Nachkommen der Gärtner-Dynastie Cicalese, tragen nun, ungeachtet ihres jugendlichen Alters, die Hauptverantwortung für die Gärten des riesigen Anwesens.

Jahr für Jahr kümmern sich die beiden Gärtner um die Neupflanzungen, im April/Mai der blühenden Einjährigen, im September/Oktober der anderen Gewächse; hinzukommen aber auch Blütenpflanzen, die kühlere Temperaturen vertragen, wie Cyclamen, *Geranium*-Arten und Begonien, die das ganze Jahr über für Farbe

Begonien schmücken die alten Mauern der Villa und erfüllen den Garten selbst an den trüben Tagen mit Licht und Farbe.

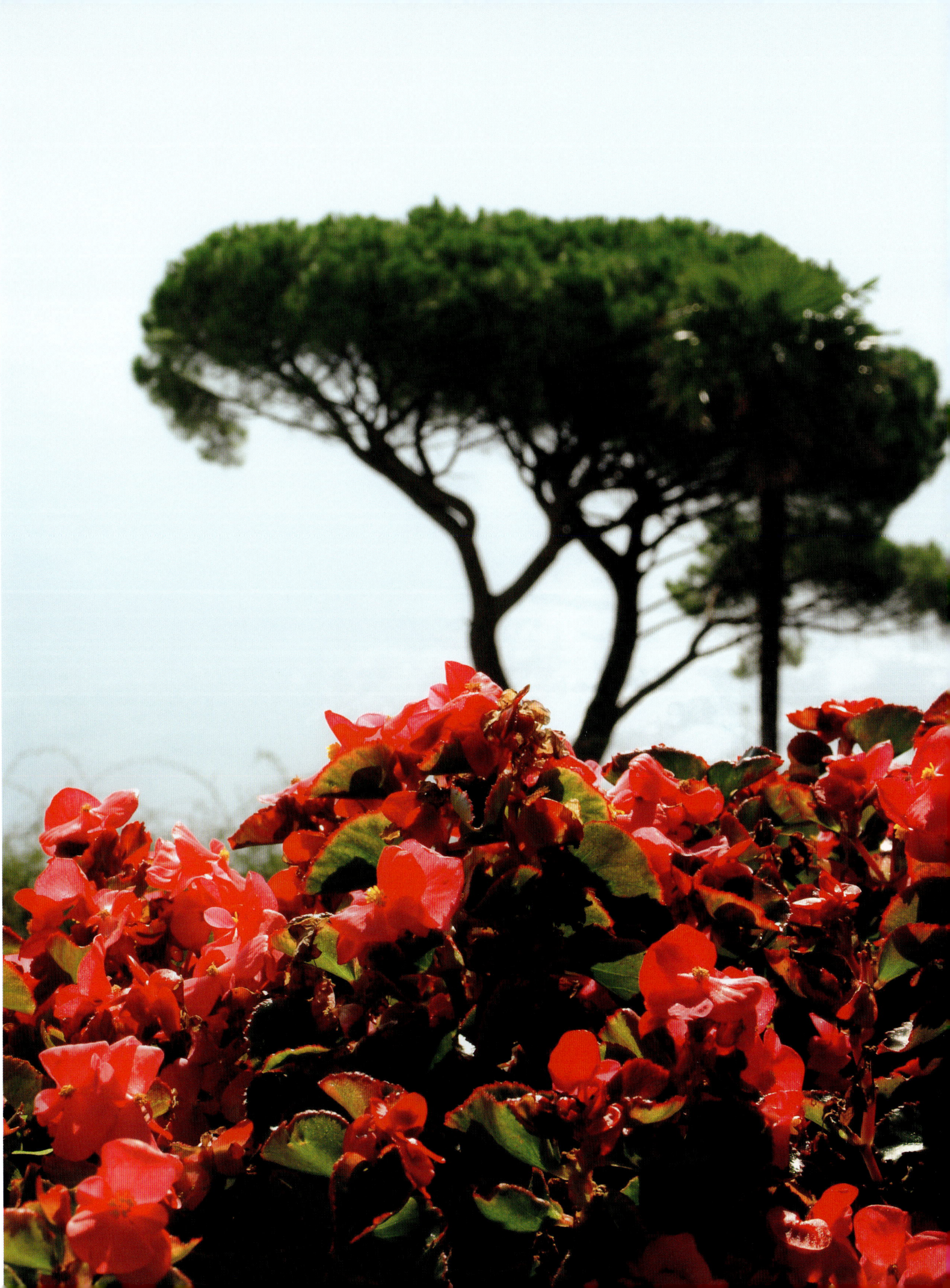

Die Schirmkiefer (*Pinus pinea*) über den Zwillingskuppeln der Kirche der Santissima Annunziata aus dem 13. Jahrhundert ist auf tausenden Ansichtskarten zu sehen und so vielleicht die beliebteste Schirmkiefer der Welt.

sorgen. Und doch geben sie sich mit dem Erreichten nicht zufrieden, sind unermüdlich bestrebt, das Anwesen zu verschönern. 2008 etwa gestalteten sie die Allee im Eingangsbereich des Gartens um, die mit immens hohen Eichen und dem Normannen-Turm sehr schattig gewesen war. Da die Zweige der Bäume nun soweit zurückgenommen sind, dass die Sonne hindurchscheinen kann, haben sie den Zugangsweg mit leuchtend bunten Stiefmütterchen bepflanzt. Reids Gewächshaus für die Anzucht neuer Pflanzen und das Überwintern frostempfindlicher Gewächse wird inzwischen nicht mehr benötigt, da vieles nun direkt von Händlern bezogen wird, die hin und wieder auch zu einer Spende für die Villa Rufolo bereit sind. Diese Hilfe ist höchst willkommen, zumal ein Parterre allein schon mehr als tausendsiebenhundert Pflanzen umfasst.

Heute bilden das arabisch-orientalische Ambiente des Gartens, der hohe Normannen-Turm, inzwischen Wagner-Turm genannt, die mit Bougainvillea überwucherten Pergolen und der einzigartige Blick über den azurblauen Golf von Salerno eine der zauberhaftesten Kulissen Italiens. Teils mittelalterlich, teils maurisch geprägt, ist die Villa Rufolo die spektakulärste Mischung lateinischer und islamischer Motive an der Amalfiküste, ein Aufeinanderprallen von Orientalismus und Romantik, das als Kulisse für Ravellos Musikfestival nur *deliziosissimo* genannt werden kann. Ob die Besucher nun lieber mit Placido Domingo in einem *concerto di alba* von Orchestermusik begleitet um 4 Uhr früh den Sonnenaufgang erleben oder Wagner lauschen – für das Erlebnis Rufolo wird es mit Sicherheit eine großartige Zugabe sein.

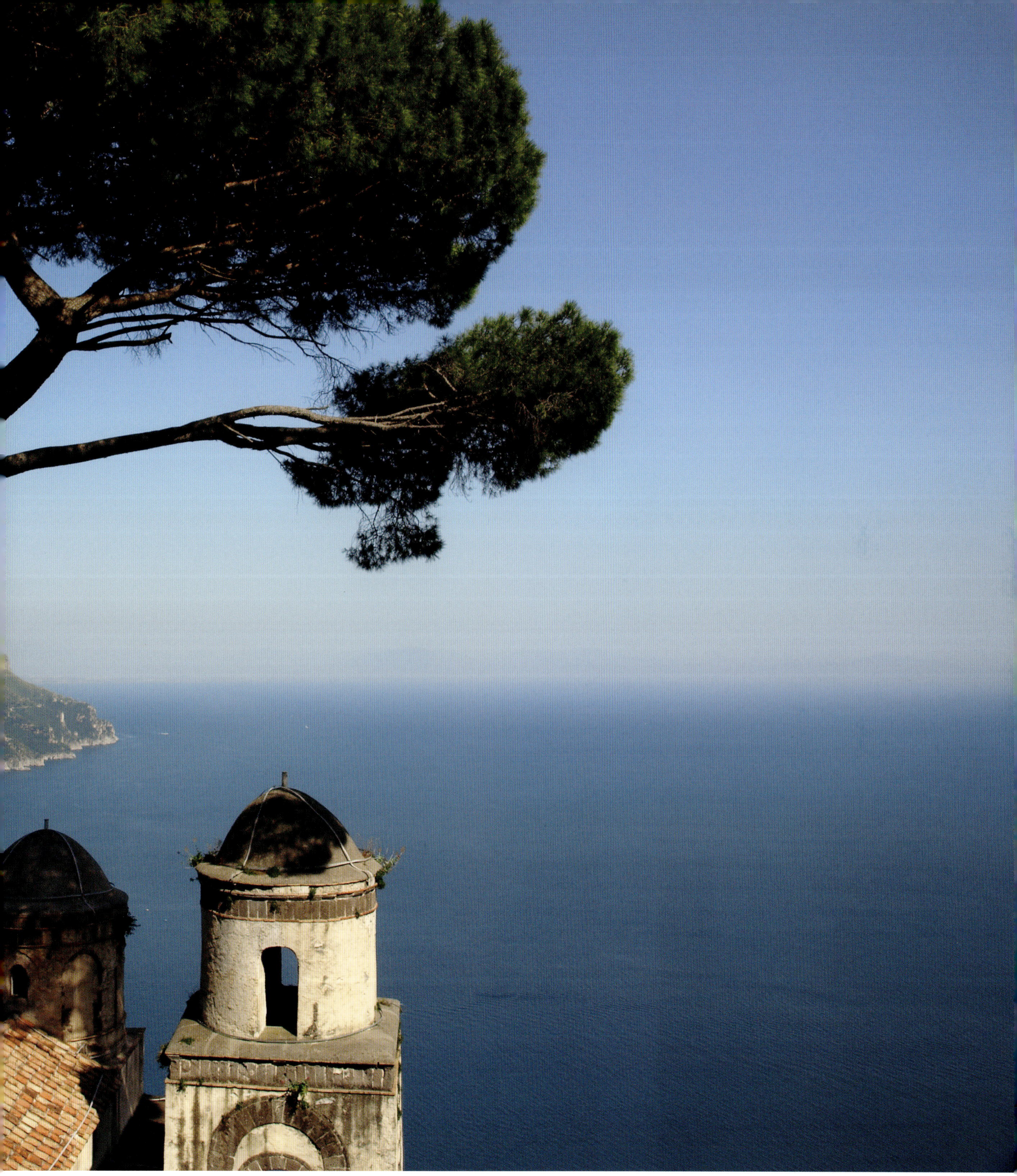

Greta Garbos Shangri-La
Villa Cimbrone, Ravello

Einst galt Ravello als die ruhigste Stadt der Welt, ganz selbstverständlich tauchte also Greta Garbo hier auf. Und doch wollte sie dieses eine Mal eben nicht allein sein. Die scheue Göttin traf in dem 460 Meter hoch an einer Flanke des Monte Cerreto gelegenen Ort in Begleitung des Dirigenten und Hollywood-Stars Leopold Stokowski (1882–1977) ein; sie erwartete, eine *cavalleria rusticana* in glamourösem Rahmen zu erleben. Schwebend zwischen Erde und Himmel über dem blauen Golf von Salerno im Tyrrhenischen Meer, oder, mit André Gide, »näher am Himmel als am Wasser«, war *la citta piu tranquilla, solitario, e silenzio* eine kleine Welt für sich. Gesellig selbst in ihrer Abgeschiedenheit, bot La Bellissima, wie die Stadt auch genannt wird, eine feinsinnig-zarte Form der Einsamkeit, weit entfernt vom touristischen Massenbetrieb, der an der Amalfiküste gerade einsetzte. Als Festung der Ruhe war Ravello ein Zufluchtsort für Künstler, Literaten, Musiker und wohlhabende *inglesi*, jenen Kreis eben, der sich danach sehnte, bei allem Trubel in den vornehmen Hotels der Stadt etwas zu finden, was sich als *sotto voce* auszeichnete. Es war ein Refugium, wie geschaffen für Weltflüchtige wie die Garbo.

So zumindest hatten es sich die Garbo und Stokowski gedacht. Am 25. Februar, eine Woche nach ihrem Eintreffen in der renommiertesten Residenz der Stadt, der Villa Cimbrone – sie hatten die Villa für einen Monat von ihrem Besitzer, Lord Grimthorpe, gemietet, der sie hatte bauen lassen, um hier den täglichen Verpflichtungen des englischen Hofes zu entfliehen –, war trotz einer Nachrichtensperre an die erstaunte Öffentlichkeit gedrungen, dass die beiden einträchtig beim Speisen im Hotel Caruso-Belvedere gesehen worden seien, und im Nu war ihre harmlose »Freundschaft« Gegenstand reißerischer Berichterstattung. Seit Stokowskis amerikanische Frau im Dezember des Vorjahres die Scheidung eingereicht hatte, war die Gerüchteküche Tinseltowns (humoristisch für Hollywood) am Brodeln. Halb Hollywood erging sich in Wetten über eine bevorstehende Heirat, und nun wiesen alle Zeichen darauf hin, dass La Garbo im Begriff war, sich zu verehelichen. Ein

Im Parterre zwischen der Rosenterrasse und der Viale dell'Immensità stehen die Statuen zweier griechischer Ringer, Damossenos und Greucantes, in Beeten mit leuchtend weißen und roten Begonien.

VILLA CIMBRONE 175

Heer von Reportern fiel in Ravello ein. Ihre Storys drängten die Berichterstattung über andere Ereignisse in den Hintergrund, sodass ein wahrer »Krieg« der Titelseiten ausbrach, und das weltweit.

Die Identität von Ravellos »Donna Misteriosa« (Titel eines Films mit Greta Garbo, 1928) war nun klar, und die TIME berichtete am 14. März, das Paar »versuche zu ignorieren, dass alle Welt es beobachte«. Als sich Millionen weltweit veranlasst sahen, die Augenbrauen hochzuziehen – laut TIME »gackerten romantische Dorfbewohner über Spaziergänge Arm in Arm im Dämmerlicht, begleitet von innigen Zärtlichkeiten« –, und die Belagerung durch die Presse schier unerträglich wurde, war das Paar schließlich zu einem Statement bereit, als Beweis, dass es nichts zu verbergen hatte. In blauem Gabardinekostüm, gelbem Pullover, blauem Halstuch und mit smartem Bubikopf erzählte die Aristokratin des Films den Reportern, die in der Bibliothek der Villa Cimbrone versammelt waren, dass sie gerade von einem Ausflug komme: »Miss Garbo bekundete ihre große Sorge über ›die grauenvollen Ereignisse, die in der Welt heute geschehen‹, die sie befürchten ließen, dass deren Schönheit nicht länger erhalten bleiben werde und sie sie deshalb

OBEN: In den vergangenen Jahren standen um einige Statuen Spezies aus der Rosenterrasse, insbesondere die ›Rose von Ravello‹, eine seltene Züchtung mit fünf Blütenblättern, die Viscountess Frost, Tochter des einstigen Besitzers Lord Grimthorpe, in den zwanziger Jahren des vergangenen Jahrhunderts entwickelt hat. FOLGENDE DOPPELSEITE: Um den Rosengarten zieht sich ein grünes Parterre im Schatten von Schirmpinien; hier stehen vier klassizistische Skulpturen, zwei Athleten, Flora sowie Leda und der Schwan, daneben eine überdimensionale Vase.

noch einmal betrachten wolle, bevor sie für immer entschwunden wäre« – soweit die Berichterstattung der New York Times.

Wenn, wie die Gazetten geschlossen vorhersagten, die Schauspielerin je darüber nachdachte, ihr Leben »einsamer Beschränkung« aufzugeben, welche romantische Szenerie hätte den Star dazu eher bewegen können als die Villa Cimbrone? Ihre fast schmerzliche Schönheit war wie geschaffen für die ritterliche Minne, wachgerufen eher von Gabriele d'Annunzios Tragödie »Francesca da Rimini« als von der in der Boulevardpresse breitgetretenen Liebesaffäre, über die pausenlos berichtet wurde. Mit ihrem großen Garten lud die Villa buchstäblich zu Vertraulichkeiten ein. Ihr »Belvedere der Unendlichkeit« war die ideale Kulisse für die calisthenischen Übungen einer unsterblichen Leinwandgöttin. Intimität und Ruhe der Villa konnte selbst die Klatschpresse nicht zerstören. Als noble Oase war sie für ihre zahlreichen Gäste, darunter König Alfons VII., D. H. Lawrence, Coco Chanel, der Herzog und die Herzogin von Kent oder Winston Churchill, Ravellos Kronjuwel.

Der Legende nach wurde Ravello von Römern der Antike gegründet, die nach einem Schiffbruch in den Hügeln über Amalfi Zuflucht suchten und den Ort *res bella*, schöner Platz, nannten. Ihre Blütezeit erlebte die Stadt im 13. Jahrhundert, als sie zum Rückzugsort wohlhabender Bürger aus dem nahen Amalfi wurde, die, durch den Handel mit Konstantinopel zu beachtlichem Reichtum gekommen, riesige Villenanwesen in dem abgeschiedenen Dorf errichteten. Und da es abgeschieden lag, blieben die mittelalterlichen Strukturen Ravellos so gut wie unberührt erhalten, bis im 19. Jahrhundert ein Strom aristokratischer Engländer die vor sich hindämmernde Stadt aufweckte.

1853 war die unter Ferdinand, König beider Sizilien, gebaute Straße nach Amalfi, die Strada Emeralda fertig, und nun entdeckte die Prominenz, etwa Richard Wagner, die Herzogin von Devonshire oder Edvard Grieg, den Zauber der Amalfiküste, insbesondere Ravellos mit seinen sorgfältig geschnittenen Palmen und Gärten wie in einem Märchen aus dem Morgenland. Da waren die pastellfarbenen *palazzi* und intimen *piazze* mit ihren mittelalterlichen Brunnen, Baukunst von der römisch-byzantinischen bis zur normannisch-sarazenischen Zeit, dazu das Panorama mit Wasser und Himmel in einem so tiefen Blau wie sonst nirgendwo auf der Welt. Wie ein Kloster ohne Mauern zog Ravello Schriftsteller an, Virginia Woolf, E. M. Forster, Vita Sackville-West, D. H. Lawrence, Graham Greene, Tennessee Williams oder Gore Vidal, die hier an ihren Werken arbeiteten.

Süditalien wirkte auf die zugeknöpften Engländer so berauschend wie vier Gläser *vino bianco*. Und niemand wusste das mehr zu schätzen als Ernest William Beckett, der 2. Lord Grimthorpe (1856–1917), ein reicher Bankier aus einer Familie mit bemerkenswerter Vergangenheit in Yorkshire. Kulturell gebildet im Einflussbereich des Aesthetic Movement, der englischen L'art-pour-l'art-Bewegung des späteren 19. Jahrhunderts, hatte Beckett einen ausgeprägten Sinn für die Kunst, das Schöne und Altehrwürdige. Er war als Teilhaber der familieneigenen Bank Beckett & Co. in Leeds tätig, wurde als Vertreter Whitbys ins Parlament gewählt – sein Mandat übte er bis 1905 aus – und war voller Enthusiasmus für die schönen Künste, aber auch das Alltagsleben. Er war ein allseits geschätzter Mäzen, und daher interessierte es auch nicht weiter, dass er regelmäßig in Monte Carlo spielte – man sagte ihm ein absolut sicheres System am Roulettetisch nach – oder dass sein Vermögen Schaden litt, als seine Verwalter Geld in San Francisco investierten, ausgerechnet kurz vor dem großen Erdbeben im Jahr 1906.

Mit den Vorlieben und Gepflogenheiten eines Renaissance-Fürsten schloss er sich Künstlern und Literaten an und zog in Frankreich und Italien von einem Herrschaftssitz zum anderen. Auf einer dieser Reisen kam er nach Ravello, damals gerade en vogue unter den wohlhabenden *inglesi*, und war hingerissen. Auf der Rückfahrt nach England wollte es der Zufall, dass er dem Schneider Nicolo Mansi aus Ravello begegnete, der sich, wie viele seiner Landsleute, in England nach Arbeit umsehen wollte. Beckett sah in ihm einen Geistesverwandten und, ungleich wichtiger, eine Seele mit jenem unverwechselbar amalfitanischen Stilempfinden. Als Mansi erfuhr, dass Ravellos berühmtestes Anwesen zum Verkauf stand, empfahl er Ernest Beckett, umgehend nach Ravello zurückzufahren und sich umzuhören; so kam es, dass Beckett 1904 den sagenumwobenen Felsvorsprung namens Cimbronium erwarb. Wie so viele Ausländer, die in dieser Region Gärten angelegt haben, war er dem Zauber der Sonne, »il incantesimo solare« (D'Annunzio), erlegen.

Das Anwesen besteht seit hunderten, vielleicht gar tausenden von Jahren. Die heutigen Besitzer, die Familie Giorgio Vuilleumiers, haben es in eines der schönsten Hotels in Italien verwandelt. Im Vorfeld haben sie sich tief in die Geschichte und in bis dahin unbekannte Überlieferungen über frühere Eigner gegraben. Cimbrone war erwiesenermaßen ein berühmter Ort, seit sich die Römer in der Region niedergelassen und ausgedehnte Weinberge angelegt hatten. Den vielen Bäumen, die die Römer für ihren Schiffbau fällten und die *cimber* genannt wurden, verdankt das Anwesen seinen Namen Cimbronium.

Als die neuen Reichen der Region dann im 12. und 13. Jahrhundert hier ihre ausgedehnten Villen erbauten, erwarb die namhafte Familie Fusco, verwandt mit der wohlhabenden neapolitanischen Familie d'Angio, das Anwesen von der Familie Acconciajoco und hielt den Besitz über mehr als fünfhundert Jahre. Für die Fuscos gab es durchaus Gründe, hier Wurzeln zu schlagen, denn ein Mitglied der Familie war kurz zuvor zum Bischof von Ravello ernannt worden. So ließ man die Villa Cimbrone restaurieren und in das Schmuckstück der Borgata Santa Chiara verwandeln. Dieser südlichste Teil Ravellos mit seinem Wahrzeichen, dem im 13. Jahrhundert gegründeten Kloster Santa Chiara, stand unter der Schirmherrschaft von Kardinal Della Rovere (sein päpstliches Familienwappen schmückte einst den Haupteingang der Villa).

Unter den Fuscos florierte die Villa, insbesondere zwischen 1620 und 1800, als die Familie die große Steinterrasse erbaute, die

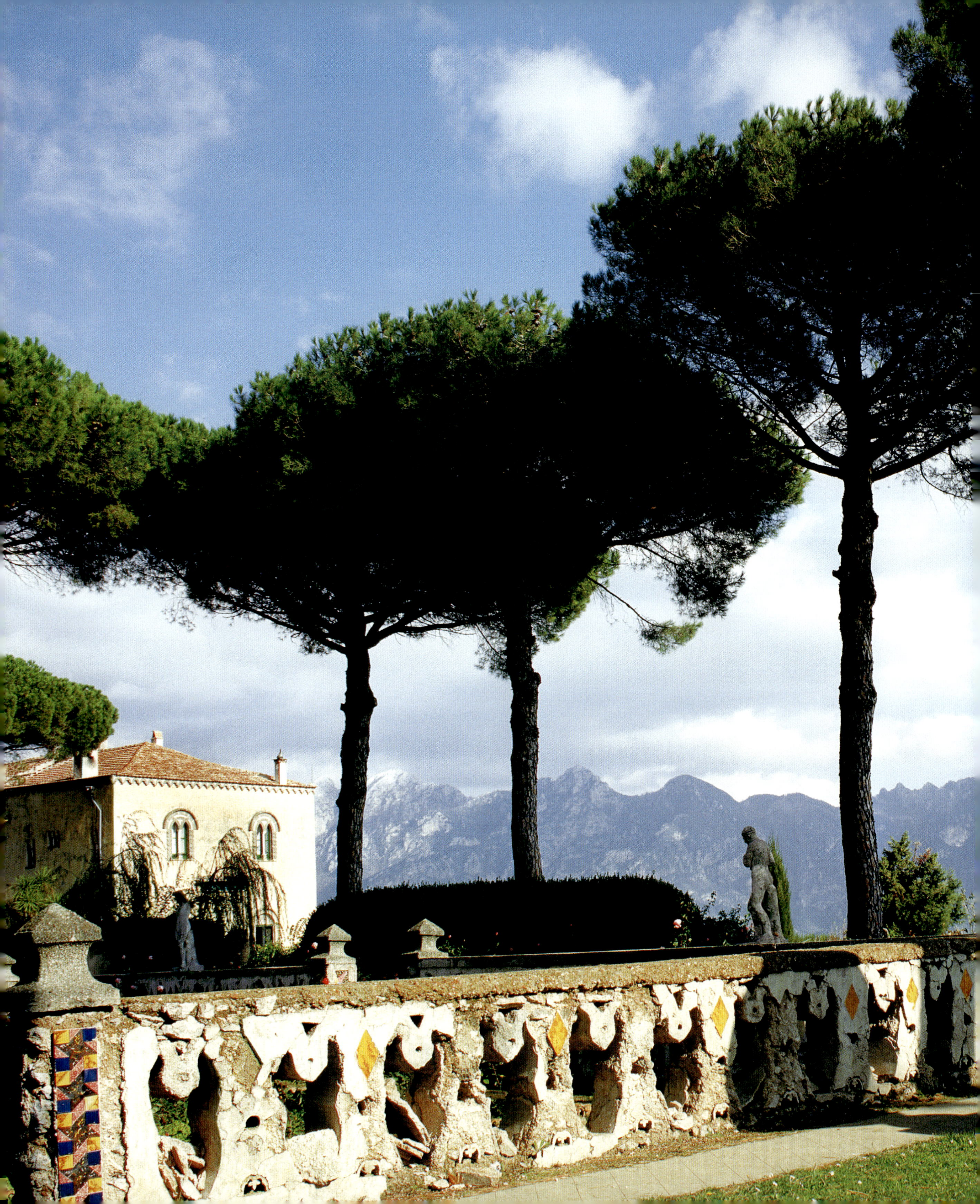

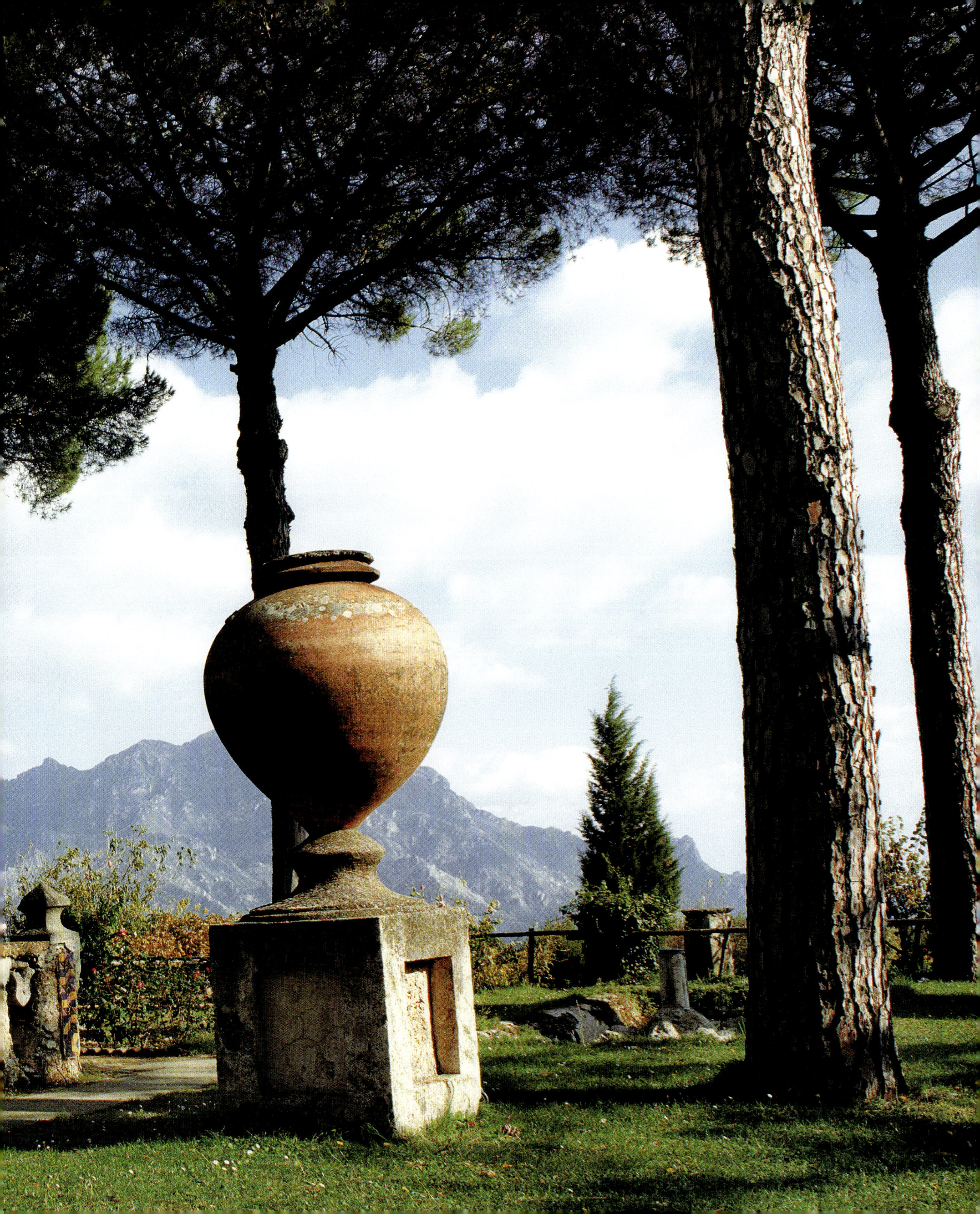

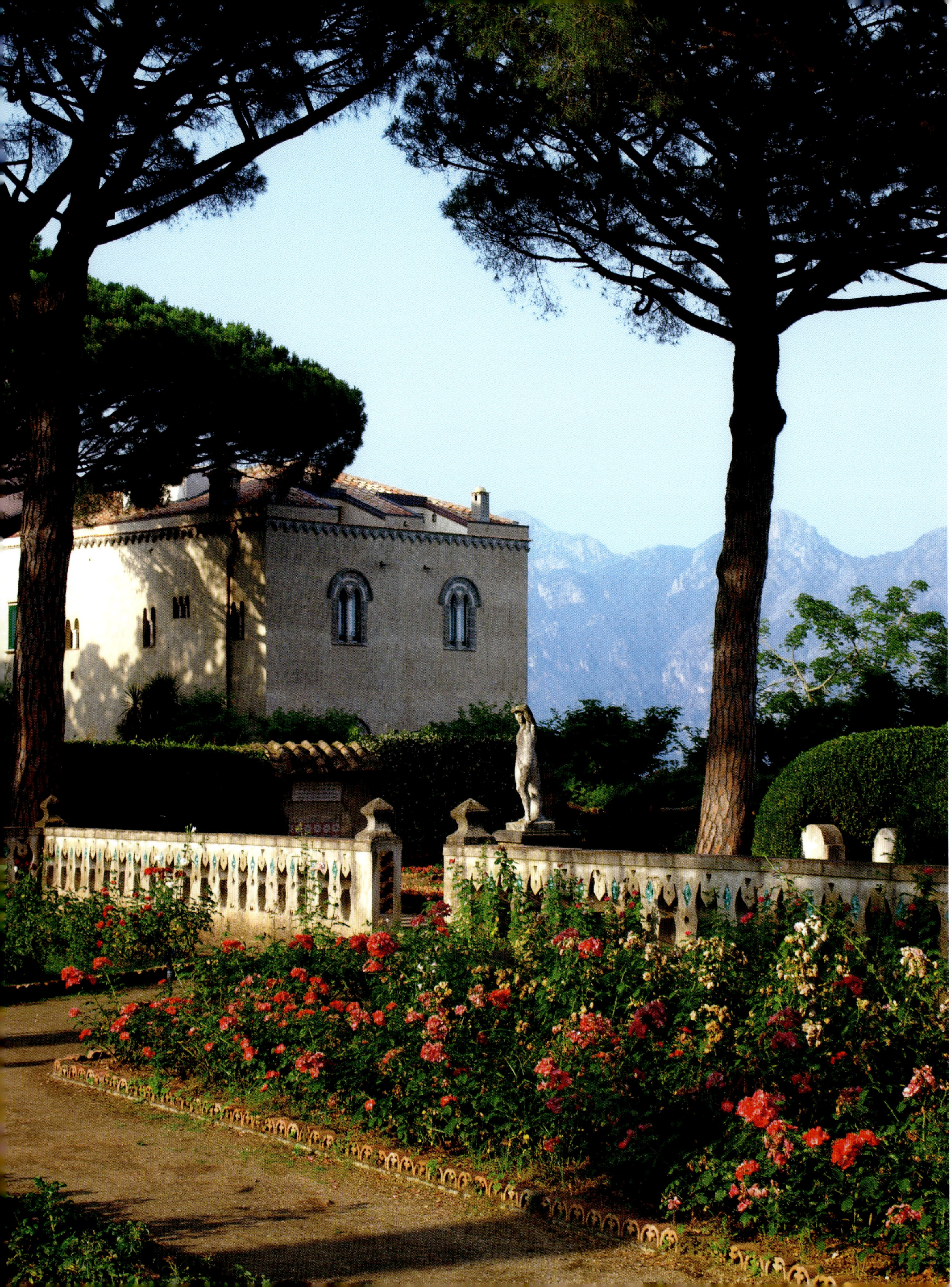

heute als »Belvedere des Unendlichen« bekannt ist; sie ist auf das Meer ausgerichtet und mit sieben Steinbüsten *di fantasia* im Stil des neapolitanischen Barocks versehen. Um diese Zeit hatten die Fuscos ihren Stammbaum bereits durch Einheirat in die Familie Pitti aus Florenz vergoldet, worauf der ästhetische Zusammenhang Cimbrones mit *lo stile Fiorentino* zurückzuführen ist. Eine der Fuscoschen Schlossherrinnen, Isabella del Verme Sasso, ließ die Villa grundlegend renovieren; dabei wurden Salons angefügt, deren über und über mit Fresken geschmückte Decken auf jene des Palazzo Pitti zurückgehen. Diese friedliche Ära endete zu Anfang des 19. Jahrhunderts abrupt, als Neapel von den Streitkräften der Franzosen eingenommen wurde. Angesichts der chaotischen Zustände um den Familiensitz in Neapel vernachlässigten die Fuscos ihr abgelegenes Landgut, und die Villa Cimbrone geriet in Vergessenheit.

Als Ravello um die Mitte des 19. Jahrhunderts wiedererwachte, erwarb die Famile Amici die Villa Cimbrone. Das Anwesen fiel schließlich an zwei Schwestern, die so zerstritten waren, dass sie es aufteilten: die eine erhielt das Gelände mit Blick auf das Meer, die andere das mit Blick auf das Vallone dei Dragone (Drachental); die Durchgangsstraße, heute die lange »Allee der Unermesslichkeit«, markierte die Trennung. Auch errichteten sie eine Mauer zur Aufteilung der Räume in zwei Wohnbereiche. Als eine der Schwestern ihren Anteil verkaufen wollte, gab Nicolo Mansi Ernest Beckett jenen Hinweis, der darufhin 1904 die eine Hälfte erwarb und sich fünf Jahre später auch die Hälfte der anderen Schwester sicherte.

Links: Mit Unterstützung durch Vita Sackville-West hat die Viscountess Frost den einstigen Badmintonplatz in eine Rosenterrasse verwandelt, auf der von Mai bis Oktober französische und englische Rosen blühen und duften. Eine Balustrade, in maurischer Art gefliest, rahmt den Teppich quadratischer Rosenbeete mit Kieswegen dazwischen. Unten links: Töpfe mit Samtnessel (*Coleus*) flankieren den Haupteingang der Villa. Unten rechts: Das Musikzimmer, einer der Salons der Villa.

Da die Villa an einem ganz besonderen Ort liegt, wurden alle kreativen Möglichkeiten von Kunst und Vermögen für eine angemessene Umwandlung des Anwesens ausgeschöpft. Lord Grimthorpe brauchte zwölf Jahre, um das Wunder zu vollbringen, aus der schroffen Klippe einen Garten Eden zu schaffen. Von 1904 bis zu seinem Tod im Jahr 1916 war er mit der Anlage des 5 Hektar umfassenden Gartens und dem Bau einer neuen Villa für seine Frau Diana, Tochter Lucy und Sohn Ralph befasst; zudem sollte der neue Bau auch vielen Freunden Zuflucht bieten, vornehmlich dem Bloomsbury-Kreis, der über die Schriftstellerin Violet Trefusis hierher kam – bei ihrem Besuch im Jahr 1914 erschien sie in Begleitung ihrer damaligen Geliebten, der Schriftstellerin und Garten-Autorität Vita Sackville-West. Violet verfasste Prosa, residierte mit ihrer Mutter Alice Keppel, der Maitresse Edwards VII., im prächtigen Anwesen L'Ombrellino in Fiesole bei Florenz und war bekannt für ihr »Bisogna begonia!« (Begonien her!).

Für die Verschönerung seines italienischen Herrensitzes dürfte Lord Grimthorpe sich an den einschlägigen Gartenbüchern seiner Zeit orientiert haben: H. Inigo Triggs' »The Art of Garden Design in Italy« (1906), George S. Elgoods »Italian Gardens« (1907), Charles A. Platts »Italian Gardens« (1904), Edith Whartons »Italian Villas and their Gardens« (1904) und Sir Reginald Blomfields »The formal Garden in England« (1892). Aber auch von literarischen Quellen, den Novellen Boccaccios, den Stanzen D'Annunzios und Maurice Barres' »Amori et dolori sacra« ließ er sich anregen: Seine Ausgaben stehen noch immer in der Bibliothek der Villa, und waren dann bei seiner ältesten Tochter Lucy in guten Händen.

Nicolo Mansi beaufsichtigte die Baumaßnahmen, und Beckett kümmerte sich hauptsächlich um die gestalterischen Aspekte der Renovierung, die Neubepflanzung und Gestaltung der Gärten aber übertrug Lord Grimthorpe seiner geliebten ›Lucilla‹. Was immer sie gelernt haben mochte oder auch nicht, es gelang ihr, einen Garten zu schaffen, der alle Konventionen brach. Man ist inzwischen der Ansicht, dass sie viel von ihrer Zauberkunst mit der Unterstützung von Vita Sackville-West entwickelte, anlässlich deren Besuchs, aber auch über Briefkontakt.

Für die Villa schwebte Beckett ein romantischer *castello-palazzo* (Schloss-Palast) à la D'Annunzio vor. Er ging dabei anders vor als sein Onkel, der 1. Lord Grimthorpe, der für seinen Entwurf des Glockenspiels von Londons Big Ben bekannt war, aber als einer von Englands Star-Architekten schärfstens kritisiert wurde (er war verantwortlich für die Restaurierung der Kathedrale St. Alban, die er mit höchst umstrittenen Ergänzungen versah, so dass das Verb *to grimthorpe* für das gänzlich unpassende Restaurieren historischer Bauten in Gebrauch kam). Beckett gelang ein mittelalterlich anmutendes Kastell, das sich höchst *simpatico* (einfühlsam) in seine Umgebung fügt. Es war eine architektonische Huldigung an die Mittelalterbegeisterung eines Richard Wagner und dessen historischen Besuch in Ravello im Jahr 1880.

Becketts Villa präsentiert sich mit einem *torre di difensa* (Wehrturm), einem sarazenischen Säulengang, angeregt vom Kreuzgang des Convento di San Francesco unmittelbar unterhalb am Hügel, mit einer neogotischen Krypta, der Fountains Abbey nahe dem Familiensitz der Familie Beckett in Malton, Yorkshire, nachempfunden, und einem weiteren Turm in Anlehnung an den zerfallenden byzantinischen Campanile von San Martino in Ravello. Zinnen wie aus dem Märchenbuch, kannelierte Säulen, maurische Schmuckelemente, Spitzbogenfenster wie an einem alten venezianischen Palast – all dies machte die Villa zur Quintessenz eines romantisch-historischen Antiquariums. Die Innendekoration mutete an wie Fin-de-Siècle-Pomp. Die Decken wurden mit Fresken von *grotteschi* im Stil Raphaels bemalt, die Wände mit ›mittelalterlichen‹ Tapisserien behängt, hinzu kamen ›gotische‹ Lesepulte, ›antike‹ Bronzestatuen, Castel-Durante-Majoliken und Savonarola-Stühle (Scherensessel), wie sie einem florentinischen Kardinal zur Ehre gereicht hätten – alles zusammen war ein *ambiente rinascimento* (Renaissance-Ambiente).

Diese Verherrlichung der Renaissance sollte an die Fuscos erinnern und an ihre Verbindung zu den florentinischer Pitti. Im Hinblick auf die toskanischen Vorbilder ist die Vermutung nicht unangebracht, dass Beckett auch Beispiele der feudalen Architektur der Medici vor Augen hatte. Deren Herrschaftssitze waren Festung und Refugium zugleich, und so könnten Il Trebbio, Cafaggiolo und Careggi durchaus als Inspirationsquelle für Cimbrone gedient haben. In Ermangelung einer Ahnenreihe – der erste Lord der Familie hat seinen Titel 1872 erhalten – verankerte Beckett seinen Wohnsitz in der Vergangenheit.

Der Cimbrone-Garten ist die Apotheose des romantischen, malerischen Gartens schlechthin. Sein »Rückgrat« ist die Viale dell'Immensità (Allee der Unermesslichkeit), ein schnurgerader, 500 Meter langer Weg, der der jahrhundertealten Stradare dei Fusco folgt, diese aber verwandelt in eine großartige Promenade, überschattet von Zypressen, Akazien und Erdbeerbäumen (*Arbutus*) und gesäumt von alten Vasen und Plinthen. Die Viale führt unter der an die Renaissance angelehnten Ponte del Rosea hindurch, einer Brücke, die mit Kaskaden von Rosen überwachsen ist und sich im Mai

Pelargonien verleihen dem Brunnen im Eingangsbereich der Villa Cimbrone Farbe. Den Bau des neogotischen *torre di difensa* (Wehrturm) hat Wagners Besuch in der Villa, 1880, angeregt.

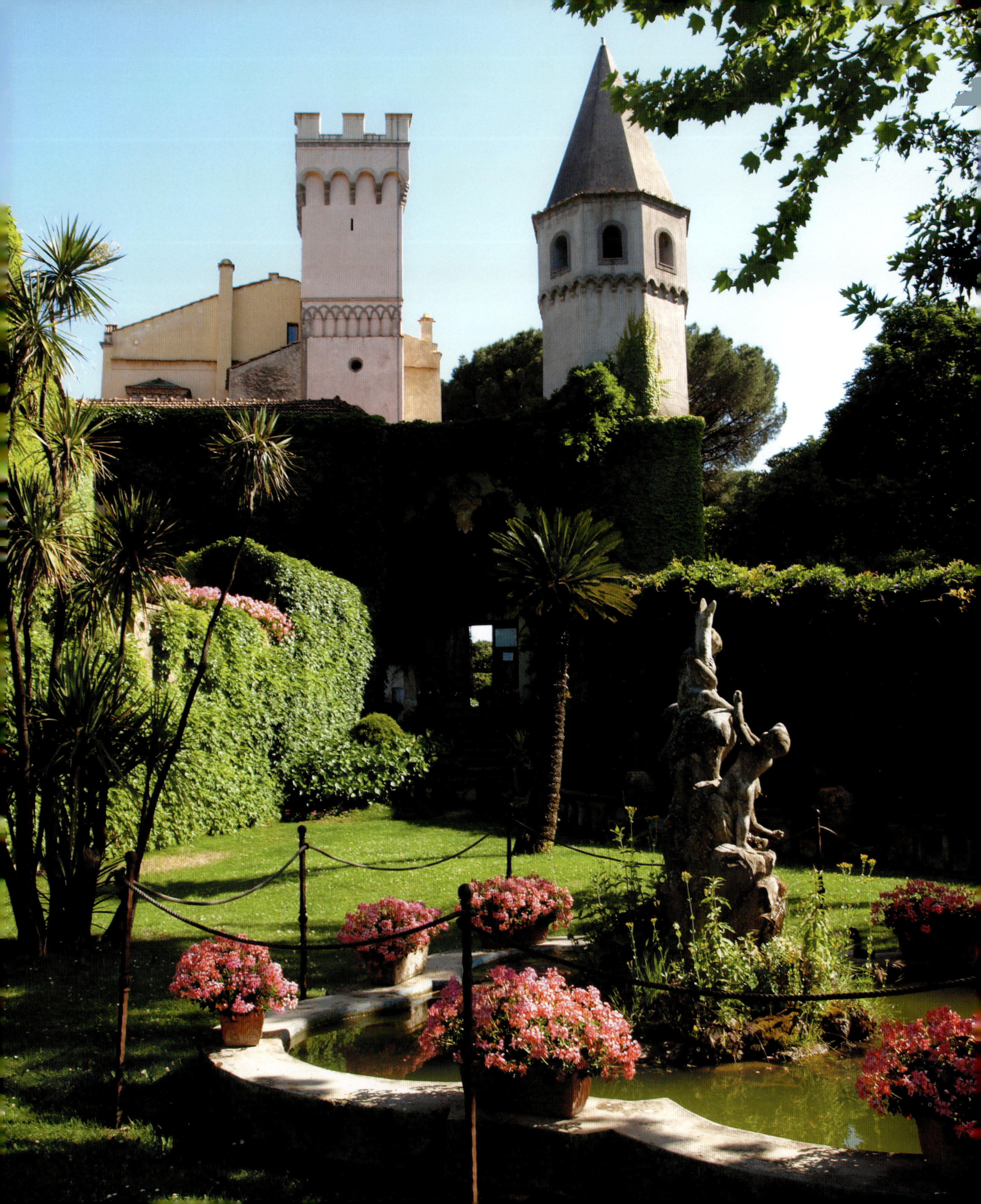

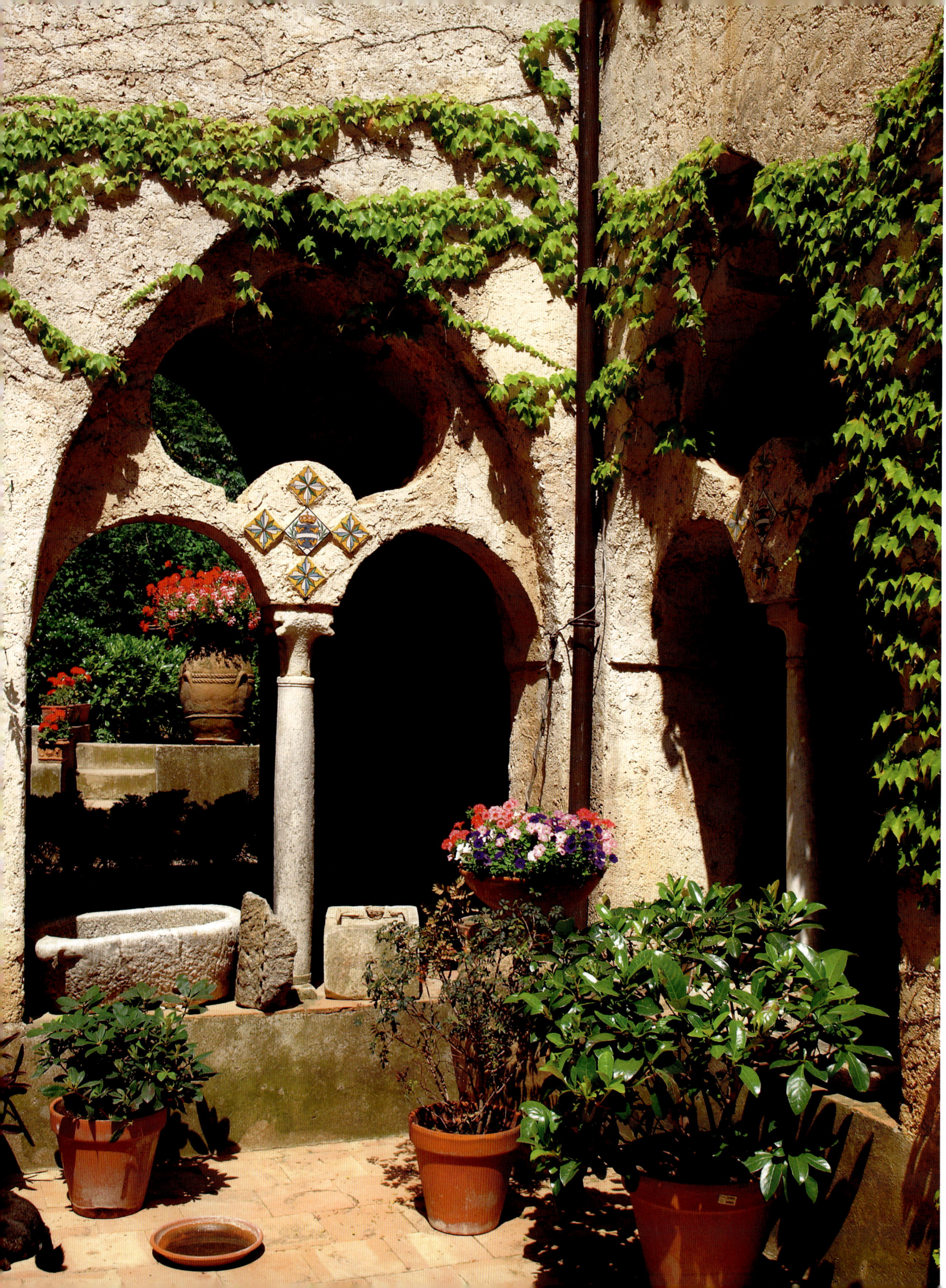

in Schwaden violettblauer Glyzinen hüllt. Aus dem Schatten der Brücke, die zwei Gärten beidseits der Viale verbindet, tritt man ins strahlende Sonnenlicht. Dieser erste von vielen sehr beeindruckenden Hell-Dunkel-Kontrasten verweist auf die Bedeutung der Überraschungs- und Suggestionseffekte in diesem Garten. Die Viale ist eine markante Nord-Süd-Achse innerhalb des Parks, auch wenn das Gelände zu ihren Seiten von sich kreuzenden Wegen durchzogen ist, die das Anwesen unterteilen und in verborgene »Inseln« gliedern, viele von üppigem Grün so abgeschottet, dass man sie oft erst im letzten Moment entdeckt – ein Versteckspiel, das zu den größten Vergnügen in diesem Garten gehört.

Im Osten der Viale jedoch bietet sich dem Auge eine ausgedehnte offene Fläche, die als weitläufiger englischer Rasen von Japanischen Zierkirschen, vielfarbigen Hortensien und antikisierenden Statuen griechischer Krieger gerahmt ist. Seitlich recken sich Pinien (*Pinus pinea*) wie Finger dem Himmel entgegen, andere Bäume wie Platanen (*Platanus orientalis*) kommen hinzu; vier Statuen von Tänzern, alte Formschnittgehölze und jahrhundertealte Pflanztöpfe sorgen für Abwechslung. Im Gegensatz dazu scheinen sich die Gärten auf

Links gegenüber: Detail des mit Efeu überwachsenen maurischen Säulengangs, beeinflusst vom benachbarten Convento di San Francesco. In diesem Säulengang stehen Skulpturen des Mittelalters, Pflanzkübel mit Petunien und Begonien fügen Farbtupfer hinzu. Oben links: Hortensien (*Hydrangea*) setzen Farbakzente auf dem Hügel, auf dem Lord Grimthorpes maurischer Tee-Pavillon steht. Oben rechts: Die Gärten beherbergen eine Reihe von Schmuckstatuen wie diese Kopie von Donatellos David. Folgende Doppelseite links und rechts: Der Bacchus-Tempel am Ende einer Allee von Zypressen und Lavendel, ein *tempietto* aus Vesuv-Stein über dem Vallone dei Dragone; ihn zieren die Zeilen aus Catulls Carmen 31: »o quid solutis est beatius curis, / cum mens onus reponit, ac peregrine / labore fessi venimus larem ad nostrum / desideratoque acquiescimus lecto?« Unter der Nachbildung der antiken Bronzestatue des trunkenen Satyrs mit dem Bacchusknaben befindet sich Lord Grimshorps letzte Ruhestätte.

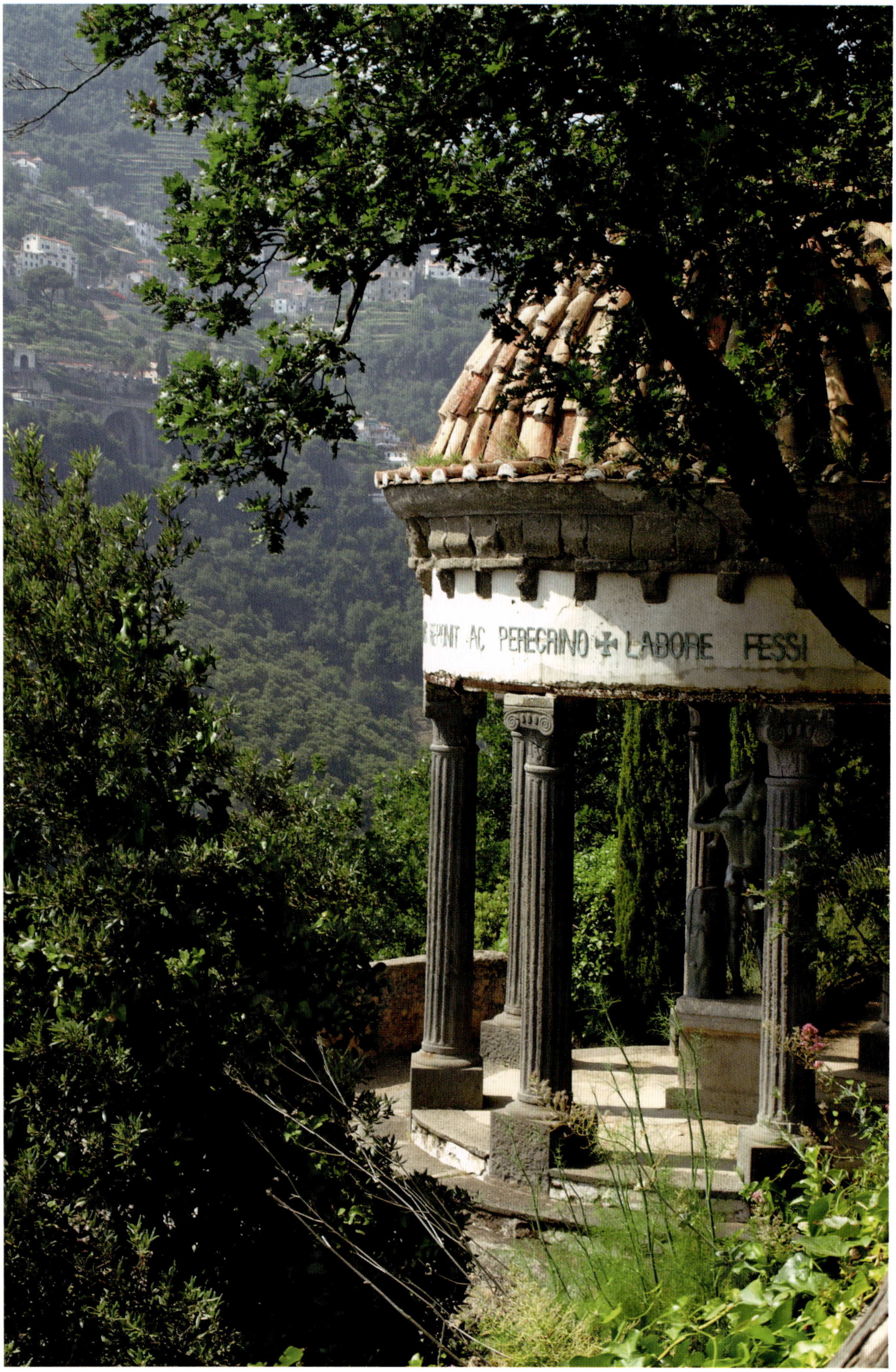
AC PEREGRINO LABORE FESSI

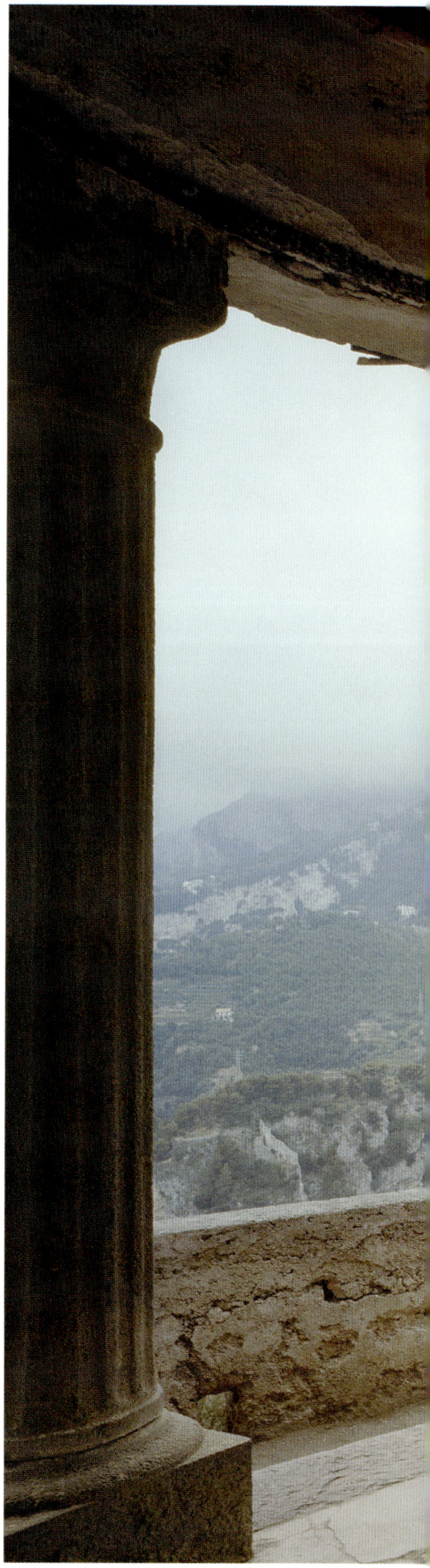

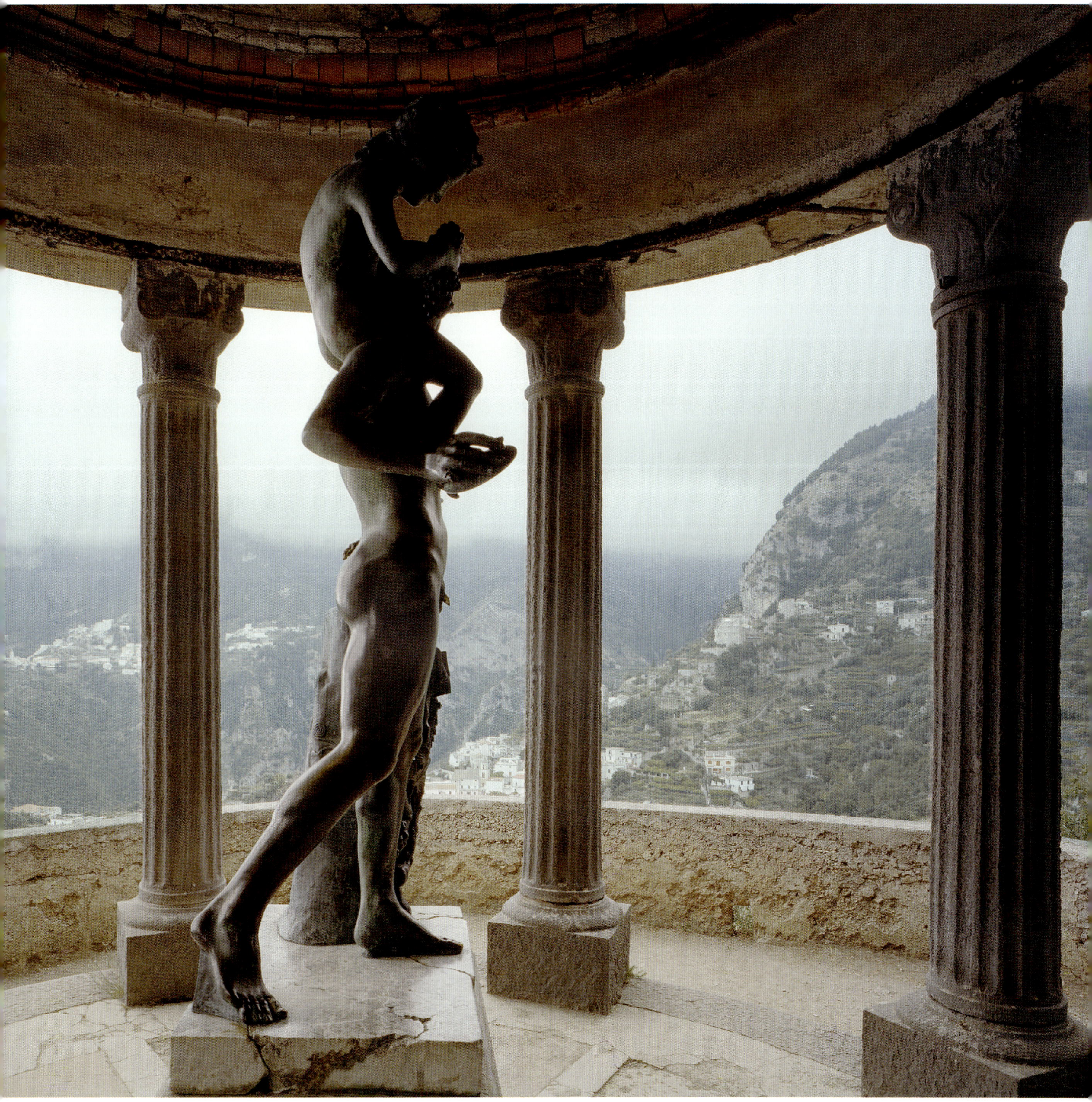

der Westseite der Viale dell'Immensità dem Blick zu entziehen, als wollten sie sich nicht nur vor den Promenierenden, sondern auch voreinander verstecken. Diese Gärten wollen erkundet werden und den Besucher anregen, wie Schmetterlinge umherzuflattern, während die Viale selbst die Bewegung direkt zur berühmten Terrazza dell'Infinito, der Terrasse des Unendlichen, lenkt.

Der schier ins Unendliche reichende, strahlend blaue kampanische Himmel über der spektakulären Burg sorgt für eine Sicht, die umwerfend zu nennen fast zu wenig ist. Der Weg hinauf zu diesem Gipfel über Ravello kommt der Wirkung eines spirituellen Cocktails gleich, zu je einem Drittel aus Trugbild, Paradies und Shangri-La gemischt. Geben Sie sich diesem einzigartigen Blick hin, und Sie werden verstehen, dass das himmlische Blau keine Farbe ist, vielmehr ein Wunder. Der Steinbalkon, den Lord Grimthorpe 1907 restaurieren ließ, umfasst eines der schönsten Panoramen: den gesamten Golf von Salerno, von Ravello bis zu den Cilento-Bergen und den im Altertum berühmten Ebenen von Paestum, Ort der sagenumwobenen griechischen Tempel.

Die beeindruckende *balconata belvedere* der Villa Cimbrone sitzt auf dem äußersten Rand der Felskuppe – gerade so hoch über dem Golf von Salerno, dass sie ins Meer abzutauchen versucht sein könnte. Zu jedem Englischen Garten gehören reizvolle, überraschende Ausblicke; mit der Amalfiküste hatte Lord Grimthorpe einen Blick, der atemberaubender nicht hätte sein können. Vor Ihnen breitet sich, soweit das Auge reicht, ein Schleier himmlischen Blaus aus. Und weil man nicht erkennen kann, wo das Blau des Meers aufhört und der Himmel anfängt, kommt der Blick einer Einladung in jenseitige Sphären gleich. Schon D'Annunzio meinte, man fühle sich an dieser Stelle »von den Armen der Unendlichkeit umfangen«.

Besucher, die staunend auf die endlose Wasserfläche des Tyrrhenischen Meers hinunterblicken, sind nicht allein: die Brüstung zieren sieben Büsten von Renaissance-Kurtisanen und *condottieri*

(Heerführern), die das Panorama wie in Stein gehauene Ausrufezeichen gliedern. Mit Flechten bedeckt und von achatgrünen Moosen überzogen, wirken sie antik, sind aber neapolitanische *figuri di fantasia* aus dem 18. Jahrhundert. Hier scheint Ihnen ein General belustigt zuzuwinken, dort eine *donna* sich nach vorn zu beugen, als wollte sie den neuesten Klatsch aufschnappen, und ihre Augen scheinen »Erzähl mir alles!« zu fordern. Wie einer barocken Groteske entsprungen, zeigt sich hier koboldartig der Übermut Lord Grimthorpes.

Im Zuge der Restaurierung des jahrhundertealten Belvederes, setzte Beckett 1910 auch den dorischen *tempietto* instand, der sich am Ende der Viale dell'Immensità silhouettenartig am Himmel abzeichnet und zur Terrasse hin ein Tor bildet. Unter dessen Kuppel platzierte Lord Grimthorpe die Reproduktion einer Statue der Ceres, der Göttin der Ernte, Landwirtschaft und *civiltà* (das Original steht in der Galleria Borghese in Rom).

LINKS: Höhepunkt, in wörtlichem und übertragenem Sinn, unter den vielen Sehenswürdigkeiten an die Amalfiküste ist die berühmte Terrazza dell'Infinito, die Terrasse des Unendlichen, der einzige Platz, wie d'Annunzio meinte, an dem man »sich von der Unendlichkeit küssen lassen könne, die einem hier mit beiden Armen umfängt«. Lord Grimthorpe hat sie 1907 restauriert, dennoch wirkt diese *balconata belvedere*, als sei sie seit den Tagen des antiken Roms an ihrem Ort. OBEN: Eine aus dem 19. Jahrhundert stammende Kopie der Göttin Ceres schmückt den dorischen *tempietto*, den Lord Grimthorpe als Abschluss der Viale dell'Immensità errichten ließ.

Der Sitzende Merkur, eine Kopie nach Lysipp (Schule), beschließ das Belvedere des Poggio di Mercurio. RECHTS: Eine der sieben Büsten auf der Terrasse des Unendlichen.

190 LA DIVINA COSTIERA – AMALFIKÜSTE

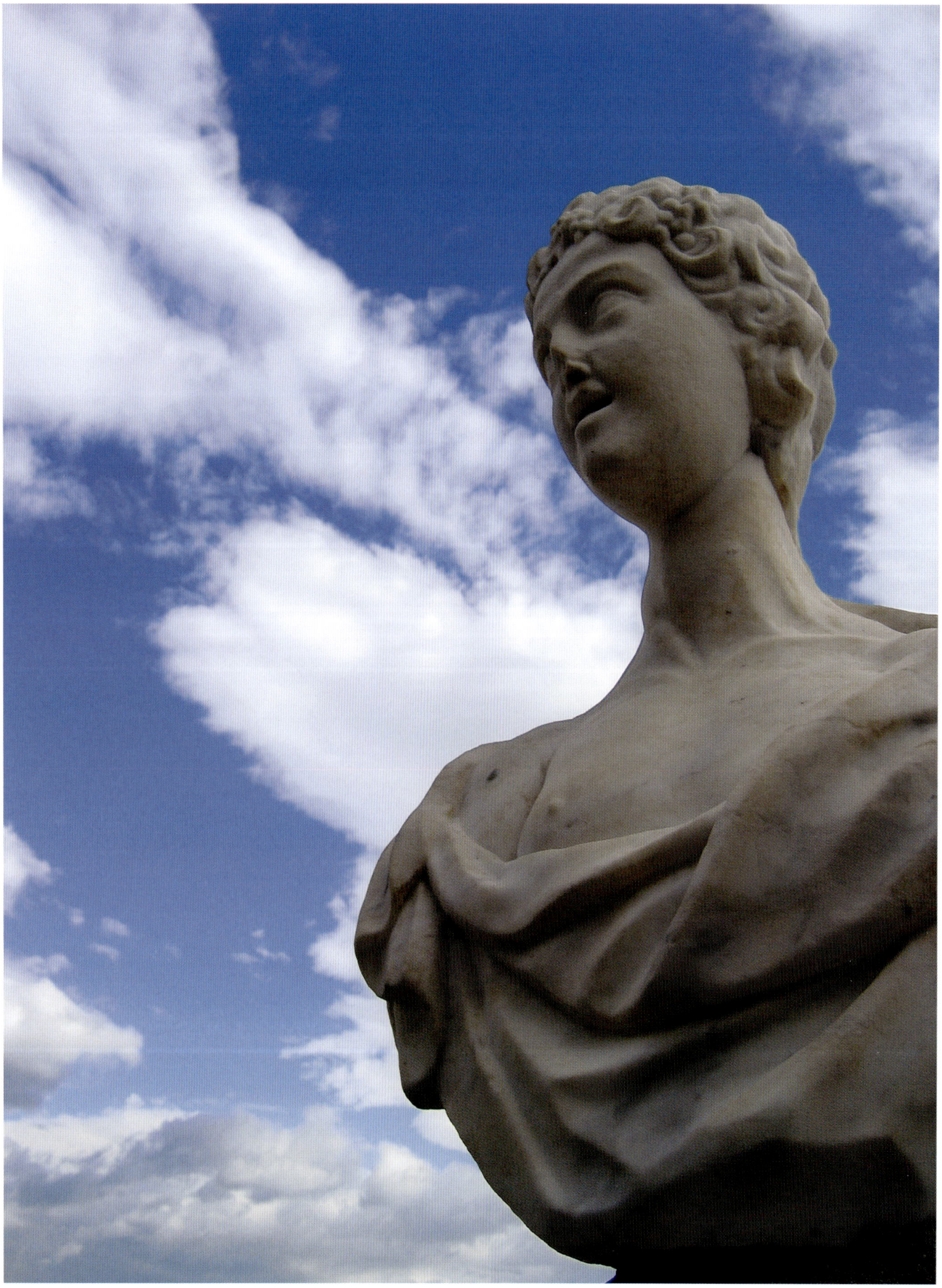

192 LA DIVINA COSTIERA – AMALFIKÜSTE

Die lange Viale ist ideal für kühlere Tage, wenn die Sonne Wärme spendet, aber in der Hitze eines kampanischen Nachmittags sind eben auch kühle, schattige Wege gefragt, die sich an der östlichen Flanke des Cimbrone-Anwesens finden. Von der linken Seite des dorischen Tempels der Ceres führt ein Weg am Belvedere-Café vorbei zum Rasen hinunter, der durch einen Horst blühender Hortensien ins Auge fällt – ein eleganter Kontrast zu einem wahren Wald von Kastanien und Eichen, der mit *Rhododendron ponticum* (in ganz Italien der südlichste Standort, an dem diese Pflanze auf Meereshöhe wächst) in geheimnisvoller Üppigkeit von Ferne zu locken scheint. Wie ein heiliger Hain beschwören diese Wäldchen D'Annunzios Gedichte um die Liebeleien von Faunen in mondbeschienenen Wäldern aus dem späten 19. Jahrhundert herauf.

Von hier aus gelangt man über Steinstufen hinter eine Hecke aus Strauchveronika (*Hebe*), umgeben von riesigen Erdbeerbäumen (*Arbutus*), zum Sitz des Merkurs, einer felsigen Böschung. Mit Blick auf das hinreißende Panorama des Vallone dei Dragone, trifft man auf eine aus dem 18. Jahrhundert stammende Bronzenachbildung des Sitzenden Merkurs (Schule des Lysipp, 4. Jh. v. Chr., heute im Museo Nazionale Archeologico, Neapel). Eine Plakette auf der Klippenseite trägt ein Gedicht, das D. H. Lawrence, einer der renommiertesten Gäste der Villa, 1927 verfasste:

> Lost to a world in which I crave no part
> I sit alone and commune with my heart
> Pleased with my little corner of the earth
> Glad that I came not sorry to depart.

In Teilen ätherisch anmutend, ist dieser Garten aber auch zutiefst menschlich, wie die vielen Inschriften und Gedichte zeigen, die Lord Grimthorpe und seine Kinder an den Mauern und entlang den Wegen eingravieren ließen. Das Leitmotiv klingt in dem Vers von Terenz (Publius Terentius Afer, geb. um 190 v. Chr.) am Fuß des Turms der Villa an, den man beim Betreten der Gartenanlagen liest: »Humani Nil A Me Alienum Puto« (*Homo sum: humani nil a me alienum puto* = Ich bin ein Mensch, nichts Menschliches ist mir fremd).

Schlägt man den Weg mit Blick auf das Vallone dei Dragone ein, findet man sich bald schon am Anfang einer zypressengesäumten

Sechs der sieben Büsten von Renaissance-Kurtisanen und *condottieri* (Heerführer), die das Panorama wie in Stein gehauene Ausrufezeichen gliedern. Diese Büsten sind Arbeiten eines neapolitanischen Künstlers des 18. Jahrhunderts; Flechten und achatgrüne Moose ergeben eine gewisse Alterspatina.

Allee, in der die Bäume, begleitet von Lavendelhecken, majestätisch zum Tempel des Bacchus geleiten. Dieser *tempietto* mit seinen acht dorischen Säulen aus Vesuv-Stein, wird von einer beeindruckenden Kuppel überwölbt, auf deren Säulengebälk eine Stanze des Catull die Tugenden des heimischen Herdes preist (zitiert nach: Vox-Latina-Gottingensis, Catull, Carmen 31).

> Wie selig macht doch überstandene Drangsal uns,
> Wenn endlich man den Busen lüftet sorgenbar,
> Der Arbeit in der Fremde satt, zum eignen Haus
> Zurückkehrt, wieder im erwünschten Bette ruht!

Mit Bett ist hier die letzte Ruhestätte Lord Grimthorpes gemeint, denn seine Urne wurde unter dem Postament bestattet, das eine Kopie des Dionysius aus der Praxiteles-Schule trägt (das Original steht im Museo Nazionale, Neapel). Ein lebensgroßer bronzener Satyr mit einem Bacchusknaben auf der Schulter und Weintrauben in der Hand lehnt, Halt suchend, an einem weinrebenumrankten Baum und spielt auf der Panflöte, dem Instrument, das zu den orgiastischen Tänzen der Mythen gehört.

Von hier aus führt ein Weg vorbei an einer natürlichen Grotte, bekannt als »Grotte Evas«; darin befindet sich eine Statue der Menschheitsmutter von Adamo Tadolini (1727–1813), einem Schüler Antonio Canovas (1757–1822). Sie steht nackt auf einer Anhäufung von Feigenblättern, und der schimmernde Marmor strahlt den Glanz menschlicher Haut aus, sobald Strahlen der untergehenden Sonne darauffallen. Ein mit Glyzinen überwachsener Weg führt dann hügelaufwärts zu einem Felsrücken mit einem fantastischen Steingarten und einer beeindruckenden Säulenpergola, die von Banksrosen umrankt und mit Hortensien unterpflanzt ist – eine Nachbildung der berühmten Medici-Pergola von Il Trebbio. Das florentinische Motiv wird durch eine Nachbildung von Donatellos David noch unterstrichen. Die Kopie stammt aus dem 19. Jahrhundert, vom neapolitanischen Bildhauer Gioacchino Varlese, das Original ist im Bargello in Florenz zu sehen.

Der dunkle, kühle Wald zieht sich über natürliche Stufen zum Kamm des Hügels und geht dann auf dem Gelände des Federballplatzes in ein Rosenparterre über. Umgeben von einer zauberhaften, im arabisch-sizilianischen Stil erbauten Balustrade mit farbigen Fliesen bilden vier Beete ein Muster, das unverkennbar an einen islamischen Teppich erinnert; das sarazenisches Motiv geht wohl auf den Stil der benachbarten Villa Rufolo zurück. In viktorianischer Opulenz pflanzte Lucy Beckett hier hunderte Hochstammrosenarten. Zusammen mit den Rosenparterres außerhalb der Balustrade, prachtvoll versehen mit antiken Statuen, riesigen Vasen und hohen Zypressen, zeigen sie eine opulente Blütenfülle, die eher englisch als italienisch anmutet. Lucy hatte das Gärtnern nicht gelernt, sie hatte sich immer wieder in Gertrude Jekylls Buch »Roses for English Gardens« (1902, Rosen für Englische Gärten) und William Robinsons »The English Flower Garden« (1883, Der englische Blumengarten) kundig gemacht, sich auch an Vita Sackville-Wests Ratschlägen und Informationen aus erster Hand orientiert.

Innerhalb der Balustrade ist jede Rose sorgfältig angestäbt, aufgebunden, erzogen und mit Namensschild versehen; zu den berühmtesten gehört die 'Rose von Ravello', ein seltenes Exemplar mit fünf Blütenblättern, das Lucy in den dreißiger Jahren für einen Wettbewerb in San Remo gezüchtet hat. Im Juni präsentiert sich das Rosarium in voller Blüte, auch wenn es so bepflanzt wurde, dass bestimmte Varietäten das ganze Jahr über für Farbe sorgen. In die dreißiger Jahre fiel auch die Hochzeit von Lucy mit Manfred, Viscount Frost. Später schufen sich beide hier einen eigenen Wohnsitz, zu dem sie eine alte Kapelle direkt unterhalb der Villa Cimbrone umgestalteten; von nun an hatten sie vom äußersten Punkt der Klippe einen spektakulären Blick über den Golf von Salerno. Diese Villa La Rondinaia (das Schwalbennest), in der später jahrzehntelang der Schriftsteller Gore Vidal lebte, wurde im Jahr 2006 von einem Hotelier aufgekauft.

Das Gartenparadies setzt sich hinter einer efeubewachsenen Mauer mit dem Tee-Haus fort, einem neobyzantinischen Pavillon – ein Treffpunkt für den Nachmittagstee. Eine Inschrift über einem alten Wandbecken – »Scatter roses: I hate the hands that will not scatter« – erinnert daran, dass die geometrischen Beete hier einst mit Rosen bepflanzt waren, nicht wie heute mit Stiefmütterchen und Begonien. Parterres mit einjährigen Sommerblumen sieht man in Süditalien selten, aber diese hier bedeuten eine Verneigung vor jenen der Villa Rufolo; an sie knüpft auch der Pavillon an, denn die Außenmauer zur Rechten nimmt das sarazenische Ornament von Rufolos maurischem Innenhof auf. Hinzu kommen der Bogengang mit seinen arabisch-sizilianischen Säulen, der an die Pazzi-Kapelle (Cappella dei Pazzi) in Florenz erinnert, ein englisches Taufbecken aus dem 12. Jahrhundert und vier byzantinische Steinsäulen (die Amalfitani bildeten eine der größten Ausländerkolonien in Konstantinopel). Diese eklektische Kulisse formaler Fabulierlaune schließt den Gartenrundgang ab.

Der Gartenhistoriker Charles Quest-Riston meint in »The English Garden Abroad« (1992, Der Englische Garten im Ausland): »Der italienische Einfluss [ist hier] zwar ausgeprägt, der Garten dennoch aber unverkennbar das Werk eines Engländers.« Obwohl sich Lord Grimthorpe seiner Wahlheimat Amalfi innig verbunden fühlte, war er im Grund seines Herzens Nordeuropäer, und sein Garten ist letzt-

Der Golf von Salerno, vom Inneren der Terrasse des Unendlichen aus gesehen, die einst für Lord Grimthorpes Terrassengesellschaften mit einer Küche ausgestattet war und nun ein kleines, zum Hotel gehörendes Café beherbergt.

lich von exzentrischer Überspanntheit, zwar typisch italienisch, aber mit *sauce anglaise* verfeinert. Auf Schritt und Tritt spürt man, wie viel Liebe Lord Grimthorpe in sein Werk investiert haben muss; auch dass er die Klarheit und Ordnung der Renaissance nutzte, um die Romantik der Neuzeit mit dem Rom der Antike zu verbinden, ist unverkennbar. Am Ende begnügte er sich mit der Kennerschaft des Archäologen und schuf einen Garten, der in seiner schlüssig dramatischen Wirkung ein Meilenstein des englischen Exotismus bleibt.

Amalfi con Amore
Santa Caterina, Amalfi

Der erste Hauch des *profumo della terra*, jener nach sonnenwarmem Kiefernholz und Enzian duftenden Luft, macht den Kopf frei und lässt innehalten. Im Garten des Hotels Santa Caterina dürfen Sie sich, fernab der Menschenmassen Amalfis, sicher und geborgen fühlen. Wie eine Insel der Ruhe überzieht dieses idyllische Anwesen den gesamten Hügel – ein ungeschliffener Smaragd, der auf das angespannte Nervensystem vom ersten Augenblick an erholsam wirkt. Ein Tag hier, und Sie fühlen sich wie im Garten Eden.

Elizabeth Taylor und Richard Burton flüchteten sich hierher, um die *paparazzi* abzuschütteln, die die abschließenden Filmaufnahmen zu »Cleopatra« störten: die Ankunft der Königin des Nils in ihrer goldenen Barke – auf Ischia. Sie erlebten das Hotel mit seinem von der Außenwelt abgeschotteten großen Park als Ort himmlischer Einsamkeit. Wo in aller Welt hätten sie ihr episches Liebesverhältnis ungestörter fortsetzen können als in dem reizvoll abgeschirmten Refugium?

In diesem zauberhaften Ambiente speisten die beiden mit Vorliebe auf der Terrasse. Carmela Gambardella, deren Familie seit 1805 im Besitz des Anwesens ist, erinnert sich: »Sie waren ein wunderbares Paar, lebhaft und oft auch zerstritten. Aber nach solchen Kabbeleien machten sie zu guter Letzt lange Spaziergänge durch den Garten, um in zärtlicher Umarmung wieder zurückzukehren.« Die Schlange in ihrem Paradies war die Zeit, denn sie blieben nur vier Tage.

Der Garten ist nach wie vor ein Ort für Liebende. Jasmin, Bougainvillea und Paradiesvogelblumen (*Strelitzia*) erfreuen das Auge, auch auf einen Obstgarten stößt man beim Spaziergang über das Gelände, mit separaten Terrassen für Olivenhaine, Zitronen- und Orangenbäume sowie Feldern, die reihenweise mit Gemüse bepflanzt sind. Feigen, Aprikosen, Pfirsiche, Senfkohl, Salat, Tomaten, Zucchini, Paprika, Auberginen, Artischocken und Kürbisse kommen in dem renommierten Restaurant des Hotels täglich auf den Tisch.

Diese Gaumenfreuden sind eine Art letztes Wort in Sachen Nachhaltigkeit, und sie unterstreichen, dass die Gärten an der Amalfiküste aus Bauernhöfen hervorgingen, deren Terrassen oft mit Zitronenbäumen bepflanzt waren. Die maurischen Eroberer kultivierten Zitronenpflanzen in Italien, um 1500 waren Zitrusgewächse im Mittelmeerraum bekannt, und sie sind noch immer verbreitet, wie der berühmte *limoncello* der Küste bezeugt. In Santa Caterina werden Zitronen gezogen, 'Sfusato Amalfitano', die so groß wie Orangen werden, in der ovalen wie auch in der spitz zulaufenden Form. Kosten Sie ein Soufflé aus diesen Zitronen, und Sie werden merken, hier ist auch ein Paradies für Gourmets.

In der Nähe des berühmten Wasserschlösschens aus dem 19. Jahrhundert erweitert dieser Blick durch ein Bougainvillea-Fenster den Ausblick bis zur Einfahrt in den Hafen Amalfis.

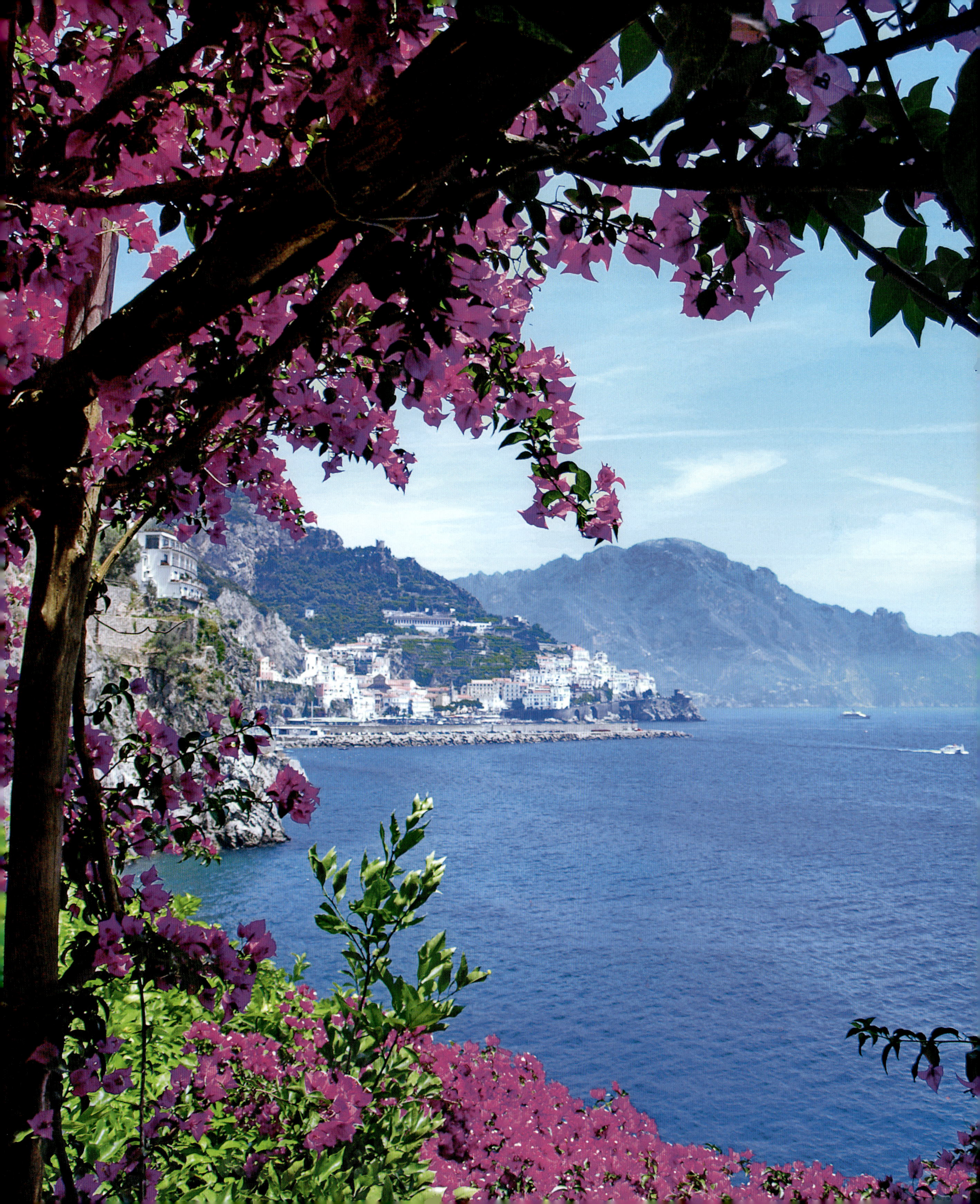

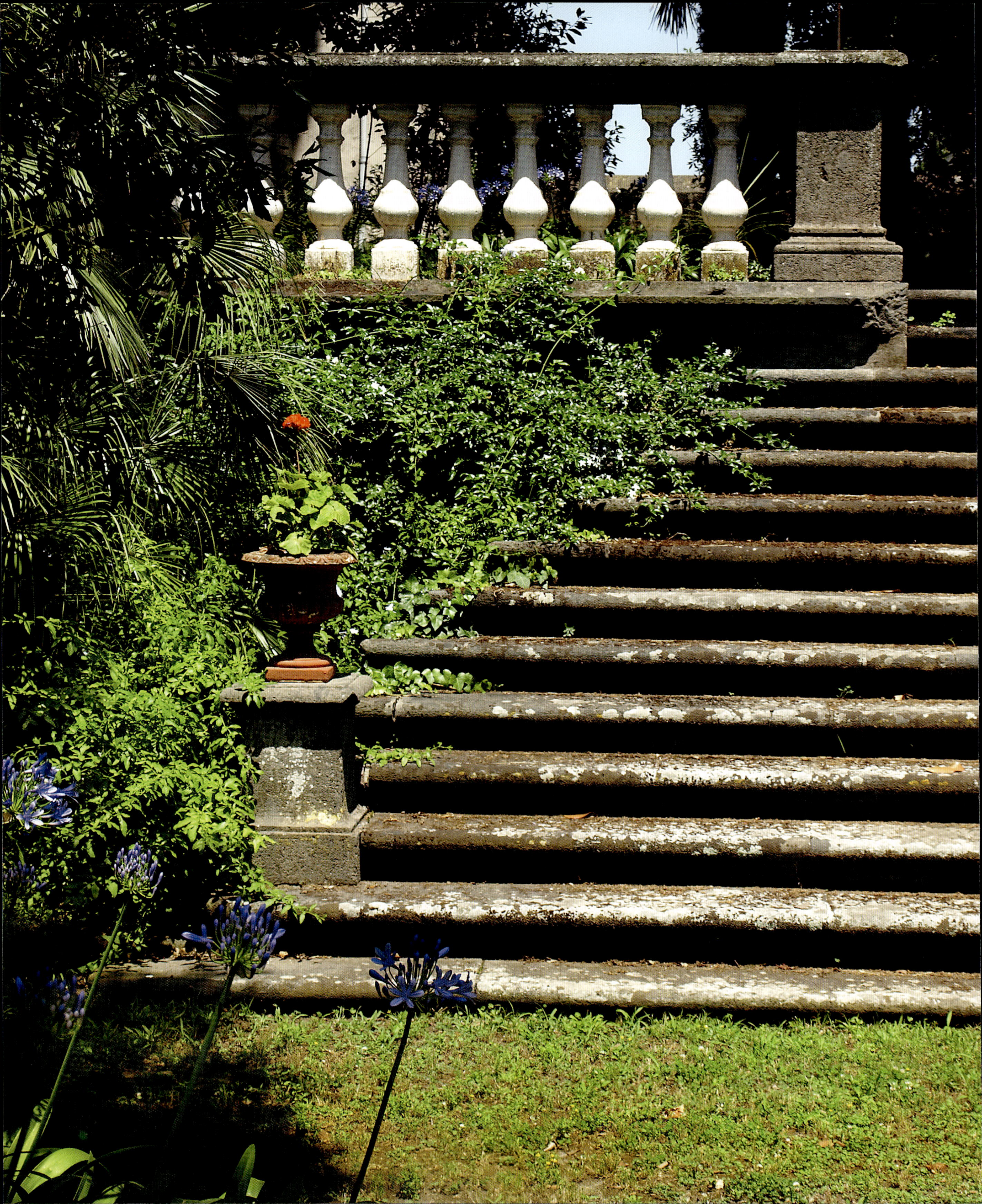

Adressen der Gärten

Etliche der beschriebenen Gärten sind in Privatbesitz. Für den Besuch der öffentlich oder als Hotelgärten zugänglichen Anlagen sollte man Informationen, etwa die Öffnungszeiten, direkt bei den einzelnen Einrichtungen, telefonisch (Landesvorwahl 0039) oder auf den Webseiten, einholen:

Kloster Santa Chiara
(Chiostro delle Clarisse)
 Via Santa Chiara 49/c
Spaccanapoli, Napoli
Tel.: 081 19575915
www.santachiara.info

I Girolamini
Via Duomo 142
Spaccanapoli, Napoli
Tel.: 081 449139

Palazzo Reale, Orto Botanico
(Giardino della Regina)
Via Universita 100
Portici
Tel.: 081 7755136
www.museiagraria.unina.it
Nach Vereinbarung

Castello Lancellotti
(Associazione Pro Lauro)
Piazza Castello Città Lauro
Lauro (Avellino)
Tel.: 081 8240013
www.castellolancelotti.it
www.prolauro.it

Orto Botanico di Napoli
Via Foria 223
Napoli
Tel.: 081 449759
www.ortobotanico.unina.it
Nach Vereinbarung

La Mortella
Via Francesco Calise 39
Ischia
Tel.: 081 986220
www.lamortella.org

Villa San Michele
Viale Axel Munthe 34
Anacapri
Capri
Tel: 081 8371401
www.villasanmichele.eu

Hotel La Certosella
Via Tragara 13
Capri
Tel: 081 8370713
www.hotelcertosella.com

Hotel Parco dei Principi
Via Rota 1
Sorrento
Tel: 081 8784644
www.grandhotelparcodeiprincipi.net

Hotel Il San Pietro
Via Laurito 2
Positano
Tel: 089 875455
www.ilsanpietro.it

Hotel Palazzo Murat
Via dei Mulini 23
Positano
Tel: 089 875177
www.palazzomurat.it

Villa Rufolo
Piazza Duomo
Ravello
Tel: 089 857657
www.villarufolo.it

Hotel Villa Cimbrone
Via Santa Chiara 26
Ravello
Tel: 089 857459
www.villacimbrone.com

Hotel Santa Caterina
Strada Amalfitana 9
Amalfi
Tel: 089 871012
www.hotelsantacaterina.it

Eine Steintreppe aus dem 19. Jahrhundert, begleitet von Efeu und Magnolien, führt zum oberen Garten der Villa De Gregorio di Sant'Elia.

Das gefundene Paradies: Ein Nachwort

Die Grand Tour, die Bildungsreise der führenden Schichten in Europa seit der Renaissance, bescherte vor allem im 18. Jahrhundert vielen kunstsinnigen *grantouristi* ungeahnte Wonnen: legendäre Sammlungen, archäologische Stätten, prachtvolle Paläste und eine ganze Reihe von Schätzen südlich von Wien und nördlich von Rom. Reisende, die ihre Route nach eigenem *gusto* planten und sich noch weiter nach Süden, bis in die Region Kampanien treiben ließen, sollten in den Genuss zusätzlicher Freuden kommen: der historischen, üppig blühenden Gärten Neapels, Capris, Ravellos und anderer Städte und Dörfer, die an der Amalfiküste verstreut sind. Auf meiner *petit tour* durch dieses paradiesische Fleckchen Erde – mein Ziel war, Material für dieses Buch zu sammeln – durfte ich diese Freuden bis zur Neige auskosten.

Die Grundlagen für meine Odyssee durch Kampanien waren Jahre zuvor im Institute of Fine Arts, New York City, gelegt worden, wo ich mich unter der Ägide des inzwischen verstorbenen Kunsthistorikers Sir John Pope-Hennessy intensiv mit der italienischen Renaissance befasst hatte. Pope-Hennessys Seminare hatten meine Liebe zu den schönen Künsten geweckt, wie sie sich in unzähligen Schlössern, Palästen und Villen manifestieren. Seit jener Zeit sind alle meine Reisen »fortlaufende Studien aus eigenem Antrieb«. Eine dieser Reisen führte mich nach Rom, wo ich Stoff über den römischen *palazzo* des Fürsten und der Fürstin Ferdinand Pecci-Blunt sammelte, um 1990 für das Reisemagazin »Town & Country« einen Artikel zu verfassen. Bevor ich den aus dem 16. Jahrhundert stammenden Palazzo Pecci-Blunt besuchte, sah ich mir die legendäre Villa Marlia an, ein Anwesen in Lucca, einst im Besitz von Napoleons Schwester, auf das Lew Tolstoi gleich im ersten Kapitel von »Krieg und Frieden« Bezug nimmt. Der Garten erschien mir das Schönste, was ich je in meinem Leben gesehen hatte.

Bis zu dieser Zeit hatte mein Interesse vor allem der Innenausstattung der großartigen Renaissance-*saloni* gegolten. Die entscheidende Neuorientierung kam beim Anblick des spektakulären *teatro di verdura*, des Grünen Theaters, und meine Leidenschaft, meine *gran passione*, sollte von nun an der prachtvollen Außengestaltung der italienischen *giardini* gelten. Mit diesem neuen Interesse machte ich mich auf, den italienischen Stiefel vom Schaft an abwärts zu erforschen, um, immer weiter nach Süden vordringend, binnen kurzem in Richtung Fuß und damit an der verschwenderisch blühenden, sprichwörtlich romantischen Amalfiküste zu landen.

Was ich hier vorfand, war für mich als Gartenliebhaber: *il paradiso*. Zumindest wähnte ich mich schon halbwegs im Himmel. Auf der Terrasse des Cappuccini Convento, die sich, auf einem Felsplateau 152 Meter über dem Meer, an den Monte Falconetto klammert, kam mir der Spruch in den Sinn: »Wer in Amalfi lebt und im Paradies aufwacht, für den ist ein Tag wie der andere.« Mag auch der Blick von diesem Belvedere nicht gleich jeden sprachlos machen – Henry W. Longfellow (1807–1882) beispielsweise verfasste hier eines seiner bekanntesten Gedichte: eine Hommage auf dieses Fleckchen Erde –, so verstummen doch die meisten vor Staunen. Zwischen raschelnden Bougainvilleen, verwitterten Säulen und antiken Pilgerlaternen öffnet sich ein Blick auf Licht und Raum, eine Landschaft, für die jegliche Beschreibung bleiern anmutet. Unten, ganz unten erstreckt sich das Amalfipanorama, das in seiner mittelalterlichen Pracht im Sonnenlicht erstrahlt. Dieser auf Postkarten und Gemälden verewigte Blick wurde eines der ersten Sehnsuchtsreisebilder des 19. Jahrhunderts. Nach wenigen Minuten im Halbschatten der Terrasse war mir klar, wie dieses Hotel, das im 13. Jahrhundert als Zisterzienser-Kloster gegründet wurde, zum Lieblingsaufenthalt von *grantouristi* wie Richard Wagner werden konnte – Wagner verließ sein Zimmer, um beschirmt von den *Frangipani*-Bäumen (*Plumeria*) auf der Terrasse zu schlafen. Meinen ersten Eindruck bestätigte umgehend die Herrin des Hotels, Contessa Vallefiorita, eine elegante Grande-Dame im achten Lebensjahrzehnt: Als sie meiner Reaktion auf die den Himmel küssende Lage des Hotels gewahr wurde, bemerkte sie lächelnd: »Noch einen Schritt höher und…«

Als himmlisch empfinde ich es aber auch, dass mir seit jener Begegnung noch viele andere Menschen überall in Kampanien wohlwollend ihre Türen geöffnet haben. Zu der von Natur aus paradiesischen Schönheit des Landes kommt hinzu, dass mir Italien so viele Freunde bescherte, die mich jederzeit herzlich empfangen und geführt haben. Unter den zahlreichen Menschen, die mich mit Sachverstand, Großzügigkeit und Umsicht auf so manchem Gartenweg begleiteten, sei an erster Stelle Baron Massimo Ricciardi genannt, der mich auf Engelsflügeln, wie unsichtbar sie für gewöhnliche Sterbliche auch sein mögen, auf meiner Reise über alle Schwierigkeiten hinwegtrug.

Als einer der bekanntesten Botaniker Italiens und über Jahre Professor des Orto Botanico della Facoltà di Agraria dell'Università di Napoli Federico II, hat Massimo Ricciardi mehrere einschlägige

Bücher verfasst, darunter »La Flora Illustrata di Capri« (1991) und »La Flora di Campi Flegrei« (2006). Ich hatte das unwahrscheinliche Glück, nicht nur von seiner Fachkompetenz zu profitieren, sondern ich durfte auch das Heim seiner Familie als mein neapolitanisches Quartier fern der Heimat betrachten. Seit Jahrhunderten hoch oben über dem *Chiaia*-Distrikt thronend, ist dieses *piano nobile*, über die Fürst Francesco d'Avalos herrscht (einer von Italiens namhaftesten Komponisten), der Palazzo d'Avalos, dank seines weitläufigen Parks, für mich zur Oase der Ruhe innerhalb einer vulkanisch brodelnden Stadt geworden. Tagsüber erwies sich *il professore* als unglaubliches *passepartout* für Leute und Gärten. Abends hatte ich die einzigartige Gelegenheit, dabei zu sein, wenn seine Gelehrsamkeit zu einem wahren Fest wurde mit den hervorragenden *risotti*, die seine liebenswerte Frau Flaminia nach Rezepten des 18. Jahrhunderts zubereitete. Ohne die großzügige Gastfreundschaft Ricciardis, seinen fundierten Rat und seinen klimatisierten Wagen hätte dieses Buch nie entstehen können. Angemerkt sei hier, dass es ihm aufgrund seiner Vorbereitungsarbeit für die zweite Ausgabe seines Capri-Buches und die erste seines *Campi Flegrei*-Opus nicht möglich war, meinen Text durchzusehen und zu überprüfen.

Es wäre aber unfair, diesen Reisebericht abzuschließen, ohne die Rolle der Besitzer und eigentlichen Kuratoren der Gärten zu würdigen, zumal diese zu einer ganz wertvollen neuen Sichtweise beigetragen haben: dass ein schön gestalteter und sorgfältig gepflegter Garten ein Kunstwerk sein kann wie ein Gemälde. Der Eifer, mit dem Principessa d'Avalos über die herrlichen Gärten der Villa d'Avalos wacht, ist nur mit dem Engagement vergleichbar, das Mariano und Rita Pane ihrer luxuriösen Villa Tritone angedeihen lassen, worin sich wiederum die Arbeit von Silvana Cuomo spiegelt, Schwester von Signora Pane, die sich hingebungsvoll um die Villa Silvana in Sorrent kümmert. Ein kleines Wunder ist die Geschichte von Giovanni Russo, dessen Visionen und unerschütterliche Entscheidungsfreude zur Verwandlung des felsigen Terrains von Li Galli beitrugen, einer der sorrentinischen Halbinsel vorgelagerten Inselgruppe, in das reizvolle, üppig grünende Reich von heute. Nicht weit davon entfernt liegt ein weiteres Inselparadies, Capri, wo Signor Francesco Ricci Graham Greenes Villa Il Rosaio restaurieren ließ, auf dass sie erneut in ihrem einstigen Glanz erstrahlt.

Auf dem Festland präsentieren sich die Familiensitze von Principe Massimo Lancelotti, Contessa Cettina Lanzara und Principessa Uzza De Gregorio di Sant' Elia in Lauro, Nocera und Portici in wahrhaft herrschaftlichem Glanz. Der eigentliche Gewinner in jeder Hinsicht ist die Öffentlichkeit, die von der professionellen Führung durch die Gärten profitiert. Besondere Anerkennung in diesem Sinn verdienen Allesandra Vinciquerra, die Direktorin von La Mortella und Dr. Secondo Amalfitano (sowie seine wunderbare Assistentin, Monia Belloro), Direktor der Villa Rufolo.

So steht den Reisenden eine verlockende Vielfalt gastfreundlicher Quartiere zur Auswahl, die mit bewundernswerten *giardini* all jene empfangen, die die kampanische Sonne genießen wollen, und sei es nur für die Dauer eines Tages. Zu den beliebtesten Hotels an der Amalfiküste gehört das Hotel Il San Pietro, wo Signora Virginia Attanasio Cinque jeden Besucher mit der gleichen Herzlichkeit willkommen heißt, ganz gleich, ob der Gast nur eine einzige Übernachtung bucht, ein Rock-Star ist oder ein Rockefeller. Ihre Schwester, Marilú Attanasio steht ihr in Sachen Gastfreundschaft in ihrem Familienhotel Palazzo Murat in nichts nach. In diese Tradition reiht sich auch Carmella Gambardella ein, die mit dem Rest ihrer Familie liebevoll dem Hotel Santa Caterina vorsteht. Die Aura des Hotels Villa Cimbrone, ein Shangri-la an einem der schönsten Flecken der Welt im Besitz und unter der Leitung von Signora Paola Vuilleumier und ihrem Bruder Giorgio, überstrahlt mit diskretem Glanz die feine Hotelerie der beiden Schwestern. Dieses Geschwister-Duo sowie all die anderen in diesem Buch aufgeführten Gartenbesitzer möchte ich in meinen *l'applauso di tutti* einschließen.

Über all diese freundlichen Besitzer und Kuratoren hinausgehend, habe ich auch durch zahlreiche Publikationen Unterstützung erfahren. Obwohl die Gärten Kampaniens hier weit weniger Beachtung finden als jene Nord- und Mittelitaliens, ist die Campania alles andere als eine *terra incognita*. Gewiss, es gibt nur wenige Übersichten, aber M. T. Trains opulentes Werk »Gardens of Naples« (1995) bezauberte den Reisenden schon, bevor er zu seinem ersten Besuch hierher aufbrach. Garten-*appassionati* finden äußerst detaillierte Schilderungen vieler Gärten in und um Neapel in Patrizia Spinelli Napoletanos »L'Arte di Giardini nel Tempo« (2000) und ihrem »I Giardini Segreti di Napoli: Fuori le Mura« (1996).

Kampanien galt lange Zeit als erklärtes Lieblingsziel der Ausländer, und deren Reisen sind in den folgenden drei Klassikern hervorragend dokumentiert: »Siren Land« von Norman Douglas (1927), »The Masque of Capri« von Edwin Cerio (1957) und »Das

Buch von San Michele« (1929) von Axel Munthe, hinzukommt Dieter Richters beeindruckendes Werk »Alla ricerca del Sud. Tre secoli di viaggio ad Amalfi nell´immaginario europeo« (1989). Für Posillipo sind Valentina Gisons »Posillipo Nell'Ottocento« (1998) und Domenico Viggianis »I Tempi di Posillipo« (1989) empfehlenswert. Über die Villen um den Vesuv informiert Celeste Fidoras »Ville de Delizie Vesuviane del '700« (2004). Als sehr brauchbar für die Erkundung einzelner Gärten erweist sich für La Mortella Lady Susanna Waltons »La Mortella: An Italian Garden Paradise« (2002), für die Villa San Michele Levente A. S. Erdeos's »Axel Munthe's Villa in the Capri Sun« (2006) und Bengt Jangfeldts »Axel Munthe: The Road to San Michele« (2008), für den Parco dei Principi Domenico Reas »Villa Gortchacow« (1988), für das Castello Lancellotti »Pasquale Moschianos Castello Lancellotti« (2001), für die Villa Rufolo Jill Caskeys »Art and Patronage in the Medieval Mediterranean: Merchant Culture in the Region of Amalfi« (2004) und Sir Francis Nevile Reids bahnbrechendes Buch »Ravello« (hrsg. von E. Allen, 2000), für La Certosella, Villa Il Rosaio und die vielen prächtigen Gärten von Edwin Cerio Gaetana Cantones »Dolce agli occhi è la Casa di Capri« (2004); für die Villa Cimbrone Charles Quest-Ristons »The English Garden Abroad« (1996), für die Gärten der Reggia di Portici Stefano Mazzolenis »L'Orto Botanico di Portici« (1990) und für Li Galli Romolo Ercolinos »The Siren Isles ›Li Galli‹« (1998). Für fundierte wissenschaftliche Recherchen empfehlen sich die fortlaufenden Studien von Pasquale Belfiore und Maria Luisa Margiotta, einschließlich ihrer Beiträge zu »La Memoria, Il Tempo, La Storia nel Giardino Italiano fra '800 e '900«, herausgegeben von Vincenzo Cazzotto (1999), zusammen mit den vielen Publikationen von »Tra Cattedrali di Roccia« (2004).

Außerdem habe ich die Ehre, diesem Buch eine Anmerkung über Frances Lincoln beizufügen. Meiner Einschätzung nach lag die Messlatte für Gartenbücher hoch, nachdem der Verlag 2001 Vivian Russells »Edith Wharton's Italian Gardens« veröffentlicht hatte. Umso erfreulicher war für mich die Nachricht, dass mein Titel ebenfalls dort veröffentlicht werden sollte. Mein ausdrücklicher Dank gebührt insbesondere dem Cheflektor Andrew Dunn – ich hatte einen Gentleman erwartet, traf aber einen wahren *maestro* –, dessen Treffsicherheit und Scharfsinn, Geistesverwandtschaft und vor allem Geduld zum Gelingen dieses Projekts beigetragen haben. Unter anderem verdankt ihm das Buch »Close to Paradise« das einfühlsame Lektoren- und Designer-Team Anne Askwith und Arianna Osti, die sich über die Maßen für das Projekt einsetzten. Ms Askwith (Lektorin von Vivian Russells Buch) übernahm die stellenweise undankbare Pflicht der sensiblen Aufbereitung des sprachlichen Bodens und des geschickten, diplomatischen Kappens von jeglichem Wildwuchs.

Meine immer ausgedehnteren Reisen haben mich dann von den heiligen Hallen der Kunst in die turbulentere Welt der Kunstreisen geführt, deren Knisper! Knasper! Knusper! im Hintergrund von jeher wie Musik in meinen Ohren klingt. Auf halber Strecke meiner zehnjährigen Arbeit als Redakteur bei Fodor's Travel Publications wurde 1999 mein erster Bildband »Escape to the Amalfi Coast« veröffentlicht. 2002 erweiterten wir dieses Material für die erste Ausgabe des Reiseführers »Fodor's Naples, Capri, and the Amalfi Coast«. Ein besonderes Dankeschön gilt Linda Cabasin, Fodors Chefredakteurin, die diese und andere Bemühungen meinerseits stets förderte und mir die Gelegenheit bot, meine Kurzreisen in diese Welten in Worte zu fassen und, als krönender Abschluss, in Druck zu geben.

In meinem näheren Bekanntenkreis schulde ich meinen langjährigen Freunden Perry Janoski, Elissa Rioux und Arlene Wise tausend Dank; mit ihren Ratschlägen, ihrer Wärme und Klugheit haben sie mich, wenn ich das Licht am Ende des Tunnels nicht mehr zu sehen vermochte, immer wieder aufgemuntert und unterstützt. Dank gebührt auch Mark Walters und Fiorella Squillante in Neapel für Rat und Unterstützung. Zu guter Letzt widme ich dieses Buch anstatt einer Wagenladung 'Gloire Lyonnaise'-Rosen als *particolare ringrazia* meiner Mutter Rosemary Biery für ihre unschätzbare Hilfe und Begleitung, die sie mir in all den Jahren zuteilwerden ließ.

Register der wichtigsten Personen und Orte

Kursive Seitenzahlen verweisen auf Abbildungen

Achenbach, Oswald 12
Agnelli, Giovanni 134
Agrippa Postumus 94, 100, 109
Alberti, Leon Battista 40
Alfons II. von Neapel 11
Alfons VII., König von Spanien 177
Alexandra Fjodorowna, Kaiserin von Russland 84, 129
Alma-Tadema, Sir Lawrence 61, 80, 84, 100, 109
Amalfi 6–12, 112 f., 130–197, 200 ff.
    Santa Caterina 196–197
Amalfiküste 6 ff., 130–197
Amalfitano, Secondo 170
Amici, Familie 181
Anacapri 7 f.
    Villa Il Rosaio 58–63, *59–63*
    Villa San Michele 7, 72–85, *72–85*
Andersen, Hans Christian 114
Area Marina Protetta Punta Campanella 116
Astarita, Mario 75
Astor, William Waldorf, Viscount 4, 6, 12, 94–101, 109, 129
Attanasio, Mario und Marilu 142, 148, 151, 201
Augustus, römischer Kaiser 23, 73, 75, 94

Baia 8
Barres, Maurice 182
Basile, Giambattista 28
Blessington, Marguerite Countess of 12
Blomfield, Sir Reginald 182
Boccaccio, Giovanni 8, 153 f., 158, 161, 182
Bolvito, Giovanni Battista 158
Bonaparte, Joseph 11, 44, 46
Breglia, Nicola 53 f.
Burton, Richard 7, 196
Byron, George Gordon Noel, Lord 36, 96, 122

Canart, Giuseppe 31
Canevari, Antonio 28
Capodimonte 11 f., 26, 46, 77., 124
Capote, Truman 64
Capri 6, 8, 12, 24, 57–91, 200 ff.
    La Certosella 86–91, *87–91*
    siehe auch Anacapri
Carelli, Gonsalvo 20
Caroline von Monaco, Prinzessin 134
Casati, Marchesa Luisa 84
Caserta 11 f., 34, 53, 142
Castello Lancellotti, Lauro 38–43, *38–43*
Cattaneo, Baldassare 52
Cattaneo, Domenico 52 f.
Cattaneo, Giulia 53
Cerio, Edwin 58, 61 f., 86, 89 f., 201 f.
Chanel, Coco 177
Chiostro di Santa Chiara 24, 26, *27*, 140, 177
Churchill, Winston 177
Cicalese, Luigi 169, 170
Cinque, Carlo 132, 134, 137, 140
Cinque, Virginia Attanasio 134, *135*, 137, 201
Custine, Adolphe de 7

D'Adelsward-Fersen, Baron Jacques 58, 75, 86
D'Annunzio, Gabriele 176, 182, 188 f., 193
D'Avalos, Francesco 19, 201
D'Avalos, Fürst Carlo 19
D'Avalos, Fürstin Maria 16, 19 f., 23, 201
De Gregorio di Sant'Elia, Fürstin Uzza 51, 53
Degenhardt, Federico 11
Dionisio di Bartolomeo 26
Dosio, Giovanni Antonio 26
Douglas, Norman 75, 201
Duclère, Teodoro 12
Dumas, Alexandre père 96

Elgood, George S. 182
Elisabeth (Sisi) Kaiserin von Österreich 84
Ender, Thomas 12
Eugénie, Kaiserin der Franzosen 84, 117

Fazio, Giuliano de 46
Ferdinand IV., König von Neapel (Bourbon) 11, 31 f., 39, 44, 51 f., 124, 177
Fitzgerald, Edward 170
Forster, E. M. 177
Friedrich II., Kaiser des Heiligen Römischen Reichs, deutscher König, König von Sizilien 113
Frost, Lucy Viscountess 176, 181, 185, 194
Fuga, Ferdinando 26, 46
Fusco, Familie 177, 181 f.

Gambardella, Carmela 196, 201
Garbo, Greta 7, 174, 176
George V., König von England 94, 129
Geri, Francesco 31
Giagante, Giacinto 20
Gide, André 174
Girgonsone, Ilsa 78 f.
Giuliano da Maiano 11
Goethe, Johann Wolfgang von 24, 28, 34, 96, 114, 122
Gordon-Lennox, Lady Blanche 58, 75, 86
Gortschakow, Fürst Konstantin 129
Gortschakow, Fürstin Elena 100, 129
Graefer, John Anthony 34
Greene, Graham 7, 58, 62, 177, 201
Grimthorpe, Lord 12, 174, 176 f., 182, 185, 188 f., 193 ff.

Hadrian IV., Papst 153
Hamilton, Emma 6 f., 31
Hamilton, Sir William 11, 12, 31
Hempsted, Edith 58
Herculaneum 8, 16, 28, 31

Homer 6, 116
Hotel Bellevue-Syrene 109 f., 117 f.

I Girolamini 26 f., *26–27*
Iacona, Ilaria 90
Ibsen, Henrik 7
Il San Pietro *10*, 132–141, *132–141*
Ischia 6, 112, 196
    La Mortella 12, 64–71, *65–71*, *206–207*

James, Henry 84, 94
Joukowsky, Paul von 170

Karl I., König von Sizilien (Anjou) 158
Karl II., König von Neapel (Anjou) 158
Karl VII., König von Neapel (Karl III. von Bourbon, König von Spanien) 11, 28, 31, 51
Keppel, Alice 182
Klenze, Leo von 12
Krupp, Friedrich 75

La Certosella 86–91, *87–91*
La Mortella 12, 64–71, *65–71*, 201 f., *206–207*
La Rondinaia 194
Labonia, Graf Giovanni 96, 100
Lancellotti, Familie 39
Lancellotti, Fürst Pietro Massimo 39, 41
Lanzara, Gräfin Cettina 34, 201
Lauro 41, 201
    Castello Lancellotti 38–43, *38–43*
Lawrence, D. H. 177, 193
Lazzari, Dionisio 26
Le Corbusier 114
Li Galli 110–117, *111–117*
Locle, Camille du 86, 89
Longfellow, Henry Wadsworth 200
Ludwig I., König von Bayern 117

Mackenzie, Compton 58
Mansi, Nicolo 177, 181, 182
Maresca, Francesco 44
Marey, Etienne-Jules 19

Maria Carolina, Königin von Neapel und Sizilien 34
Massa, Donato und Giuseppe 26
Massine, Léonide 110, 112, 114, 116
Maud, Königin von Schweden 129
Morgan, J. Pierpont 84
Munthe, Axel 73, 75, 77 ff., 80, 82, 84 f., 202
Murat, Caroline (Bonaparte), Königin von Neapel 48, 145
Murat, General Joachim, König von Neapel 46, 145
Muybridge, Eadweard 19

Neapel 6, 8, 11 f., 16, 24, 26, 28, 31 f., 34, 40, 51 ff., 54, 61, 75, 78 f., 112, 114, 137, 140, 142, 154, 148, 154, 169 f., 181, 193 f., 200 ff.
    Klöster Santa Chiara und I Girolamini 24–27, *25–27*
    Orto Botanico di Napoli 11, 44–49, *44–49*
    Palazzo Tarsia 26
    Spaccanapoli 24
Nelson, Lord Horatio 32
Nero, römischer Kaiser 8
Nocera 201
    Villa Lanzara 34–37, *35–37*
Nurejew, Rudolf 110, 114, 116, 134

Oliv, Josef 78
Orto Botanico di Napoli 11, 44–49, *44–49*
Orto Botanico di Portici 28–33, *28–33*
Ovid 96

Page, Russell 64, 67
Palazzo Murat *13*, 142–151, *143–151*, 201
Palazzo Reale, Giardino della Regina 28–33, *28–33*
Palazzo Tarsia 26
Pane, Mariano and Rita 99–100, 105, 109, 201
Pane d'Esposito, Silvana 118
Paolotti, Vincenzo 46
Papengouth, Graf Nicholaus 77
Parco dei Principi 100, 122–129, *122–129*, 202

Peck, Gregory 134
Pianelli, Giovanni 44
Piano di Sorrento 94
Pignatelli, Ascanio 41
Pignatelli, Familie 39 f., 51
Pitloo, Anton Sminck 20
Platt, Charles A. 182
Pompeji 8, 16, 28, 44, 52, 109, 169
Ponti, Gio 129
Pope-Hennessy, Sir John 200
Portici 11
    Palazzo Reale, Giardino della Regina 28–33, *28–33*
    Villa De Gregorio di Sant'Elia 50–55, *50–55*, 201 f.
Posillipo 12, 169, 202
    Villa d'Avalos 16–23, *16–23*
Positano 7, 110, 112, 114, 117
    Il San Pietro 132–141, *132–141*
    Palazzo Murat *13*, 142–151, *143–151*

Quest-Riston, Charles 194, 202

Ravello 7 f., 11 f., 200, 202
    Villa Cimbrone 6 f., 12, 174–195, *174–195*
    Villa Rufolo 7, 8, *9*, 11, 12, 152–173, *152–173*
Reggia Borbonica 34
Reggia di Caserta 11, 34
Reggia di Portici 28–33, 52, 202
Reid, Sir Francis Neville *8*, 12, 153, 169 f., 173, 202
Respighi, Ottorino 58
Ricci, Francesco 62, 201
Ricciardi, Baron Massimo 200 f.
Robert von Anjou 24, 113, 161
Roberts, Julia 134
Rosa, Salvator 12, 114
Rufolo, Lorenzo 153, 158, 161
Rufolo, Matteo 158, 161
Rufolo, Nicolo 161
Ruggiero, Michele 169
Ruggiero, Mimi 86
Ruskin, John 11
Russo, Giovanni 110, 114, 116 f.

Sackville-West, Lady Victoria 109
Sackville-West, Vita 6, 177, 181 f., 185, 194
Santa Caterina 196–197
Sant'Agnello 122
Schliemann, Heinrich 99, 121
Scott, Sir Walter 96, 122
Scuola di Posillipo 12, 20
Siemens, Herta von 19
Siracusa, Graf Paolo-Leopoldo di 122, 124
Sorrent 6, 8, 11 f., 24, 41, 84, 92, 110, 116 201
    Parco dei Principi 122–129, *122–129*
    Villa Silvana 118–121, *119–121*
    Villa Tritone 2, *4*, 12, 94–109, *95–109*
Stendhal 118
Stokowski, Leopold 174
Streisand, Barbra 134
Styka, Jan 89

Tasso, Torquato 11, 41, 96, 122
Taylor, Elizabeth 7, 196
Tenore, Michele 46
Tiberius, römischer Kaiser 8, 23, 73, 75, 77, 80, 113
Trefusis, Violet 181 f.
Triggs, H. Inigo 182
Turner, J. M. W. 13

Vaccaro, Domenico Antonio 24, 26
Vanvitelli, Luigi 53, 142, 145
Varlese, Gioacchino 194
Verdi, Giuseppe 86, 89, 96
Vergil 6, 16, 96, 112
Vidal, Gore 177, 194
Viggiani, Domenico 19, 202
Viktoria, Königin von Schweden 84
Villa d'Avalos 16–23, *16–23*
Villa Cimbrone 7 ff., 11 f., 174–195, *174–195*
Villa Gallo 12
Villa Gortschakow 129
Villa De Gregorio di Sant'Elia 50–55, *50–55*, 201 f.
Villa Il Rosaio 58–63, *59–63*
Villa Jovis 8, 73, 77
Villa La Floridiana 11
Villa Lanzara 34–37, *35–37*, 201

Villa Lysis 58, 75, 86
Villa Poggioreale 11
Villa Poggio Siracusa 122
Villa Pompeiana 109
Villa Rufolo 7, 8, *9*, 11, 12, 152–173, *152–173*
Villa San Michele 7, 72–85, *72–85*
Villa Silvana 118–121, *119–121*
Villa Tritone 2, *4*, 12, 94–109, *95–109*
Ville Vesuviane 51 f.
Vinciquerra, Alessandra 66, 68, 201
Vittorio Emanuele III. 53
Vuilleumier, Giorgio 177, 201

Wagner, Cosima 170
Wagner, Richard 6 f., 153 f., 158, 170, 172, 177, 182, 185, 200
Walton, Lady Susana 64, 67, 68, 202
Walton, Sir William 12, 64, 67, 70
Wellington, Duke of 96, 122
Wharton, Edith 94, 142, 182, 202
Wilde, Oscar 96
Williams, Tennessee 7, 177
Witting, Theodor 12
Woolf, Virginia 7, 177

Young, Francis Brett 58

In La Mortella, einem Garten, der von seinen Brunnenanlagen und Wasserbecken lebt, spielen Wasserpflanzen und Blüten die Hauptrolle. Seerosen, allen voran die blaue *Nymphaea caerulea* vom Nil und die Lotosblume *Nelumbo nucifera*, finden sich etwa im Krokodil-Becken, im Thai-Garten und im Victoria-Haus.

1. Auflage
Copyright © der deutschsprachigen Ausgabe 2011
Deutsche Verlags-Anstalt, München,
in der Verlagsgruppe Random House GmbH
© Text und Fotografien Robert I. C. Fisher
Titel der englischen Originalausgabe: *Close to Paradise*
© 2011 Frances Lincoln Limited
4 Torriano Mews, Torriano Avenue, London NW5 2RZ
Alle Rechte vorbehalten
Übersetzung aus dem Englischen: Maria Gurlitt-Sartori
Satz der deutschen Ausgabe: Boer Verlagsservice, Grafrath
Produktion der deutschen Ausgabe: Monika Pitterle/DVA
Recherche für die deutsche Ausgabe: Christoph Gurlitt
Printed and bound in China
ISBN 978-3-421-03837-1

www.dva.de